현명한 퀀트 주식투자

누구나 쉽게 할 수 있다!
간단하지만 강력한 자동매매

현명한 퀀트 주식투자

Quant Investment

닥터퀀트(이종진) · systrader79(이우근) · 뉴지스탁(문호준 외 2인) 지음

이레미디어

현명하게 퀀트 주식투자를 해야 하는 이유

이 책을 집어 든 여러분은 어떠한 이유에 의해서든 이제 막 투자에 관심을 가지기 시작했거나 이미 관심을 가지고 있는 사람일 확률이 높고, 투자 목적은 단 하나, 돈을 벌기 위해서일 겁니다. 그런 의미에서 저와 같은 목적과 관심사를 가졌으리라 생각합니다. 가장 큰 관심사는 두말할 것 없이 수익률 또는 수익금이겠죠.

이 책은 직접 손대지 않아도 자동으로 주식을 사고파는 '주식 자동매매'에 대해 다루고 있습니다. 신경을 쓰지 않아도 된다는 점에서 학생, 직장인, 주부 등 본업이 따로 있는 투자자들이 할 수 있는 최고의 투자법 중 하나겠지요. 그러나 아직도 주식 자동매매는 많은 사람들에게 생소합니다. "그게 말이 돼? 사기 아니야?"라고 여기는 사람도 있을 법합니다.

진정한 의미의 투자자는 자신의 포지션과 수익률, 수익금으로 말합니다. 어떤 주식이 오를 것이라고 백날 말하는 것보다, 그 주식에 투자하는 포지션을 취한 계좌를 직접 보여주는 것이 설득력이 있다는 말입니다. '주식 고수'라고 아무리 떠들어대봤자 더 신뢰가 가는 것은 그 사람의 계좌가 증명해주는 수익률, 수익 금일 것입니다. 그렇기 때문에 주식 세계에서는 "계좌 인증을 하지 않는 사람의 말은 믿지 말라"라고 할 정도입니다. 저도 이 말에 동의합니다. 그래서 저도 '계좌 인증'을 해볼까 합니다.

다음은 손 하나 까딱하지 않고 오직 '자동매매'만으로, 한 달 반 만에 3,500만 원의 30%에 달하는 수익률, 즉 1,000만 원의 수익금을 달성한 것을 캡처한 화면입니다. 주식 거래일로 따지면 단 33일 만에 이뤄낸 성과입니다. 같은 기간에 코스피는 약 8%, 코스닥은 약 10% 상승하여, 20%p❶의 시장 초과 수익률을 달성해내었습니다.

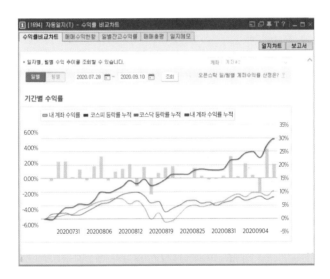

누적수익률 그래프

---

❶ 퍼센트 포인트(Percentage Point, %p)는 두 백분율과의 산술적 차이를 나타낼 때 쓰는 단위이다. 이 책에서는 %p로 표기하였다.

기간별수익률현황 | 일별계좌수익률현황 | 월별계좌수익률현황 | 연도별계좌수익률현황 | 주식종목별수익률현황 | 금전동일별수익률현황 | 금전동동별수익률현황

계좌번호 [___] 비밀번호 ******** 조회기간 2020/07/28 ~ 2020/09/10   수익률안내 수익률 비교차트 조회 닫

* 2006.04부터 조회 가능합니다. * 법인계좌는 2009.08부터 조회 가능합니다. * 토요일 입출금은 금요일(전영업일)에 포함합니다.
* 유가증권평가금 : 일반유가증권평가금(증권담보포함) + 신용융자평가금 + 신용대주평가금
* 손   익 : 기준일유가증권평가금 - 전일유가증권평가금 + 매도금 - 매수금 + 세금 + 출고금 - 입고금 - 이자금액 + 권리락보상금

매수합계	387,574,400	입금합계	25,000,000	입고합계	0	수수료+세금 합계	1,064,9...
매도합계	380,345,160	출금합계	0	출고합계	0	연계/신용이자 합계	

일 자	해약자산	유가증권평가금	매수금 / 매도금	입금입고	출금출고	수수료+세금	연체/신용이자	손익	수익률(%)	누적손익(손익합계)	배당금액
2020/09/10	44,850,458	22,160,615	26,130,190 / 9,127,500	0	0	28,078	0	809,847	1.84	10,249,293	0
2020/09/09	44,040,611	4,320,000	12,567,480 / 34,523,745	0	0	93,303	0	1,613,757	3.80	9,439,446	0
2020/09/08	42,426,854	24,569,205	21,260,150 / 4,379,800	0	0	14,768	0	-764,328	-1.82	7,825,689	0
2020/09/08	42,426,854	24,569,205	21,260,150 / 4,379,800	0	0	14,768	0	-764,328	-1.82	7,825,689	0
2020/09/07	43,211,182	8,458,415	8,513,075 / 16,347,700	0	0	44,955	0	182,285	0.42	8,610,017	0
2020/09/04	43,028,897	16,066,200	24,673,580 / 21,852,455	0	0	51,539	0	808,711	1.92	8,427,732	0
2020/09/03	42,220,186	12,374,825	8,338,520 / 8,362,440	0	0	23,385	0	99,270	0.24	7,619,021	0
2020/09/02	42,120,916	12,276,090	24,240,335 / 20,741,070	0	0	58,528	0	1,176,987	2.87	7,519,751	0
2020/09/01	40,943,929	7,541,310	8,080,905 / 12,408,880	0	0	34,071	0	123,814	0.30	6,342,754	0
2020/08/31	40,820,115	11,711,400	8,069,800 / 16,001,180	0	0	43,589	0	-48,964	-0.12	6,218,950	0
2020/08/28	40,869,079	19,648,155	20,146,890 / 8,306,950	0	0	24,977	0	-90,437	-0.22	6,267,914	0
2020/08/27	40,959,516	7,873,675	12,057,000 / 12,427,595	0	0	34,707	0	131,843	0.32	6,358,351	0
2020/08/26	40,827,673	8,077,720	11,963,660 / 12,429,350	0	0	34,692	0	533,768	1.32	6,226,508	0
2020/08/25	40,293,905	7,974,900	7,975,350 / 0	0	0	1,180	0	-1,600	0	5,692,720	0
2020/08/24	40,295,485	0	0 / 0	0	0	0	0	0	0	5,694,320	0
2020/08/21	40,295,485	0	0 / 8,326,480	0	0	22,055	0	629,405	1.58	5,694,320	0
2020/08/20	39,667,080	7,676,020	15,437,400 / 8,306,850	0	0	24,381	0	551,089	1.41	5,065,915	0
2020/08/19	39,115,991	0	0 / 7,191,015	0	0	19,041	0	273,564	0.70	4,514,826	0
2020/08/18	38,842,427	6,898,410	0 / 3,766,620	0	0	9,942	0	-832,137	-2.10	4,241,262	0
2020/08/14	39,674,564	11,487,225	11,519,120 / 19,603,290	0	0	53,655	0	581,790	1.49	5,073,399	0
2020/08/13	39,092,774	18,995,950	15,615,900 / 3,790,800	0	0	12,357	0	-413,697	-1.05	4,491,609	0
2020/08/12	39,506,471	7,512,190	15,341,350 / 15,746,650	0	0	43,996	0	729,694	1.88	4,905,306	0
2020/08/11	38,777,777	7,144,800	11,350,800 / 15,711,100	0	0	43,296	0	478,754	1.25	4,175,612	0
2020/08/10	38,299,023	10,983,050	7,428,800 / 10,006,525	0	0	27,602	0	338,133	0.89	3,697,858	0
2020/08/07	37,960,890	13,195,040	7,532,220 / 1,624,260	0	0	5,417	0	-109,627	-0.29	3,359,725	0
2020/08/06	38,070,517	7,391,290	18,249,990 / 22,782,760	0	0	63,023	0	1,057,362	2.86	3,469,352	0
2020/08/05	37,013,155	10,803,695	10,808,340 / 14,445,100	0	0	39,880	0	578,325	1.59	2,411,990	0
2020/08/04	36,434,830	13,822,250	10,617,800 / 10,901,860	0	0	30,483	0	-95,713	-0.26	1,833,665	0
2020/08/03	36,530,543	14,171,580	14,279,930 / 14,755,135	0	0	41,206	0	425,124	1.18	1,929,378	0
2020/07/31	36,105,419	14,180,455	14,250,455 / 10,660,690	0	0	30,360	0	63,790	0.18	1,504,254	0
2020/07/30	36,041,629	10,488,540	13,827,990 / 7,410,000	0	0	21,679	0	793,221	2.25	1,440,464	0
2020/07/29	35,248,408	3,255,650	10,214,100 / 22,313,195	0	0	60,609	0	763,921	2.22	647,243	0
2020/07/28	34,484,487	14,530,215	17,075,270 / 6,064,125	25,000,000	0	18,598	0	-116,678	-0.34	-116,678	0

계좌 수익률

33일 중 손실인 날은 단 8일로, 비율로 따지면 약 24%, 일일 수익을 기록할 확률은 약 76%에 육박하였습니다. 그게 될까 싶겠지만, 가능한 일입니다. 그리고 생각보다 훨씬 쉬운 일입니다. 데이터를 열심히 모으고 복잡한 코딩 언어를 배워 밤을 새워가며 코딩하는 모습을 상상할 수도 있지만, 데이터는 이미 모여 있고 복잡한 코딩 언어는 배울 필요가 없으며 밤새 코딩할 필요도 없습니다. 간단하게 클릭 몇 번으로 자동매매 시스템을 만들 수 있는 세상이기 때문입니다.

저 역시도 1년 전에는 자동매매를 전혀 몰랐던 평범한 사람이었습니다. 그러나 1년 만에 100개가 넘는 자동매매 알고리즘을 가진 투자자로 탈바꿈했죠. 단군 이래 가장 돈 벌기 쉬운 시대가 왔다고 감히 말할 수 있을 것 같습니다.

지금은 실질금리가 마이너스에 가까워져서 사실상 투자를 하지 않고는 생존하기 힘든 시대이면서도, 투자로 돈 벌기는 가장 쉬운 시대입니다. 이 문장의 첫 부분에는 동의하지만, 뒷부분에는 동의하기 어려운 사람도 많을 것 같습니다. 그렇지만 명백한 사실입니다. 투자하는 방법은 서점, 인터넷, 유튜브 등등 도처에 널려 있으며, 마음만 먹으면 어디서든 배워 준프로가 될 수 있는 시대이니까요. 해야 할 일은 이 방대한 정보의 홍수 속에서 올바른 방법론을 익히는 것이겠지요.

이 책이 하나의 등불이 되었으면 좋겠습니다. 단군 이래 돈 벌기 가장 좋은 시대를 놓치지 않게끔이요. 그렇다고 오해는 금물입니다. 이 책만 읽으면 모두가 높은 수익률을 올릴 수 있다는, 수가 뻔한 거짓말을 하는 것은 아닙니다. 다만, 투자에 대한 온갖 감언이설이 넘쳐나는 이 세상에 올바른 방법론 하나를 제시하고, 험난한 주식시장에서 살아남을 수 있는 무기 몇 개쯤은 쥐어줄 것이란 확신은 있습니다. 어마어마한 부자로 만들어줄 수는 없겠지만 투자를 실패로 이끄는 여러 함정을 미리 제거해주고, 성공으로 이끄는 초석을 세우는 지표가 될 수는 있습니다.

이 책은 불패의 수익을 올려주는 마법의 책이 아닙니다. 저 역시도 '시장의 마법사'라고 불릴 정도의 대가는 아닙니다. 다른 책의 저자들처럼 몇백 퍼센트의 수익률을 올리지도 못합니다. 그저 '주식 자동매매' 투자자의 길을 몇 발자국 먼저 걷고 있는 똑같은 동료 투자자에 불과합니다. 지금은 꾸준히 수익을 거두면서 투자하고 있지만, 1년 전까지만 해도 자동매매에 대해서는 문외한이었지요.

전 재산의 90% 이상 잘못된 '묻지 마 투자'로 인하여 잃었던 경험도 있고, 한탕주의에 빠져 올인했다가 운 좋게도 큰 수익을 거둔 적도 있습니다. 잘 맞지도 않는 시중의 상식을 믿고 직접 수동 매매하며 방황했던 적도 있습니다. 이렇게 겪었던 수많은 시행착오를 이 책을 읽는 독자 여러분이 겪지 않길 바라는 마음으로 글을 썼습니다. 독자 여러분은 저보다 안전하게 꾸준히 수익을 거두면서 투자하길 희망합니다. 저처럼 쓸데없는 '수업료'를 내지 않고 투자를 시작할 수 있기를 바랍니다.

1년 만에 자동매매 전문가로 탈바꿈한 경험을 바탕으로, 자동매매 투자의 초석을 세우는 책을 쓰기 위해 노력했습니다. 여기에 덧붙여 노력을 기울이면, 누구나 수익을 올릴 수 있을 것입니다. 1년 전까지 아무것도 모르던 제가 했다면, 누구나 할 수 있습니다. 그리고 이 책이 그 과정을 도울 것입니다. 저와 함께하시겠습니까?

차
례

여는 말 **현명하게 퀀트 주식투자를 해야 하는 이유**   **4**

1장 투자하기 전에 생각해야 할 세 가지

투자의 시대, 당신의 투자 방법은 무엇인가?   17
주식투자를 하기 전에 던져볼 세 가지 질문   22
투자할 때 잘못된 결정을 하게 하는 여섯 가지 편향들   32

2장 주식투자에서 살아남는 다섯 가지 방법

쪼개고 나누어 투자하라   47
원칙을 세우고 반드시 지켜라   54
감정과 편향을 배제하라   56
원칙을 테스트하라   61
감정에 휘둘리지 않는 완전한 투자 방법   66
누구나 할 수 있다   68
자동매매 툴 젠포트 & 젠트레이더   70

3장 백테스트로 깨부수는 잘못된 상식

서점과 인터넷에 떠도는 일반적인 상식들   77

재무제표 지표들에 대한 속설들   80

이동평균선에 대한 속설들   93

보조 지표에 대한 속설들   105

대형 우량주에 대한 속설들   127

환상만 없애도 수익을 올릴 수 있다   136

4장 중장기 퀀트 전략, 어떻게 세워야 할까?

중장기 퀀트 전략 살펴보기   141

시장을 읽는 마켓타이밍   167

중장기 퀀트 전략의 한계와 극복 방법   175

5장   백테스팅 툴로 재평가한 대가들의 투자 전략

대가들의 투자 전략 응용편   183

윌리엄 오닐의 CAN SLIM 전략   186

조엘 그린블라트의 마법 공식 전략   194

조셉 피오트로스키의 F-SCORE 전략   204

벤저민 그레이엄의 NCAV 전략   212

피터 린치의 PEG 전략   222

데이비드 드레먼의 역발상 투자 전략   233

월터 슐로스의 투자 전략   245

존 네프의 GYP 비율 투자 전략   255

켄 피셔의 PSR 투자 전략   265

닥터퀀트와 systrader79가 짚어보는 대가들의 투자 전략   275

6장   자동매매로 구현하는 단타 퀀트 전략

단타 퀀트 전략과 마켓타이밍   281

마켓타이밍만 알아도 전략을 세울 수 있다   283

거래 대금 필터링이 필요하다   286

간단하고도 강력한 추세 전략   288

수급과 추세로 짜는 수급 전략   296

평균 회귀 현상을 이용한 역추세 전략   302

소액에 알맞은 단타 퀀트 전략   309

7장   가장 완전한 자동매매 툴, 전략 운용법 다섯 가지

현금 비중을 조절하라   319
자산은 분산하라   320
상관관계가 낮은 대상에 분산 투자하라   321
시스템 고, 스톱!   323
계좌 전체의 리스크를 관리하라   328

8장   마지막으로 반드시 해야 할 것!

다시 살펴보는 세 가지 질문   335
주식시장에서 살아남길 바라며   337

맺는 말   퀀트 투자자의 마인드를 갖춰라   339
부록   젠포트 소개 & 쿠폰
     젠포트 입문하기 및 100% 활용법   341

1장

투자하기 전에
생각해야 할 세 가지

냉혹한 투자의 세계에서 어떻게 살아남을 수 있을까요? 10년 넘게 모은 재산을 단 한 번의 잘못된 판단으로 모두 잃을 수도 있습니다. 눈 뜨고 코 베이는 게 바로 투자의 세계이죠. 이곳이 바로 여러분이 평생에 걸쳐 싸울 전장입니다. 앞으로 전쟁터에 나가는 여러분에게 꼭 필요한 지침을 제공해서 적어도 자그마한 권총 한 자루쯤은 쥐여줄 것입니다. 이제 함께 시작해볼까요?

Smart
Quant Investment

투자의 시대, 당신의 투자 방법은 무엇인가?

　2020년 3월 4일, 미국은 정책금리를 기존의 1.50~1.70%에서 1.00~1.25%로 0.5%p 인하하는 '빅컷'을 단행했습니다. 얼마 지나지 않아 3월 15일에는 1%p를 인하하는 두 번째 빅컷으로 기준금리는 0.00~0.25%로 떨어졌죠. 한국은행은 2월 27일 1.25%의 기준금리를 유지하기로 했는데, 3월 16일에 임시 금융통화위원회를 열어 기준금리를 연 1.25%에서 0.75%로 0.5%p 인하하는 빅컷을 단행했습니다. 이후로 5월에 다시금 기준금리를 0.25%p 인하하며 기준금리는 역대 최하인 0.50%로 떨어졌습니다. 기준금리가 0%대에 도달한 것은 사상 처음 있는 일입니다.

　이른바 초저금리 시대, 어쩌면 꽤 오래 지속될지도 모르는 이 시대에 예금은 더 이상 자금을 지켜주는 수단이 되지 못할 것은 자명합니다. 예금, 적금을 부어 세금을 떼고 이자로 얻는 실제 수익률은

0%에 가까워진 것이 바로 이 시대입니다. 앞으로는 더 심해질 것으로 보이며, 어쩌면 우리나라도 은행에 돈을 적금하면 오히려 은행에 돈을 줘야 하는 마이너스 금리 시대가 올 수도 있습니다.

인플레이션은 또 어떤가요? 현재 인플레이션이 심각하진 않지만, 그래도 연 2% 정도의 인플레이션은 당연한 시대에 살고 있습니다. 즉, 아무것도 하지 않아도 자산가치는 해마다 2%씩 줄고 있다는 뜻입니다. 인플레이션율을 2%로 고정하고 대략 계산해보면 오늘 1만 원으로 살 수 있는 물건을 10년 뒤에는 약 1만 2,000원 정도에 살 수 있다는 소리입니다. 다시 말해, 오늘의 1만 원은 아무것도 안 해도 10년 뒤에는 약 8,000원 정도의 가치가 됩니다.

시계열을 늘려서 생각해보면, 인플레이션은 복리로 작용하기 때문에 기하급수적으로 늘어납니다. 오늘 1만 원의 가치를 가진 물건은 20년 뒤에는 약 1만 5,000원, 30년 뒤에는 1만 8,000원의 가치를 가지게 됩니다. 30년 만에 물건값이 1.8배가 뛰는 겁니다. 만약 인플레이션율이 2%로 고정된 것이 아니라 더 늘어나게 된다면, 얼마나 더 뛸지는 상상에 맡기겠습니다.

이제 초저금리와 인플레이션을 합쳐봅시다. 어떤 결과가 나올지는 자명하죠. 예금은 더 이상 우리의 자산을 안전하게 지켜주는 수단이 아닙니다. 우리 세대 이전까지는 예금이 자산을 안전하게 불릴 수 있는 수단이었을지도 모릅니다. 그렇지만 이제는 아닙니다. 오히려 예금은 인플레이션이라는 괴물에 먹혀서, 가장 확정적으로 해마다 0~2%를 까먹을 수 있는 수단입니다. 실질적으로 예금해서 얻는 금리 수익은 0%에 가깝지만, 인플레이션에 의해 해마다 2% 정도 자산의 가치가 줄고 있기 때문이죠. 즉, 예금은 확정적으로 -1~-2% 정도의 손실을 내는 매우 위험한 수단으로 바뀌었습니다.

자산을 안전하게 지키기 위해서는 어떻게 해야 할까요? 그렇습니다. 투자해서 인플레이션 이상의 수익을 낼 수밖에 없는 시대가 온 것입니다. 바야흐로 '투자의 시대'입니다. 투자하지 않으면 우리의 자산은 인플레이션이라는 괴물에 갉아먹힙니다.

그렇다면 우리는 그에 대한 대비가 되어 있을까요? 아쉽게도 답은 '전혀 아니다'입니다. 제가 아무리 말해봤자 설득력이 떨어지므로, 2015년에 미국의 저명한 신용평가기관 스탠더드앤드푸어스Standard & Poor's가 나라별로 금융 이해력을 조사한 결과를 살펴봅시다. 2015년 결과라 조금 시간이 지나긴 했지만, 그 이후로 우리나라에 금융 이해력이 증진될 만한 계기도, 사건도 일어나지 않았기에 여전히 신뢰할 만한 자료라고 봅니다.

결과를 살펴보면 다소 충격적입니다. 우리나라는 100점 만점에서 고작 33점을 기록하여, 아프리카의 가봉35점, 우간다34점에도 뒤처지며 76위를 기록했습니다. 말도 안 된다고요? 그렇지 않습니다. 필자가 지인들과 금융에 관해 이야기를 나눠보니 이보다 낮을지언정 절대 높은 순위는 나오지 않을 것임을 실감했습니다. 제 주변에 그런 사람만 모여 있을 수도 있지만, 제가 접하는 사람들 중에는 우리나라의 엘리트 계층이라는 의사들이 정말 많은데도 말입니다.

여러분의 금융 지식은 어떠한가요? 대개 주식이 무엇인지, 채권이 무엇인지 아는 정도일 것입니다. 어쩌면 이조차도 잘 모르고 "주식은 투기꾼들만 하는 거지"라거나, 심하게는 "주식이 대체 뭐지?" 하는 수준일 수도 있을 겁니다. 예금과 부동산만이 최고의 재테크라고 생각하는 제 주변의 사람들처럼 말입니다.

그렇다고 예금과 부동산을 열심히 하는 사람을 비난하는 것은 아니며, 주식이 최고의 재테크라고 말하는 것도 아닙니다. 예금과 적금을 포함한 금융 상품의 장단점을 정확히 알고 내 자산을 인플레이션으로부터 지킬 수만 있다면, 어떤 재테크도 괜찮다고 생각합니다. 예금, 적금도 세후 2% 이상의 수익률을 낼 수 있다면 좋은 재테크 수단입니다. 사실 그 이하의 수익률을 내더라도, 소비를 억제하여 돈이 모이는 효과가 있으니 어떤 면에서는 효과적인 재테크 수단이라고 생각하기도 합니다.

문제는 예금이나 적금, 부동산, 주식 등의 재테크 수단이 아니라, 그것이 무엇인지도 모르고 투자하는 '사람'에게 있습니다. 정확히는 우리의 '부족한 금융 지식'이 문제겠지요. 대부분의 사람들이 아는 최고의 재테크는 소비를 줄이고 예금이나 적금을 들어 목돈을 모은 뒤, 그렇게 모은 전 재산에 추가로 대출을 받아서 집을 장만하고 집값이 오를 때까지 버티는 것이 아닐까요? 이는 너무나 낮은 수준의 금융 지식을 바탕으로 하는, 사실은 아주 위험한 재테크 방식입니다. 전 재산도 모자라 대출까지 끌어모아 샀는데 집값이 떨어지면 어떻게 해야 할까요? 그런 순간이 오면 수많은 사람들이 눈물 젖은 통장을 끌어안고 세상과 정부만 욕할지도 모릅니다. 참고로 필자는 하락론자도,

상승론자도 아닙니다. 그저 모든 상황에 대비해야 한다고 생각힐 뿐이죠.

결론은 좋든 싫든 투자를 해야만 하는 상황이라는 것입니다. 그런데 그에 대한 대비는 전혀 되어 있지 않죠. 전쟁터에 이미 들어선 상태인데, 방탄모도, 총도 준비되어 있지 않은 셈입니다.

투자의 세계는 냉혹합니다. 소위 투자 전문가라고 반짝 뜨는 경우가 많은데, 대부분 소리소문없이 사라집니다. 간혹 투자 사기로 대문짝만 하게 뉴스를 장식하기도 합니다. 눈뜨고 코 베이는 게 바로 투자의 세계이고, 10년 넘게 모은 재산을 단 한 번의 잘못된 판단으로 모두 잃을 수도 있습니다. 이곳이 바로 여러분이 평생에 걸쳐서 싸울 전장입니다. 그게 싫다면 매년 1~2%의 재산을 확정적으로 잃는 예금이나 적금 상품에 가입하면 됩니다.

이 책에서는 이러한 험난한 투자의 시대에 살아남는 법과 함께 효과적인 무기를 소개할 생각입니다. 물론, 이 책만으로 투자를 모두 정복할 수 있다는 거짓말은 하지 않겠습니다. 그러나 전쟁터에 나가는 여러분에게 꼭 필요한 지침을 제공하고, 자그마한 권총 한 자루쯤은 쥐여줄 수 있을 것 같습니다. 그것이 이 책의 목표이자 저의 사명이라고 생각합니다.

주식투자를 하기 전에 던져볼 세 가지 질문

이 책을 집어 든 순간부터, 좋든 싫든 투자의 세계, 그중에서도 주식투자에 뛰어들 각오가 되었다고 봅니다. 이제 전쟁터에 같이 뛰어들 동지로서 솔직하게 물어볼 질문 세 가지가 있습니다. 주식투자를 해본 경험이 없다면 쭉 훑어보기만 해도 됩니다.

1. 당신이 알고 있는 상식은 정확합니까?
2. 명확한 투자 전략을 가지고 있습니까?
3. 당신의 투자 전략은 검증되었습니까?

질문에 대한 답은 천천히 생각해도 괜찮습니다. 우선 위의 질문에 관해 이야기하기 전에, 주식시장에서 돈을 잃는 패턴에 대해 알아봅시다. 물론 주식시장에서 돈을 잘 버는 사람들도 많겠지만, 일단 그런 사람들은 이 책을 집어 들지 않을 확률이 높겠지요. 한편 조사 결과에 따르면 주식에 투자해서 손해 보는 사람이 더 많고, 주식시장에서 돈을 잘 버는 사람이라고 해도 누구나 손해를 본 경험은 있습니다. 그리고 주위를 둘러보면 주식시장에서 돈을 잃는 패턴은 거의 비슷비슷합니다. 다른 시장에서도 마찬가지일지도 모르지만요.

📊 주식시장에서 돈을 잃는 이유

첫째, 소액으로 테스트하는 기간이 전혀 없습니다.

주식시장에서 돈을 잃는 사람들을 살펴보면, 투자하기로 결정한 순간 모아둔 돈을 한번에 투입하죠. 모아둔 돈의 액수가 중요한 것이 아닙니다. 모아둔 돈이 100만 원이든, 1,000만 원이든, 1억 원이든 상관없이, 여유 자금을 몽땅 한번에 투입하는 것이 문제입니다. 돈의 액수에 대한 기준은 사람마다 다르겠지만 100만 원을 소액이라고 가정하고 투자한다고 치면, 초기에는 10~30만 원을 시험하듯 투자해봐야 하는데 대부분이 100만 원을 한꺼번에 투자하죠. 사실 100만 원 정도로 시작한다면 양반입니다. 인터넷 쇼핑을 할 때 단돈 몇백 원이라도 싸게 사려고 한 시간이 넘게 수많은 상품을 비교하지만, 주식투자를 할 때는 아무런 경험과 지식이 없는 상태임에도 불구하고 수백, 수천만 원을 너무나 쉽게 지르는 투자자들이 도처에 널려 있습니다. 참으로 아이러니하다고 할 수 있습니다. 물론 겁없는 초보가 저지르는 만용에 가까운 투자의 결과는 항상 비참한 손실로 마무리되지요.

둘째, 남의 말만 듣고 투자합니다.

대개는 특정한 회사에 다니는 지인의 말을 듣고 그 회사의 주식을 구매하거나 구매를 포기하곤 합니다. 뿐만 아니라 주식 커뮤니티, 카페, 애널리스트를 비롯한 주식 전문가 혹은 매니저 그리고 뉴스까지도 남의 말입니다. 돈만 주면 뉴스를 띄울 수 있다는 사실을 아는 개인 투자자도 많지 않을 듯합니다. 뉴스는 공정하고 정확하리라고 막연히 믿는 사람이 많지요. 게다가 뉴스가 나오는 시점에는 이미 고점을 찍었을 경우가 많습니다.

물론 남의 말을 참고하는 것이 문제는 아닙니다. 필자도 그런 정보들에 귀를 기울이고, 애널리스트의 리포트도 읽으며, 뉴스도 살펴봅니다. 문제는 참고만 하는 게 아니라, 이런 것만 듣고 결정을 내린다는 점입니다. 남의 말은 듣고 참고해야지, 그대로 결정하면 안 됩니다. 제일 조심해야 할 것은 그 회사에 다니는 지인의 말입니다. 잘못하면 쫄딱 망합니다. 10년 모은 목돈을 날렸다거나, 퇴직금을 몽땅 잃은 이야기는 많이 들어봤을 것입니다. 소위 전문가라고 하는 애널리스트의 전망이나 리서치들도 실상은 지극히 주관적이고 편향적인 경우가 대부분입니다. 이런 상황에서 본인이 접한 정보의 객관성과 신뢰성을 '직접' 확인하지 않고 맹목적으로 받아들이는 투자자 중 성공하는 투자자는 거의 없습니다.

셋째, 준비 없이 뛰어듭니다.

충분히 준비도 하지 않고 바로 본격적으로 투자에 뛰어드는 것이 죠. 여기서 '공부'란 주식 공부뿐만이 아니라, 경제 및 투자에 관한 전 반적인 공부를 말합니다. 남의 말을 듣는 것을 공부라고 착각하는 경 우도 많습니다. 이 경우에는 더 위험하죠. 사실상 개인은 주식시장의 수많은 재야의 고수들과 맞서 싸워야 합니다. 게다가 기관과 외국인 사이에서 등이 터지기도 합니다. 즉, 웬만큼 공부하지 않고는 주식시 장에서 이기기가 쉽지 않습니다. 재무제표나 차트를 보는 법은 기본 적으로 알고 있어야 하고, 계좌를 관리하는 법부터 시작해서 모든 것 에는 기술이 필요합니다. 몇몇 개인들은 재무제표만 중시하고 차트 를 무시한다든가, 그 반대의 상황이 벌어지기도 하는데, 필자의 생각 에는 두 가지 모두 기본이고 많은 기술을 익혀야 합니다. 기본조차 갖추지 않고 투자를 시작하는 것은, 면허도 없이 운전하는 것과 마찬 가지입니다. 그런데 수많은 개인 투자자들이 그렇게 하고 있습니다.

넷째, 투자 원칙이 없습니다.

그리고 본능적으로 투자합니다. 사고 싶으면 사고, 팔고 싶으면 파는 거죠. 그것도 기가 막히게 고점에서 사고, 저점에서 팝니다. 안 타깝게도, 이런 상황을 계속 반복하죠. 대개 떨어지는 주식은 사고 싶지 않고, 오르는 주식을 사고 싶어 합니다. 이런 심리에 취약한 사 람이라면 특히 고점에 자주 물립니다. 오르기 시작하는 주식을 보면 서 "에이, 저러다 떨어질 거야" 하고 관망하다가, 어느 정도 오르면 "어? 계속 가는 거 아니야?"라며 주저합니다. 그러다가 고점이 되면 초조한 마음에 "나도 사야겠다!"라며 사는 거죠. 본능적으로 수익을 거두지 못하는 것에 대한 두려움이 있기 때문입니다Fear Of Missing Out, FOMO, 수익을 놓치는 것에 대한 두려움.

반대로, 저점에서는 기가 막히게 팔고 맙니다. 고점에서는 "지금까지도 잘 갔으니까 앞으로 더 오를 거야"라며 수익을 실현하지 않고 있다가, 주가가 꺾여서 떨어지기 시작하면 "기술적 반락이야. 금방 다시 올라갈 거야" 하며 기다립니다. 추세가 꺾이기 시작한 시점에는 이미 손해를 많이 보았으므로 본전 심리와 손실 회피 편향에 따라 본전을 볼 때까지 버티게 됩니다. 그러다가 악재가 터지고 주가가 급락하는 시점에 공포감에 사로잡혀 매도 버튼을 누르고, 기가 막히게 최저점에서 팔게 되는 것입니다. 인간은 본능적으로 FUDFear, Uncertainty and Doubt. 공포, 불확실성, 의심에 약하기 때문입니다. 전문적으로 훈련받은 소수의 트레이더만 이를 피할 수 있는지도 모릅니다. 물론 그들도 언제든 실수를 저지를 수 있지요. 일반적인 사람들은 이 패턴을 벗어나기가 힘듭니다.

한 가지 재미있는 사실은, 트레이딩의 경험과 내공, 지식이 쌓이게 되면 자연스럽게 알 수 있는 부분인데, 수익이 나는 트레이딩 전략은 대부분의 사람들이 심리적으로 막연하게 편하게 생각하는 패턴과 정확하게 반대라는 점입니다. 이 내용은 이 책의 본론에서 알려드릴 다양한 투자 전략의 원리를 하나씩 살펴보면 자연스럽게 깨닫게 될 것입니다. 아마도 주식을 해본 사람들이라면 누구나 한 번쯤은 겪어봤을 법한 경험입니다.

세 가지 질문에 대한 대답

이제 앞에서 던진 질문에 대해 답해봅시다.

첫째, 당신이 알고 있는 상식은 정확합니까?

어쩌면 이 질문에 대해서 어느 정도 공부한 개인 투자자라면 그렇다고 대답하는 사람이 있을지도 모릅니다. 주식 책 좀 읽어봤다는 사람은 과잉 확신 편향이 존재할 수 있죠. 즉, 웬만큼 공부했으니 어느 정도는 알고 있다고 지나치게 확신하는 것입니다. 안타깝게도 그런 정보들이 대부분 틀렸다는 사실은 인식하지 못한 채로 말입니다.

간단한 예를 들어봅시다. 수많은 주식 필독서에서는 이동평균선의 골든크로스에 대해 설명하는데, 단기 이동평균선이 장기 이동평균선을 크로스하여 올라가는 골든크로스는 매수 신호로 작용하고, 골든크로스 이후로는 주가가 상승할 것이라고 말합니다. 이 책의 뒷부분에서 나오겠지만, 아쉽게도 골든크로스는 환상일 뿐입니다. 그런데도 주식 관련 뉴스에서는 매일같이 골든크로스가 일어난 종목을 기사로 내보냅니다. "수젠텍' 10% 이상 상승, 주가 상승 중, 단기간 골든크로스 형성"이라는 식으로 말이죠. 투자 서적이나 칼럼에서 막연하게 좋다고 소개하는 수많은 지표들과 최적값이라고 주장하는 마법의 수치는 결코 정답이 아닙니다. 내가 그 지표와 전략을 어떻게 이용하고 디자인하느냐에 따라 그것이 양약이 될 수도, 독약이 될 수도 있습니다.

이외에도 잘못된 상식은 무수히 많습니다. 재무제표, 정배열, 스토캐스틱주가의 고점과 저점 사이에서 상대적인 위치를 나타내주는 지표, RSIRelative Strength Index, 현재 주가가 과매수되었는지, 과매도되었는지를 나타내는 지표와 같은 기술적 지표 등 잘못된 상식은 엄청 많지요. 이 책의 뒷부분에서는 이런 잘못된 상식을 검증해보려 합니다.

둘째, 명확한 투자 전략을 가지고 있습니까?

명확한 투자 전략을 가지고 있는 개인 투자자의 비율은 안타깝게도 0%에 수렴할 것 같습니다. 많이 쳐도 5%를 넘지 않을 겁니다. 사람은 감정적인 동물이므로, 투자 전략을 그때그때 상황에 맞춰서 수시로그것도 감정적으로 바꿀 가능성이 높습니다.

예를 들면 자신이 투자한 종목의 수익률이 3%, 5%, 7%, 9%에 도달할 때마다 물량의 25%씩을 팔아서 수익을 실현할 거라는 그럴듯한 분할 익절 계획을 세우고 있다고 합시다. 처음 몇 번은 그 원칙을 지킬지도 모릅니다. 그런데 그런 종목이 4~5개쯤 되면 슬슬 다른 생각이 들기 시작합니다. "어차피 올랐을 종목인데, 좀 참았다가 수익률 9%에서 물량을 100% 청산했으면 훨씬 많이 벌었을 텐데"라고 말이죠. 그래서 계획을 수정하게 되죠. 어차피 오를 테니 수익률 5%, 9%에서 물량의 50%씩 2분할 익절하자는 식으로 말입니다.

이런 사람까지 포함하면 명확한 투자 전략을 가진 개인 투자자의 비율은 0%에 가깝게 낮아질 것입니다. 안타깝게도 명확한 투자 전략을 가지는 것은 선택이 아닌 필수입니다. 대부분의 투자자가 이런 필수 사항도 지키지 않고 트레이딩을 합니다. 명확한 투자 전략 없이, 혹은 감정적으로 투자하게 되면 십중팔구 어느 시점부터 손해를 볼 확률이 높습니다. 본능이나 감정을 따르면 보통 수익을 보는 것의 반대 방향으로 치우치게 되기 때문입니다. 원칙 없이 매매하다가는 야금야금 손실이 누적되다가 언젠간 큰 손실이 되든가, 아니면 한순간 큰 손실을 맞이하게 될 수 있습니다.

셋째, 당신의 투자 전략은 검증되었습니까?

개인적으로 가장 중요하게 생각하는 부분입니다. 명확한 투자 전략을 가지고 있어도 검증되지 않았다면, 그 전략을 유지하고도 돈을 벌 수 없을지도 모릅니다. 그러나 검증된 전략을 가지고 매매하는 개인 투자자 역시 0%에 가깝지 않을까 싶습니다. 일단 검증해야 한다는 개념조차 없습니다. 애초에 투자 전략을 원칙대로 유지하지 않는데 어떻게 검증할 수 있을까요? 사실상 원칙 없는 투자 전략은 검증조차 불가능합니다. 매번 규칙이 달라지는데 검증할 수 없지요. 게다가 투자 전략이 있다고 해도 검증할 방법을 모릅니다.

그런데 이상하지 않은가요? 우리는 다른 모든 것은 검증된 것을 쓰려고 노력합니다. 의약품뿐만 아니라, 장난감, 전자제품, 음식, 의류 등 적절한 검증 과정을 거친 것을 찾습니다. 그리고 제대로 검증받은 것에는 프리미엄까지 지불하죠.

예를 들어, 운동복을 전문 브랜드에서 구매할 때는 일반 의류보다 더 비싼 값에 옷을 사곤 합니다. 운동복 전문 브랜드인 만큼 더 검증되어 있다고 암묵적으로 동의하는 거죠. 하다못해 우리가 너무나 일상적으로 복용하는 감기약이나 항생제조차 수조 원의 연구 개발 비용과 수만 명의 임상 실험을 통해 효용성과 안전성이 검증된 것들입니다.

그러나 막상 소중한 돈이 걸려 있는 투자에서는 검증하려 들지 않는 경우가 많습니다. 유독 투자에 있어서는 남의 말 한마디가 더 믿음직스럽게 느껴지나 봅니다. 참으로 아이러니합니다.

그렇기에 투자 전략은 검증되어야만 합니다. 검증되지 않은 투자 전략은 투자 전략으로서의 매력이 없습니다. 아니, 엄밀한 의미에서 전략이라고 할 수조차 없습니다. 소중한 돈을 검증도 안 된 전략에 맡길 수는 없지요. 안타깝게도 대부분의 사람들은 투자 전략도 없을 뿐더러 검증해볼 생각조차 하지 못합니다.

여기서 뭔가 어렴풋이 와닿지 않나요? 주식시장에서 돈을 잃는 이유는 필자의 세 가지 질문에 대한 답과 연관이 아주 깊습니다. 즉, 투자에 대한 잘못된 상식으로 가득하며, 명확한 투자 전략도 없고, 있다고 해도 검증되지 않았기 때문입니다.

그렇다면 주식시장에서 돈을 잃지 않는 방법은 무엇일까요? 세 가지 질문에 대해 모두 '예'라고 대답한다면 돈을 잃지 않을 수 있습니다. 큰돈을 잃지 않으면서 주식시장에서 살아남을 수 있고, 그러다가 보면 어느 순간 자산이 불어나 있을 겁니다. 길게 보면, 주식시장은 기본적으로 우상향하는 시장이기 때문입니다.

살아남아서 시장에 참여하고 있으면, 언젠가 돈을 벌 기회가 옵니다. 주식투자에 대한 올바른 지식을 갖추고 검증된 투자 전략을 명확하게 지키기만 한다면, 주식시장에서 살아남아 돈을 벌 수 있습니다. 그렇지 않으면 돈을 잃거나, 이미 크게 데여 주식시장을 떠날 확률이 높습니다.

세 가지 질문에 아니라고 대답했더라도, 좌절할 필요는 없습니다. 특히 30~40대의 젊은 계층이라면 더욱 그럴 필요가 없습니다. 이제부터 바로잡으면 되니까요.

투자할 때 잘못된 결정을 하게 하는 여섯 가지 편향들

　그렇다면 왜 원칙대로 하는 전략이 중요할까요? 사실 원칙대로 하지 않으면서 본능에 따라 투자해도 좋은 성적을 거두는 사람들도 있습니다. 문제는 그런 사람들은 매우 소수라는 것이죠. 인간은 투자를 잘하도록 진화하지 않았습니다. 인류의 역사에서 투자라는 개념이 자리 잡힌 것은 매우 짧은 시간에 지나지 않습니다. 투자를 잘하는 인간이 적자생존할 수 있을지는 몰라도, 투자 능력이 진화에 반영되기에는 너무 역사가 짧습니다.

　인간은 투자의 관점에서 바라보면 이성적인 영역과 감정적인 영역을 모두 가지고 있는 존재이지만, 실제 투자에서는 본능적인 감정이 이성과 논리를 압도하는 경우가 허다합니다. 가장 큰 증거가 앞에서 언급한 FOMO와 FUD입니다. 더 벌지 못할 것이라는 두려움FOMO과 불확실성에서 오는 두려움FUD을 잘 견디지 못하는 것이죠.

손실을 극도로 싫어하는 손실 회피 편향도 그 예입니다. 이성적인 판단을 내리기보다는 손실 자체를 싫어해서 이성적이지 않게 행동하게 됩니다. 예를 들어, 주식투자를 했을 때 50만 원을 버는 기쁨보다 50만 원을 잃었을 때 느끼는 상실감이 훨씬 큽니다. 손실 보는 종목을 원칙에 따라 손절하지 못하고 손실을 누적하면서 본전이 올 때까지 계속 보유하는 것도 이러한 이유입니다. 즉, 인간은 투자에 있어서 그다지 이성적이지 못합니다.

대부분 본능은 투자를 했을 때 손실을 보게끔 이끕니다. 인간의 본능은 손실을 싫어하지만, 결과적으로 본능의 종착점이 손실이라는 점은 대단한 아이러니입니다. 본능대로 해도 투자를 잘하는 사람은 돌연변이인 셈이죠. 문제는 그런 극소수를 보고 자신도 그렇게 할 수 있을 거라는 환상을 품는다는 것입니다. 그래서 결과적으로 손실을 보는 것이죠.

그래서 인간의 본성에 반하여 투자 세계에서 승리하기 위해서는 반드시 명확한 투자 전략, 투자 원칙을 가지고 있어야 한다고 주장하는 것입니다. 대부분은 감정적으로 투자하고 좋은 투자를 방해하는 각종 편향으로부터 자유롭지 못하기 때문에, 투자에서 좋은 성적을 거두기란 하늘의 별 따기만큼 어렵습니다.

투자자의 행동과 심리를 연구하는 행동재무학Behavioral Finance에서는 투자자들이 투자를 할 때 겪는 편향Bias, 즉 비이성적인 오류를 전문적으로 연구합니다. 주식 책을 많이 읽은 독자들에게는 아주 익숙하겠지만, 초보자들을 위해 대표적인 몇 가지 편향에 대해 설명하려

합니다. 다음에 언급하는 여섯 가지 편향은 수많은 편향들 중에서도 필자가 주변의 투자자심지어 자동매매를 한다는 사람을 포함하여를 살펴본 결과, 투자를 망치는 대표적인 편향입니다. 이를 살펴보면, 왜 투자를 본능적으로, 감정적으로 하면 안 되는지 알게 됩니다.

📊 투자를 망치는 여섯 가지 편향들

과잉 확신 편향Overconfidence Bias

과잉 확신 편향은 자기 자신을 과도하게 믿는 것을 말합니다. 가장 흔한 예로, 대부분의 운전자는 자신이 남들보다 운전을 잘한다고 믿습니다. 논리적으로 생각하면, 대부분의 사람이 운전을 잘한다는 것은 말이 되지 않습니다. 그런데 누구나 본인은 잘한다고 확신합니다. 건강의 경우도, 자신은 병에 안 걸릴 것이라고 생각하는 사람이 많죠. 당연히 말도 안 되는 편향적인 사고이지요. 그렇게 따지면, 병에 걸린 사람들은 언젠가 아프게 되리라고 알았을까요? 건강관리를 신경 쓰며 좋은 것만 골라 먹고, 규칙적으로 운동하고, 스트레스를 잘 조절하는 사람도 얼마든지 병에 걸릴 수 있습니다.

그렇다면 과잉 확신 편향은 어떻게 잘못된 결정을 내리게 만들까요? 다른 사람들보다 운전을 잘한다고 과잉 확신 편향을 가지면 운전할 때 방심할 수 있습니다. 자신의 건강에 대해 과잉 확신 편향을 가지게 되면 위험 증상을 의도적으로 무시하거나, 건강검진을 소홀히 해서 조기에 진단을 받지 못하는 위험에 처힐 수 있습니다.

투자에 있어서는 과잉 확신 편향이 어떻게 작동할까요? 스스로 투자를 잘한다고 과신하면 심각한 경우 재정적 위기를 맞을 수 있습니다. 과잉 확신 편향이 없는 A와 과잉 확신 편향이 강한 B가 코스닥 기업에 대한 뉴스를 보았습니다. 그 기업이 굴지의 국제적 대기업에서 3년짜리 대형 계약을 따냈다는 것이었습니다. A와 B는 향후 3년간 기업의 실적이 개선되리라 예상하고 각각 1,000만 원을 투자했습니다. 주가는 잠시 올랐지만 이내 하락했고, 어느새 수익률은 -5%가 되었습니다. A는 자신의 판단이 틀렸다고 생각하고 돈을 빼서 50만 원을 손해 보았습니다. 반면 B는 자신이 투자를 잘하는 사람이라 판단이 틀리지 않았다고 믿었기에, 주가가 다시 오를 것이라며 버텼습니다. 다음 날, 주가는 -5% 더 떨어져 수익률은 -10%에 달했고, B는 결국 100만 원을 날렸습니다.

이런 일은 언젠가 한 번은 겪었거나 주변에서 본 적이 있지요? 우리 모두 과잉 확신 편향에서 자유롭지 못합니다. 일시적으로, 혹은 몇 번은 그 편향에서 벗어날 수 있겠지만, 단 한 번의 잘못된 판단으로도 큰돈을 날릴 수 있습니다.

사후 과잉 확신 편향 Hindsight Bias

사후 과잉 확신 편향은 한마디로 표현하자면 "내가 그럴 줄 알았어! 그럴 거라고 했지?"라고 말하는 것입니다. 간단히 사후 편향이라고도 합니다. 간단한 예를 들어볼까요? 주변 사람들에게 주식에 투자하며 손실을 봤다고 이야기한 적이 있을 겁니다. 그러면 사람들은 대번에 이렇게 말합니다. "내가 그럴 줄 알았다. 돈 잃을 거라고 했지?" 물론 이런 사람들을 곁에 가까이 둘지 말지는 자신의 선택입니다.

사후 편향은 주식시장에서 굉장히 흔합니다. 폭락론자 혹은 상승론자는 주식시장이 폭락하거나 상승하면, 항상 "내가 그럴 거라 했지?"라고 말합니다. 그러나 이는 잘못된 것입니다. 그 누구도 미래는 예측할 수 없고, 마찬가지로 주가도 정확하게 예측할 수 없습니다. 물론 어느 정도 예측 가능하겠지만, 그 예측이 확률에 기반해야지 확신에 기반해서는 안 됩니다. 사실 필자는 이러한 사람들의 이야기는 대부분 거릅니다. 자신이 편향에 휩싸인 줄 모르기 때문에, 같이 어울리다가 물들어버릴 수 있으니까요.

그렇다면 이런 편향이 왜 위험할까요? 우선 사후 과잉 확신 편향에 의해 자신은 특별한 통찰력을 지녔다고 생각하기가 쉽기 때문입니다. 지나고 나서 "내가 그럴 줄 알았어!" 하는 건 누구나 할 수 있는 말입니다. 그런데 자신이 미래를 예측하는 데 소질이 있다고 생각하면 다음번에도 미래를 예측할 것이라는 과잉 확신으로 이어지고, 이는 큰 투자 손실로 이어질 수 있습니다. 그런 확신이 운이 좋아 한두 번 맞아떨어지면 인간은 사후 편향에 빠져들게 됩니다.

한편 자신의 멘털을 괴롭히게 될 수도 있습니다. 예를 들어, 일주일 전 어떤 회사의 주식이 오를 거라고 생각했지만 사지 않았다고 합시다. 그런데 일주일 만에 주가가 2배나 폭등했습니다. 이때 사후 편향에 빠진 사람들은 후회에 빠지게 마련입니다. 일주일 만에 그 주식이 오를지 떨어질지는 아무도 모르는데 쓸데없는 후회로 자신의 멘털에 상처를 내면, 미래에 잘못된 선택을 할 여지가 높아집니다.

확증 편향Confirmation Bias

확증 편향이란 믿고 싶은 것만 믿고, 보고 싶은 것만 보는 것을 의미합니다. 어떤 정보를 들었을 때 자신이 동의하는 정보만 편식하는 아주 무시무시한 편향이죠. 확신하는 정보는 더 믿고, 내가 동의하지 않는 정보는 받아들이지 않는 식입니다. 이 역시 주변에서 흔하게 볼 수 있습니다.

제 지인 중 하나는 친구로부터 A라는 개별주를 소개받고 나서 완벽하게 사전 조사를 마쳤습니다. 그리고 A주식이 앞으로 오를 것이라 믿어 의심치 않았습니다. 꽤나 큰 금액을 '몰빵'한 그는 주가의 등락과 관계없이 무조건 보유했습니다. 개별주 투자는 주가가 중·단기적으로는 회사의 펀더멘털이나 성장 가능성과 관계가 없을 수도 있어서 예측이 불가능하기 때문에 굉장히 위험한 데다, 그중에서도 '몰빵'과 '존버'는 정말 위험할 수 있다고 경고했습니다. 그러나 그는 자기가 믿고 싶지 않은 정보는 듣지 않았습니다. 그리고 다른 친구가 주기적으로 업데이트해주는 A주식의 장점만을 믿었습니다. 이것이 확증 편향입니다. 결국 3천만 원의 손해를 보고 나서야 A주식을 전량 매도했습니다. 확증 편향이 이렇게 무섭습니다. 잘못된 선택을 하기가 쉬운, 아주 무서운 편향입니다.

사실 확증 편향은 완전히 피할 수 없습니다. 대부분의 편향이 그렇듯이 말이죠. 자기가 동의하는 것에 다른 사람도 동의해주는 것만큼 기분 좋은 일은 없습니다. 그래서 원하는 정보만 편향적으로 수집하게 됩니다. 참으로 본능적입니다. 특히 뉴스 채널을 선택할 때 누구나 확증 편향에 사로잡히게 됩니다. 자신의 성향에 맞는 뉴스만 보게 되고, 다른 뉴스는 가짜 뉴스 혹은 왜곡된 뉴스라 여기고 외면하게 됩니다. 확증 편향을 피하려면 성향이 다른 여러 채널을 동시에 보면서 다각화된 시각을 가져야 합니다.

기준점 편향Anchoring Bias

기준점 편향이란 처음에 제시된 정보를 기준으로 삼고 집착하게 되는 편향입니다. 예를 들어, 음식점에 들어가 메뉴판을 들었을 때 첫 번째 메뉴가 3만 원이고 두 번째 메뉴는 1만 5,000원이라면, 두 번째가 합리적이라고 생각하고 바로 시키게 됩니다. 반대로 첫 번째 메뉴가 7,000원이고 두 번째 메뉴가 1만 5,000원이라면 이번에는 1만 5,000원이 왠지 비싸게 느껴져서 다른 것을 시키게 되죠. 처음 본 가격이 기준점anchor이 되어 그다음에 본 가격을 기준점에 맞춰서 생각하는 것입니다. 이는 투자 세계에서 치명적인 손실을 초래할 수 있습니다.

과거 어떤 시점에 A라는 주식의 가격이 80만 원이었습니다. 이 주식이 40만 원까지 떨어졌다면 십중팔구는 주식 가격이 싸다고 생각할 것입니다. 처음에 본 가격의 절반이니까요. 그래서 사겠다고 뛰어드는 사람도 있었습니다. 나중에 주식은 25만 원까지 떨어졌습니다.

바로 메디톡스라는 주식입니다.

메디톡스 주가 변동

주식시장에 있는 사람이면 누구나 한 번쯤은 겪어봤을 실수입니다. 사실 주가는 반값이나 반의반값이 되는 일이 아주 흔합니다. 그런데 괜히 주가가 반토막이 나면 싸다고 생각해서 사들이게 되지요. 그러다가 반의반으로 떨어지기도 합니다. 이렇듯 크고 작은 기준점 편향은 주식시장에서 아주 흔하게 발생합니다.

손실 회피 편향Loss Aversion Tendency

손실 회피 편향이란 이득의 기쁨보다 손실의 고통이 더 크기 때문에 일어납니다. 이 또한 투자에서는 매우 흔하게 일어나며, 보통은 큰 손실을 초래하는 쪽으로 작용하기 쉽습니다.

지인 A는 손실이 나는 종목이 있어도 그것을 팔아서 현금화하기 전까진 손실이 아니라고 말하곤 했습니다. 팔아서 현금화했을 때 맞닥뜨리는 손실의 고통을 회피하고 싶은 건 자연스러운 생각이죠. 이성적으로 생각하면 말이 안 되지만, 실제로 이렇게 생각하는 사람이 많습니다. 결과적으로는 손절을 못하고 손실을 누적시키다가 결국엔 크게 잃곤 합니다. 물론 다시 주식이 올라서 수익으로 전환되는 경우도 있긴 하지만요. 하지만 굉장히 큰 리스크를 떠안는 행동임은 틀림없습니다.

지인 B는 조금만 이득이어도 팔고 싶어 하고, 손절을 잘 못해서 적게 이득을 보고 크게 손실 보는 것을 반복했습니다. 이것도 대표적인 손실 회피 편향 때문에 생기는 일입니다. 조금 수익을 보면 떨어질까 무서워서 더 수익을 볼 때까지 가지고 있지 못하고 빨리 팔아버리거나, 손실을 보면 미리 정해놓은 손절선이 있는데도 그 원칙을 지키지 못하는 것이지요. 결국 이러한 거래가 반복되면 나쁜 손익비_{이익은 짧게, 손실은 길게} 때문에 최종적으로는 손실이 누적될 수밖에 없습니다.

군중 심리 편향Herd Mentality Bias

군중 심리 편향이란 남들이 하는 걸 따라 하는 것입니다. 모두가 '예'라고 할 때 혼자서 아니라고 말하기는 참 힘들죠. 30명이 식당을 갔는데 29명이 김치찌개를 시킨다면, 혼자 된장찌개를 시키기가 어렵잖아요. 사람이 많이 늘어선 음식점은 왠지 맛있을 것이라거나, 사람들이 많이 쓰는 제품은 좋을 것이라고 생각하는 것도 마찬가지 심리입니다. 그래서 맛없는 음식점에서 밥을 먹거나, 싸구려 물건을 사고 후회한 경험을 누구나 한 번쯤 했을 것입니다.

일상생활에서 투자의 세계로 넘어오면 문제가 심각해집니다. 대개 버블은 군중 심리 편향에서 생겨나곤 합니다. 최근에 암호화폐인 비트코인도 그러합니다. 비트코인 가격이 약 2,900만 원역사적 고가 업비트 거래소 기준 2,888만 5,000원까지 치솟았고, 누구나 비트코인 얘기뿐이었죠. 비트코인에 대해서 모르는 사람이 없을 정도였습니다. 그러다 보니 너도나도 비트코인을 사기 시작했습니다. 심지어 블록체인이 무엇인지 모르는 사람도 '묻지 마 투자'를 감행했습니다. 그 결과 비트코인의 가격은 유례없이 빠르게 무너졌고, '묻지 마 투자'를 감행한 수많은 사람들이 돈을 잃었습니다.

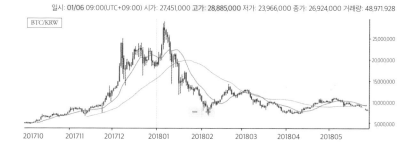

일시: **01/06** 09:00(UTC+09:00) 시가: **27,451,000** 고가: **28,885,000** 저가: **23,966,000** 종가: **26,924,000** 거래량: **48,971.928**

비트코인 일봉

그 하락 속도가 너무 빨라서, 2018년 1월 6일에는 고가가 약 2,888만 원이었고, 정확히 한 달이 지난 2018년 2월 6일에는 저가가 약 662만 원으로 무려 1/4 토막이 난 사람도 있었습니다.

그런 건 투기꾼들이나 하는 거지, 자신은 해당되지 않는다는 사람도 있을 겁니다. 제 지인은 1등 주식인 삼성전자에만 투자하는 것을 고집합니다. 삼성전자가 떨어지든 오르든, 무조건 사 모읍니다. 삼성전자가 1위인 데는 이유가 있고, 사람들이 가장 많이 사는 주식이니까 떨어져도 언젠가는 오를 거라는 논리죠. 삼성전자 투자가 나쁘다는 것이 아닙니다. 2020년 현재 반도체 시장이 나쁘지 않게 흘러가고 있기 때문에 오히려 좋다고 생각합니다. 하지만 앞으로 어떻게 될지는 아무도 모릅니다. 중요한 것은 이유입니다. 기본적이고 기술적인 분석도 없이 사람들이 가장 많이 사는 주식이니까 따라서 샀다는 게 문제라는 겁니다. 그러면 "지난 10년간을 보십시오. 1등주 투자했으면 수익률 좋았습니다"라는 사람도 있겠지요. 지난 10년간은 그랬습니다.❶ 그렇게 판단하는 것은 사후 편향일 뿐입니다.

감정적 투자를 피할 수 없다면?

가장 기본적인 군중 심리 편향들에 대해 살펴봤습니다. 안타깝게도, 이런 것을 알아도 피하기 힘듭니다. 시장이 활황세를 타고 너도나도 주식시장에 뛰어들면 나도 뛰어들고 싶어지고, 시장에 공포 분위기가 형성되고 악재가 떠서 누구나 팔면 나도 팔고 싶어지는 게 인지상정이죠. 그런데 이렇게 하면 기가 막히게 고점에서 물리고, 또 저점에서 손절하게 됩니다. 남의 이야기만은 아니라는 말입니다.

문제는 이러한 편향에 대해 제대로 공부해도 완전히 피할 수 없다는 것입니다. 더 무서운 점은 알려진 편향만 해도 50여 개가 넘는다

는 사실이지요.❷

자신은 투자에 대해 잘못된 결정을 내리는 편향을 피할 수 있다고 생각하면 안 됩니다. "나는 이성적이고 논리적인 사람이야. 투자에 있어서도 100% 이성적인 판단을 내릴 수 있을 거야"라고 생각하는 사람이 있다면, 이미 과잉 확신 편향에 빠져 있는 겁니다. 숙련된 트레이더도 편향을 완벽히 피하는 것은 불가능합니다.

그러면 투자하지 말라는 것이냐며 항의하는 사람도 있을 겁니다. 그러나 바야흐로 투자의 시대가 되었고, 투자하지 않으면 자연적으로 도태되는 시대가 도래했습니다. 그러니 주식시장에서 살아남는 방법에 대해 알아봅시다.

---

❶ 1등주 투자가 정말 안전한지 알고 싶다면, '내일은 투자왕-김단테'의 유튜브 중 '삼성전자, 마이크로소프트 사도 되나요?' 편을 시청하면 더 잘 이해할 수 있다.

❷ 편향에 대해 더 알고 싶다면 유튜브 채널 '할 수 있다! 알고 투자'에서 '[초보] 투자를 망치는 40여 개의 편향 총정리' (1)~(4)편을 시청하면 도움이 된다.

2장

주식투자에서 살아남는
다섯 가지 방법

수많은 편향들에 의해 한순간의 잘못된 판단으로 큰돈을 잃을 수도 있는 무서운 주식시장에서 과연 어떻게 해야 살아남을 수 있을까요? 여기서는 다섯 가지 방향을 제시하려 합니다. 이 다섯 가지 방법만 지킨다면 주식시장에서 살아남을 수 있을 것이고, 어느 순간부터는 늘어나는 잔고를 볼 수 있을 것입니다. "강해서 살아남는 게 아니라 살아남는 자가 강하다"라는 말이 통하는 곳이 바로 주식시장입니다.

Smart
Quant Investment

쪼개고 나누어 투자하라

분산 투자의 중요성은 이미 많이 들었을 겁니다. "계란을 한 바구니에 담지 말라"는 말은 단적으로 분산 투자의 중요성을 언급하는 투자 명언입니다.

사실 분산 투자를 하면 '쾌감'은 줄어들 수 있습니다. A라는 개별 종목에 몰빵했는데 그 종목이 어느 날 상한가를 쳐서 순식간에 자산이 30%나 불어난다면 얼마나 짜릿할까요? 역시 계란은 한 바구니에 넣고 잘 지켜보면 된다고 생각할 수도 있겠지요.

모든 개인 투자자는 어느 정도 이런 쾌감을 추구합니다. 그래서 분산 투자를 하기가 굉장히 어렵습니다. 진정한 의미의 분산 투자는 훨씬 지루하거든요. 여러 종목에 분산 투자한다는 개인 투자자들도 진정한 의미의 분산 투자를 하는 것 같지는 않습니다. 보통 5~10개의 종목에 분산 투자하는 경우가 많을 겁니다. 심지어 3개 종목 이하로 분산하는 개인 투자자 비율이 80%가 넘는다는 조사 결과도 있습니다.

진정한 의미의 분산 투자는 무엇일까요? 여러 퀀트 논문을 살펴보면, 분산 투자를 하는 종목수에 대해 의견이 많습니다. 8개면 충분하다거나, 최소 20개 종목으로 분산해야 한다는 식이죠. 일반적으로 통계적인 관점에서 보유 종목의 수가 20~30개가 넘어가면 개별 종목 단위의 리스크는 현저히 줄어들고, 시장 리스크 정도만 남게 된다고 알려져 있습니다. 예를 들면, 30종목에 분산 투자할 경우 운이 나빠서 한 종목이 상장 폐지를 당한다고 해도 포트폴리오 전체로 보면 −3% 정도의 손실에 불과하지요.

하지만 주식 종목을 아무리 많이 분산한다고 하더라도 주식 시장 자체가 하락하는 데서 발생하는 리스크이것을 체계적 위험이라고 합니다는 줄일 수 없습니다. 시장이 폭락하면 대부분의 주식이 다 같이 빠지기 때문입니다.

이런 관점에서 본다면, 주식 종목 자체에만 분산하기에 앞서 좀 더 거시적인 관점에서 분산을 하는 것이 중요해집니다. 그럼 이 문제를 어떻게 해결할 수 있을까요?

자산군 분산하기

태생이 다른 여러 자산군을 섞어야 합니다. 그러나 95% 이상의 개인 투자자가 그렇게 하시 않습니다. 그래시 손실을 보고 주식시장에서 빠져나가는 개인 투자자가 많다고 생각합니다. 태생이 다르다는 것은, 자산군의 배경과 특성이 모두 달라야 한다는 말입니다. 좀 더 정제된 용어로 설명하자면, 상관성이 낮은 자산군에 분산 투자하라는 개념입니다.

가장 대표적인 예가 주식과 채권입니다. 주식은 회사의 일정 지분을 사는 것이고, 채권은 차용증이죠. 즉, 태생이 완전히 다릅니다. 그러니 움직임도 다릅니다. 물론 특정 시기에는 같은 방향으로 움직이기도 하지만예를 들어 인플레이션 시기에는 주식과 채권이 같은 방향으로 움직이는 경향이 있습니다, 대개는 주식이 오르면 채권은 떨어지고, 주식이 떨어지면 채권은 오릅니다.

2020년 3월 9일, 코로나19 바이러스의 영향으로 전 세계 증시가 폭락했고 미국 증시도 예외는 아니었습니다. 미국 지수가 하루 만에 7% 이상 급락했으니까요. 2008년 금융위기 이후 최악이었습니다. 이날 미국에 상장된 장기채권 ETF인 EDV장기채권지수는 4% 이상 급등했습니다. 즉, 증시가 폭락하니 채권이 급등한 것이죠.

태생이 다른 자산군으로는 부동산, 금, 원자재도 있습니다. 현금도 빼놓으면 안 되겠죠. 태생이 다른 여러 자산군을 섞으라는 말은 이러한 자산군에 나누어 투자해야 한다는 소리입니다. 한국의 투자자들은 대개 부동산에 몰빵 투자를 합니다. 전 재산에다 대출까지 끼고 내 집을 마련하는 식이죠. 분산 투자가 투자 세계에서 유일한 '공짜 점심'이라는 것을 감안하면, 부동산 몰빵이 현명해 보이진 않습니다. 비율은 달리하더라도, 여러 자산군에 분산하는 것이 낫습니다.

투자 세계에 정답은 없으므로 꼭 따라 할 필요는 없지만, 이런 식으로 분산하면 된다는 감을 잡도록 예를 들어보겠습니다. 앞으로 집을 마련해야 한다고 가정하면, 월세로 거주하면서 투자로 자산을 불리는 겁니다. 여기서 투자는 부동산이나 주식 등 모든 자산군을 포함합니다. 일단 자산 중에 가용할 부분을 현금으로 보유합니다. 이 비율은 사람마다 다를 겁니다. 당장 내년에 결혼할 예정이라면 현금을 많이 보유해야 할 것이고, 안정적으로 직장에 다닌다면 급하게 현금이 들 일이 없겠지요.

가용 현금은 전체 자산의 20% 이상으로 잡을 것을 추천합니다. 현금도 훌륭한 분산 자산군이니, 반드시 현금을 들고 있는 것이 좋습니다. 자산 배분 방법의 기초와 응용에 관해서는 제가 이전에 쓴《주식투자 ETF로 시작하라》를 참고하면 큰 도움이 되리라 생각합니다.

投資 방식 분산하기

현금 비중을 뺀 나머지 투자 자산을 알파 투자시장수익률보다 초과 수익률을 노리는 투자와 베타 투자시장수익률을 좇는 투자로 나눠야 합니다. 알파 투자는 부동산 투자부터 시작해서 개별 종목 주식투자, 그리고 앞으로 이 책에서 다룰 젠포트국내 알고리즘 주식투자 플랫폼 역시 포함합니다.

현재 젠포트에서는 자산 배분 및 리밸런싱고정된 비율로 비중을 맞추는 것

기능을 지원하고 있어서 베타 투자 또한 자동매매로 가능합니다. 그러나 지면 관계상 젠포트로 알파 투자를 하는 방법만을 다루고, 베타 투자에 관해서는 정적 자산 배분 투자만 설명할 것입니다. 정적 자산 배분이란 여러 자산군에 자산을 배분하여 투자하고 기간마다 리밸런싱하는 것입니다.

대표적인 방법인 영구 포트폴리오Permanent Portfolio의 예를 들어보겠습니다. 여러 자산군에 분산하여 투자 포트폴리오를 만드는데, 영구 포트폴리오는 주식, 채권, 금, 현금을 각각 25%씩 보유합니다. 투자 자산이 1억 원이라면, 각각 2,500만 원씩 투자 포트폴리오를 구성하는 것이죠.

리밸런싱은 주기적으로 자신이 정한 비율을 맞춰주는 것을 의미하는데, 보통 1년을 주기로 리밸런싱합니다. 1년 뒤에 주식이 올라서 3,000만 원이 되었고 채권은 떨어져서 2,000만 원, 금과 현금은 그대로라고 가정한다면, 주식 비중이 30%, 채권 비중이 20%, 금과 현금의 비중이 각 25%가 되었습니다. 이때 리밸런싱하면 주식을 500만 원 팔아서 생긴 돈으로 채권을 500만 원 더 매입하여 다시 주식, 채권, 금, 현금을 각각 25%로 맞춰주는 것이죠. 25%의 비중이 고정적이라서 정적 자산 배분이라고 합니다. 정적 자산 배분의 방법에는 영구 포트폴리오, 올웨더 포트폴리오사계절 포트폴리오 등 아주 여러 가지가 있는데,❶ 이 분야도 따로 공부하는 것이 좋습니다.

---

❶ 유튜브 채널 '내일은 투자왕-김단테'를 참고하라.

가용할 현금을 제외한 투자 자금을 알파 투자와 베타 투자에 5:5로 분산합니다. 베타 투자의 기대수익률은 보통 5~10%입니다. 알파 투자의 기대수익률은 어떤 투자를 하는지, 투자 실력이 어떤지에 따라 다릅니다. 이렇게 1~3년 정도 투자해보고 알파 투자와 베타 투자의 성과를 비교해봅니다. 만약 알파 투자의 성과가 높았다면 알파 투자의 비중을 7로 올리고, 베타 투자의 성과가 높았다면 베타 투자의 비중을 7로 늘립니다. 1~3년마다 성과를 반복적으로 평가하면서 투자 비중을 조절하면 됩니다.

📊 종목 분산하기

알파 투자 방법 중에 주식이 포함되어 있다면 30개 이상 종목에 투자합니다. 안타깝게도 주식 실력이 뛰어나기는 어렵습니다. 주식 실력이란 기업을 분석하고 기업의 미래를 예측하는 능력, 차트를 잘 볼 수 있는 능력을 말하는데, 대부분의 개인 투자자는 잘하기가 쉽지 않습니다. 1% 미만의 개인 투자자들만 시장수익률을 초과하여 수익률을 낼 수 있습니다.

주식 종목을 30개 이상 선택하더라도 좋은 종목이 아닐 확률이 높습니다. 그러니까 적은 수의 종목에 몰아서 투자하지 마십시오. 그러면 변동성이 커지게 되는데, 변동성이 높으면 크게 힘들어질 수도 있습니다. 열심히 공부해서 30개 이상의 종목에 분산 투자하면 수익률 곡선이 부드러워질 겁니다. 물론, 주식시장의 특성상 하락장에서는 수식 간의 상관관세가 높아지므로, 다 같이 떨이질 확률이 높습니다. 그렇기에 태생이 다른 자산군을 섞어야 합니다.

Dr. Quant Comment

▶ 현금 비중을 제일 먼저 확보한다.
▶ 나머지 투자 자금 중 절반은 정적 자산 배분으로 베타 투자하고, 나머지 절반은 주식이나 부동산 등에 알파 투자한다.
▶ 알파 투자로 주식투자를 할 경우, 30개 이상의 종목에 분산 투자한다.
▶ 1~3년간 알파 투자와 베타 투자의 성과를 비교해보고, 그 비중을 3:7 또는 7:3으로 수정한다. 이를 1~3년마다 반복한다.
▶ 이렇게 10년 이상 투자하면 시장에서 살아남을 것이며, 주식시장에 참여하면 언젠가 수익을 볼 것이다.
▶ 다음에 소개할 원칙 매매를 지키면서 트레이딩하라!

원칙을 세우고
반드시 지켜라

알파 투자를 하든 베타 투자를 하든, 원칙을 지키며 투자하는 것이 참으로 중요합니다. 베타 투자는 원칙 비율에 맞춰 1년마다 리밸런싱한다을 지키기가 매우 쉬우므로 크게 언급할 것이 없지만, 알파 투자, 그중에서도 주식투자를 한다면 반드시 지켜야 하는 것이 원칙 매매입니다. 그런데 대부분은 감정적으로 투자합니다. 원칙도 없이 감정에 휘말려서 매수·매도 버튼을 누른다는 것이 문제입니다.

원칙이 없이 편향에 사로잡혀 매매하게 되면 어떤 결과가 나오는지는 앞에서도 설명했지요. 그런데 투자를 망치는 여러 편향을 극복하는 몇 안 되는 방법 중 하나가 바로 원칙 매매입니다. 처음 정한 원칙대로만 투자하는 겁니다.

예를 들어, 분봉 스케일에서 단타를 하는데, 진입할 때 익절 원칙이나 손절 원칙을 정하면서 3% 손절 룰을 세웠다고 합시다. 그런데 막상 3% 손절선에 나오면 다시 반등하여 오를 기 같고, 손절을 안하자니 계속 떨어질 거 같아서 안절부절못하게 됩니다. 결국 손절선을 깨고 크게 내려가고, 3% 이상의 손실 보는 경우가 많습니다. 혹은 손절하면 손실을 확정 짓게 되니 그게 두려워서_{손실 회피 편향} 손절을 못하다가 손실을 키우곤 합니다.

이처럼 원칙을 세우기는 쉽지만 지키기가 참 어렵습니다. 참고로 저는 종목을 사면 바로 손절선에 자동 손절 시스템을 설정해놓습니다. 그러면 고민할 틈도 없이 시스템이 손절해버리지요. 결과적으로도 이 편이 수익률이 좋았습니다.

원칙 없이 매매하는 건 투자에 있어서 자살 행위에 가깝고, 원칙을 세워도 그 원칙을 지키기는 쉽지 않습니다. 그래서 훈련이 필요합니다. 그리고 훈련 과정에는 당연히 출혈이 따릅니다. 바로 소중한 투자 자금이지요. 주식시장에 '수업료'를 지불해야 한다는 게 바로 그 뜻입니다. 그런데 굳이 피 같은 투자 자금을 수업료로 내야 할까요? 주식시장에 수업료를 내지 않고도 수익을 거둘 수 있는 방법이 바로 '퀀트 투자'입니다.

Dr. Quant Comment

▶ 원칙 없이 매매하는 것은 자살 행위나 마찬가지다.
▶ 주식시장에서 수업료를 지불하지 않고 수익을 거두는 방법이 바로 '퀀트 투자'다.

감정과 편향을 배제하라

퀀트 투자란 무엇일까요? 용어는 들어봤겠지만, 잘 모르는 사람이 많습니다. 간단히 말하자면, 퀀트 투자란 수치와 통계만 보고 투자하는 겁니다.

퀀트quantitative는 '정량적인'이라는 뜻입니다. 그러니까 감정이나 느낌에 따라 투자하는 것이 아니라, 주가와 연관된 각종 지표기술적 지표, 재무 지표 등를 정량적으로 분석하고 가설을 데이터로 검증하여 수익이 잘 나는지 통계적으로 확인한 후에 투자하는 방법입니다. 그 주식의 호재가 무엇인지, 미래 전망은 어떠한지, 사업 계획은 무엇인지 등등 개인의 주관이 개입될 수 있는 정성적인 평가는 배제하고, 오직 객관적인 수치를 기반으로 투자하는 겁니다.

예를 들어 주당순이익, 주가수익비율, 자기자본이익률, 영업이익, 영업이익성장률 등의 수치만을 보는 거죠. 재무제표 수치만이 아니라 기술적 분석으로도 퀀트 투자는 가능합니다. 오늘 스토캐스틱, 이격도, RSI가 얼마니까 투자한다는 식으로요. 주식을 잘 모르는 사람이라면 도무지 이해가 안 갈 수도 있지만, 자세한 설명은 뒤에서 하겠습니다.

그렇다면 퀀트 투자는 일반적인 투자법과 어떤 점이 다를까요? 근본부터 다른 투자법이긴 하지만, 기본적으로 감정을 배제할 수 있다는 점이 아주 매력적이라고 봅니다. 감정은 투자에 아무런 도움이 되지 않습니다. 오히려 감정과 본능에 이끌려 투자하면 손실을 보게 됩니다. 하지만 수치와 통계에 기반하여 투자하면 감정을 배제할 수 있고, 많은 종류의 편향을 쉽게 피해 갈 수 있습니다.

예를 들면, A가 B라는 주식에 대해 호재를 들었다고 합시다. 물론 이런 호재는 알 만한 사람들은 다 알고 있고 가격에 미리 반영되어 있어서 가격이 더 오를 확률은 매우 적습니다이미 오를 만큼 올라서, 반짝 더 오를 수는 있어도 대개는 떨어지곤 합니다. 여기에 편향이 개입되는 상황을 가정해봅시다. A는 평소에 자신이 주식투자를 잘한다고 생각하며과잉 확신 편향, B라는 주식에 대해 괜찮게 생각하고 있었습니다. 그래서 호재를 듣고는 더욱 좋게 여기게 됩니다확증 편향. 6개월 전에 처음 본 B의 가격이 5만 원 정도였는데, 현재는 2만 5천 원 정도라서 엄청 싸게 느껴졌습니다기준점 편향. 결국 A는 투자를 결정했고, 2~3일 정도 수익 구간에 있다가 곧 하락 전환하여 일주일 뒤에 손실을 보고 팔았습니다.

만약 A가 퀀트 투자자라면 어땠을까요? 똑같은 편향에 휩싸이더라도 쉽게 투자를 결정하지는 않았을 겁니다. 재무제표를 활용하는 퀀트 투자자라면 재무제표를 확인했겠죠. 시가총액 하위 400위, PBR 주당순자산비율, 낮을수록 회사가 재무적으로 성장력과 수익성이 좋다는 뜻 1 이하인 주식만 매입하는 퀀트 투자자라면, B가 시가총액은 하위 200위로 만족시켰지만 PBR은 1.3이라 투자 결정을 하지 않았을 수도 있습니다. 우연히 PBR이 1 이하라서 투자를 결정하더라도, 현명한 퀀트 투자자라면 30종목 이상으로 분산하여 투자하기 때문에 그 종목에서 손실을 보더라도 큰 손실은 아니었을 겁니다.

중요한 것은 손실을 보더라도 편향에 휘말려서 손해를 본 게 아니라는 점입니다. 즉, 퀀트 투자자는 투자 결정을 하면서 뉴스, 호재, 기업의 성장성 같은 정성적인 평가를 개입시키지 않습니다. 주관적인 판단을 배제하고 수치와 통계에 의존하는 것이죠. 수익도 손실도, 모두 통계의 일부일 뿐이라고 생각하는 겁니다. 다시 말해, 자기 자신이 한없이 감정에 취약한 개인 투자자일 뿐임을 받아들이고, 자신의 판단보다 수치와 통계를 믿는 거죠. 아이러니하게도 이런 투자법이 수익이 더 좋습니다.

퀀트 투자는 우리나라에서는 아직 생소한 개념일 수 있지만, 금융 선진국인 미국에서는 널리 쓰이고 있습니다. 통계에 의하면, 퀀트 투자의 한 종류인 알고리즘 트레이딩Algorithmic Trading은 2012년에 이미 전체 거래량의 85%를 차지한다고 합니다. 대부분의 투자가 퀀트 투자로 이루어진다고 봐도 무방할 정도입니다.

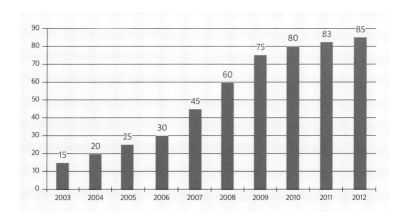

미국 시장의 알고리즘 트레이딩❷

우리나라도 이미 기관에서는 퀀트 투자를 적극적으로 활용하고 있고, 일반인들에게도 보급되는 것은 시간문제라고 봅니다. 최근 들어 퀀트 투자에 대한 책이 많이 나오고 있는 걸 보니, 퀀트 투자는 피할 수 없는 시대의 흐름이라고 봐야겠지요. 그러니 우리는 투자의 시대, 그중에서도 퀀트의 시대에 살고 있는 겁니다.

개인적으로는 일부 운이 좋거나, 재능이 뛰어나거나, 훈련을 받은 전문 트레이더를 제외한 대부분의 개인 투자자들은 감정적이라 편향을 이길 수 없기 때문에, 편향으로부터 자유로운 퀀트 투자자들을 이기기 힘들다고 생각합니다.

그러므로 주식시장에서 살아남기 위해서는 운이 좋거나, 재능이 뛰어나거나, 트레이딩 훈련을 받거나, 퀀트 투자자가 되어야 합니다. 운이나 재능은 통제할 수 없고, 트레이딩 훈련을 받는 것은 좋은 스승을 찾아 막대한 수업료를 지불해야 할 것이므로, 퀀트 투자자가 되는 것이 가장 쉬운 방법일 겁니다. 게다가 주식시장에서 소위 전문가라고 불리는 사람 중에는 사기꾼이 많아서, 진짜 전문가를 찾아내기가 매일 우상향하는 주식 종목을 고르는 것만큼 어렵습니다. 다행스럽게도 책이나 유튜브 등 각종 매체를 통해 퀀트 투자에 대해 배울 수 있고, 젠포트라는 툴을 이용해서 누구나 전문적인 퀀트 투자자 못지않게 될 수 있습니다.

그런데 퀀트 투자자들은 어떻게 수치와 통계를 이용해서 투자 결정을 내릴까요? 퀀트 투자를 하기 위해서는 많은 시간을 투자하여 사전작업을 합니다. 자신이 만든 퀀트 전략을 과거의 데이터를 이용해서 시뮬레이션하는 '백테스트'라고 하는데, 개인적으로는 퀀트 투자의 꽃이라고 생각합니다. 백테스트는 투자 전략을 검증하는 과정으로, 다음에 설명하겠습니다.

🔑 Dr. Quant Comment

▶ 퀀트 투자란 감정과 편향을 배제하고, 수치와 통계를 이용하여 투자하는 방법이다.
▶ 백테스트란 과거 데이터를 가지고 자신의 투자 전략을 검증하는 과정이다.

---

❷ Morton Glantz, Robert Kissell. Multi-Asset Risk Modeling: Techniques for a Global Economy in an Electronic and Algorithmic Trading Era. Academic Press, December 3, 2013, p. 258.

원칙을 테스트하라

백테스트란 전략을 과거 데이터를 이용해서 시뮬레이션하는 과정으로, 퀀트 투자자만이 누릴 수 있습니다.

간단한 퀀트 전략을 살펴볼까요? 시가총액 하위 20%의 종목 중에 PBR 0.8 이하인 20종목을 PBR이 낮은 순서로 사서 1년간 보유하고 매도한 후, 다시 똑같은 조건의 종목을 사는 전략을 짰다고 합시다. 그렇다면 이 전략이 잘 먹힐지 확인해야겠지요. 미래를 아는 방법은 없지만, 과거의 데이터로 시뮬레이션을 해볼 수는 있습니다.

2007년 2020년까지 테스트할 경우, 매해 모든 종목의 시가총액과 PBR 데이터만 있으면 됩니다. 2007년 1월 2일 장 시작 가격시가에 50종목을 사고, 2007년 12월 31일에 장 종료 가격종가에 모든 종목을 다 팔았다고 가정하면 2007년 수익률이 나옵니다. 2008년에도 같은 과정을 반복하는 거죠. 이렇게 2020년까지 반복하면 약 14년간의 수익률 데이터가 나옵니다. 이런 식으로 전략을 검증하는 것을 백테스트라고 합니다. 자신의 전략대로 실행했을 때 얼마만큼의 수익률이 나오는지 시뮬레이션해보는 거죠.

　과거 데이터를 가지고 전략을 검증해보는 것은 선택이 아니라 필수입니다. 전략이 있어도 수익이 나는 전략인지는 알 수 없으니까요. 물론 백테스트를 해도 미래의 수익률은 알 수 없습니다. 그러나 전략을 검증할 수 있는 최선의 방법은 백테스트뿐입니다. 백미러도 안 보고 운전할 수 없는 것과 마찬가지입니다혹자는 퀀트 투자자들이 앞을 안 보고 백미러만 보고 운전하는 것과 마찬가지라고 비난하지만, 잘못 알고 있는 것입니다. 그런데 개인 투자자들 중 많은 사람들이 백미러도 안 보고 운전합니다. 당연히 사고가 나겠지요.

　백테스트를 하려면, 원칙 매매가 기본이 되어야 합니다. 원칙도 없이 이랬다가 저랬다가 하면 당연히 과거 데이터로 시뮬레이션이 불가능하겠죠. 원칙에 기반하여 전략을 세우고 백테스트한 뒤에 전략을 투입한다면, 적어도 큰 손해는 안 볼 수 있습니다. 물론 전략이 망가져서 손해를 보는 때도 있지만, 이에 대응할 수 있도록 어느 정도 이상 손실을 보면 전략을 멈추도록 하는 스톱 시스템까지 갖춰놓으면 크게 손해 볼 일은 없습니다. 이것이 백테스트의 힘입니다.

　그런데 한 가지 문제점이 있습니다. 백테스트가 쉬운 작업이 아니라는 점입니다. 간단한 전략을 예로 들었지만, 복잡한 전략이라면 여간 어렵지 않습니다. 예를 들어, 5일 이동평균최근 5일 동안 주가의 평균값이 20일 이동평균최근 20일 동안 주가의 평균값보다 크고, 5일 이격도현재 주가가 5

일 이동평균보다 얼마나 큰가를 나타내는 지표가 120 이하이며, RSI는 80 이하이고, 20일 스토캐스틱이 50 이상인 종목만을 추려서 일별 주가상승률이 높은 순서로 10개를 매수하고 다음 날 파는 것을 매일 반복하는 전략을 세웠다고 합시다. 2,000개가 넘는 모든 종목의 차트를 보고 이동평균, 이격도, RSI 및 스토캐스틱을 일일이 확인하는 작업을 거친 뒤, 종목을 추려내고 다시 일별 주가상승률 순서로 정렬하여 10개의 주가를 파악한 다음, 하루 보유하고 팔았을 때의 수익률을 계산하는 것을 매일 반복해야 합니다. 이를 2007년부터 테스트하면 거래일 기준으로 약 3,500번 이상 반복해야 합니다. 읽기만 해도 상당히 복잡해서 머리가 아플 지경입니다.

"주가 데이터를 모두 데이터베이스화하고, 파이썬을 이용해서 알고리즘을 입력한 뒤에 컴퓨터가 테스트하게 두면 되겠네!"라고 말하는 사람도 있을 겁니다. 실제로 그렇게 하는 퀀트 투자자들도 많습니다. 그런데 데이터베이스를 만드는 노력이 어마어마하게 듭니다. 데이터를 구입하는 가격 또한 만만치 않으며데이터의 질에 따라 다르지만 수천만 원 이상, 데이터를 구입한 후에도 별도의 가공 과정을 거쳐야 합니다. 게다가 파이썬 등 코딩 언어를 배워야 합니다. 코딩에 문외한이라면 엄청난 노력과 수개월의 시간을 들여야겠지요.

적어도 몇 년 전까지는 백테스트의 장벽이 너무 높았습니다. 그러나 백테스트를 대신 수행해주는 툴이 개발되었지요. 백테스트를 할 수 있는 자동매매 툴은 여러 개가 있습니다. 그중에서도 주식 초보자들도 쉽게 접근할 수 있는 '젠포트'를 소개하려고 합니다. 젠포트는 뉴지스탁이라는 신생 스타트업에서 지원하는 서비스입니다.

젠포트는 알고리즘을 입력하기만 하면 그 알고리즘에 따라 백테스트를 수행해주는 툴입니다. 앞서 언급한 PBR 전략 같은 간단한 알고리즘의 14년 백테스트는 전략 입력부터 결과 분석까지 십 수 분이면 끝납니다. 예전에는 쉽게 백테스트를 할 수 없어서 퀀트 투자자가 되기 힘들었다면, 지금은 누구나 손쉽게 할 수 있습니다.

전략을 수치에 기반하여 정량적으로 설계하고, 그 전략을 백테스트를 통해 검증하는 과정을 거친다면 누구나 훌륭한 퀀트 투자자라고 할 수 있습니다. 그렇지만 여전히 함정은 도사리고 있습니다. 과연 이 검증된 전략을 감정에 휩쓸리기 쉬운 인간이 그대로 수행할수 있느냐는 문제죠.

예를 들어, 분명 전략에 따르면 다음과 같은 종목을 사야 합니다.

주식 차트 예시

얼핏 보면 상승을 끝내고 하락으로 전환한 종목인데, 이런 걸 사라고 하면 '전략에 문제가 있는 거 아냐? 내가 전략을 잘못 짰나?' 싶은 생각에 백테스트 결과에 의구심을 가지게 되겠지요. 어떤 사람은 결국 매수를 포기할 수도 있습니다. 사실 위의 차트는 삼성전자입니다. 6만 원이 넘던 삼성전자가 5만 원 초반대로 내려갔으니, 싸게 느껴지죠? 실제로 이 가격이 되었을 때 주변에서는 사도 되겠느냐는 물음이 많았습니다. 이런 식으로 감정에 휘둘리게 되면 백테스트를 하는 의미가 없습니다. 원칙을 세우고 그 원칙을 검증하는 것이 백테스트이고, 그 원칙대로 실행해야 백테스트를 한 의미가 있습니다. 결국 주관이 개입되어 원칙을 어기면, 진정한 의미의 퀀트 투자가 아닙니다.

그래서 매수·매도를 백테스트 결과에 따라 자동으로 하게 만들어서 감정의 개입을 원천적으로 봉쇄해버리는 자동매매를 하는 것입니다.

Dr. Quant Comment

▶ 원칙을 가지고 매매하는 것은 필수다.
▶ 그 원칙을 검증하는 과정이 백테스트다. 백테스트를 자동으로 실행하게 해주는 것이 바로 자동매매다.

감정에 휘둘리지 않는 완전한 투자 방법

자동매매는 인간의 감정의 개입을 원천적으로 봉쇄할 수 있는 강력한 툴입니다. 종목을 고르는 것부터 시작해서 종목의 적정 매수가를 설정하고 목표 매도가 혹은 손절가를 생각하는 것도 힘들지만, 실제로 매수·매도 버튼을 누르는 것이 더 어려울 때가 있습니다. 돈을 잃을지도 모른다는 두려움이 커지면 더 그렇겠죠. 이러한 감정을 배제하기 위해서는 스스로 매수·매도 버튼을 눌러서는 안 됩니다. 컴퓨터가 하게 두면 아주 간단하게 해결됩니다. 컴퓨터는 일말의 망설임도 없이, 인간보다 빠르게 사고팔 수 있으니까요. 그래서 알고리즘 트레이딩은 자동매매를 빼놓고는 이야기할 수 없습니다.

과거에 자동매매는 문턱이 굉장히 높았습니다. 자동매매 프로그램을 만들어 구현하는 ATQAlgorithmic Trading Quant가 굉장히 희귀했습니다. 헤지펀드쯤은 되어야 가능했던 일이죠. 그러나 최근에는 파이썬 등을 이용해서 직접 코딩해서 자동매매 시스템을 운영하는 사람이 늘었습니다. 다만 백테스트를 수행할 때의 어려움데이터베이스의 확보 및 새로운 코딩 언어 학습은 마찬가지입니다. 그러므로 직장을 다니거나, 다른 생업이 있는 일반인에게는 여전히 진입장벽이 높은 편이라고 할 수 있습니다. 생업이 있는데 데이터를 확보하고, 코딩 언어를 배워서 백테스트하고, 증권사 API를 공부해서 자동매매 프로그램을 만들 만한 시간은 없겠지요.

하지만 일반인도 손쉽게 자동매매 프로그램을 활용할 수 있는 시대가 도래했습니다. 뉴지스탁의 젠포트는 퀀트 투자를 모르는 일반인도 간편하게 백테스트를 할 수 있도록 서비스를 제공합니다. 게다가 젠트레이더라는 자동매매 프로그램을 개발해서 젠포트와 연동하여, 백테스트를 하고 설정한 전략 그대로 매수·매도를 할 수 있게 만들어놓았습니다. 그 덕분에 처음 세팅하고 가끔 유지 및 보수하는 것 말고는 따로 들이는 노력 없이 자동매매를 수행할 수 있습니다. 게다가 이용료도 무료입니다.

Dr. Quant Comment

▶ 다른 일을 하고 있어도 내가 세운 원칙대로 자동매매를 수행할 수 있다.
▶ 예전과 달리, 지금은 누구나 쉽게, 무료로 이용할 수 있다.

누구나
할 수 있다

주식시장에서 살아남는 다섯 가지 방법에 대해 공감하는 부분도 있고, 반대하는 의견도 있을 거라고 생각합니다. 의견과 관점은 다양할 수 있으니까요. 하지만 혼자서 만든 독자적인 방법이 아니라는 점을 다시 한번 강조하고 싶습니다.

분산 투자는 두말할 것 없이 이미 모두가 알고 있는 상식입니다. 원칙 매매 역시 당연한 상식이겠죠. 편향에 빠지기 쉽다는 것 역시 행동재무학에서 여러 연구를 통해 밝혀진 중론입니다. 이런 상식조차 지키지 않으면 주식시장에서 살아남기가 힘듭니다. 주식시장은 호락호락한 곳이 아니니까요.

퀀트 투자와 백테스트, 자동매매는 원칙 매매와 수학, 통계학을 결합하면서 생겨난 투자법으로, 이미 미국에서는 대부분의 거래가 퀀트 투자로 이루어지고 있습니다. 그런데 3~5종목 혹은 그 이하으로 분산한 것만으로 분산 투자를 하고 있다고 착각하는 사람이 많습니다. 그러한 것은 진정한 의미의 분산 투자가 아닙니다. 또한 특별한 원칙 없이, 주변지인, 주식 전문가, 뉴스의 정보에만 의지하여 감정적으로 매매하거나 검증된 전략 없이 매매하면, 십중팔구 주식시장에서 호되게 혼날 수 있습니다. 자신의 운을 믿거나, 주식을 잘하니까 괜찮을 거라고 생각하는 것은 과잉 확신 편향입니다.

이제부터는 여러 자산군에, 30종목 이상 분산하고, 뚜렷한 원칙을 가지고 매매해야 합니다. 어떤 원칙을 세울지 모르겠다면 퀀트 투자에 대해 공부하고, 자신이 세운 원칙이 실제로 과거에 수익을 거두었는지 백테스트한 다음 직접 실행해야 합니다. 그러나 여러 이유로 직접 실행하기가 어려울 겁니다. 그러니 내가 쳐다보지 않아도, 손대지 않아도, 자동으로 매매하게 해야 합니다. 그래야 주식시장에서 오래도록 살아남을 수 있습니다.

본격적으로 젠포트를 활용해서 전략을 만드는 방법에 대해 알아보도록 하겠습니다. 처음에 적응하는 데 시간이 걸릴 수 있습니다. 새로운 전자기기를 처음 만지면 어색하고 힘든 것과 마찬가지입니다. 그러나 곧 익숙해지면서 능숙하게 다룰 수 있을 것입니다. 그만큼 쉽습니다.

자동매매 툴 젠포트& 젠트레이더

저 같은 일반인이 불과 1년도 되지 않아 우상향 전략을 100개 넘게 보유한 알고리즘 트레이딩 퀀트 투자자가 될 수 있었던 이유는 뭘까요? 금융 지식이 풍부하거나 똑똑해서가 아닙니다. 정말 평범한 제가 젠포트라는 백테스팅 툴을 만나고 180도 달라진 것입니다. 젠포트는 일반인도 아주 쉽게 전문적인 퀀트 투자자로 탈바꿈하게 만드는 굉장한 툴입니다.

사실 백테스팅 툴은 젠포트만 있는 것은 아닙니다. 국내에서도 예스트레이더나 인텔리퀀트 등의 서비스도 백테스팅 툴을 제공합니다. 해외에도 퀀토피안이라는 서비스가 있고요. 다른 플랫폼도 훌륭한 백테스팅 툴이라고 생각합니다. 젠포트보다 훨씬 다양한 기능을 제공하기도 합니다. 그런데도 젠포트를 선택하고 추천하는 이유는, 젠포트가 전 세계에서 가장 유저 친화적인 백테스팅 툴이기 때문입니다. 다른 백테스팅 툴은 언어를 따로 배우든가, 파이썬 등의 코딩 언어를 배워야 백테스팅이 가능합니다. 그러나 젠포트의 경우 따로 배워야 할 언어가 전혀 없고, 코딩을 전혀 몰라도 백테스팅이 가능합니다. 퀀트 투자의 진입장벽을 몇 단계는 낮춰준 혁신적인 툴이라고 자신 있게 말할 수 있습니다.

뉴지스탁의 젠포트에서 금전적 보상을 받은 것이 아닌지 의심하는 독자가 있다면, 뉴지스탁으로부터 책을 쓰는 데 어떠한 금전적 지원도 받은 적이 없고, 앞으로도 없을 것임을 밝혀둡니다.

백테스트는 검증 가능한 전략을 수립하는 과정인 만큼, 직접 해봐야 합니다. 젠포트를 활용하면 아주 쉽게 자신이 세운 전략을 검증할 수 있습니다. 매수 및 매도 조건식을 설정하고 기다리면 분석 결과가 나오고, 이러한 방식으로 수십, 수백 번 테스트하면 됩니다. 수십, 수백 번 테스트한 전략이라면 어느 정도 신뢰할 수 있을 겁니다. 젠포트로 검증한 전략을 자동매매 프로그램인 젠트레이더에 연동하면, 백테스트한 대로 자동으로 거래를 시작하게 되죠.

인간의 감정을 완벽히 배제하고 트레이딩하려면 자동매매는 필수입니다. 뉴지스탁에서 만든 자동매매 프로그램 젠트레이더는 젠포트에서 만든 백테스트 결과를 연동시키면 그와 똑같은 설정으로 자동으로 매수·매도합니다. 현재 지원하는 증권사는 키움증권, NH 투자증권입니다. 키움증권이나 NH 투자증권에 주식 계좌가 있다면, 젠트레이더를 다운받아 자동매매를 할 수 있습니다지원하는 증권사는 앞으로 점차 추가될 예정이라고 합니다.

예를 들어, 시가총액 하위 20% 주식 종목 중에 PBR이 0.8 이하인 20종목을 PBR이 낮은 순서대로 사서 1년 동안 보유하는 전략을 만들어 백테스트하면, 연환산수익률은 약 25%입니다. 또 백테스트 결과 분석에서 '매매 종목 정보' 탭에서는 날마다 매수 조건에 맞는 '추천 종목'이 뜹니다.

포트정보	설정조건	매매결과	수익률	매매종목 정보	거래내역

추천 종목 ■ 매수 대상 종목 ■ 이미 보유한 종목   기준일 : 2020.03.12

■ 씨케이에이치	A600120 Q	■ 전방	A000950 Q	■ 한국전자홀딩스	A006200 Q	■ 금호전기	A001210 Q
■ 동일제강	A002690 Q	■ 우리조명	A037400 Q	■ 성안	A011300 Q	■ 경창산업	A024910 Q
■ 하이스틸	A071090 Q	■ 픽셀플러스	A087600 Q	■ 부산주공	A005030 Q	■ 한국주강	A025890 Q
■ 티피씨글로벌	A130740 Q	■ 대동기어	A008830 Q	■ 동일철강	A023790 Q	■ 신원종합개발	A017000 Q
■ 지스마트글로벌	A114570 Q	■ 제일테크노스	A038010 Q	■ 진도	A088790 Q	■ 에이엔피	A015260 Q

PBR 전략 추천 종목

이 전략을 젠트레이더로 연동하면 아침 8시 50분쯤 추천 종목을 설정한 가격에 자동으로 매수 주문을 냅니다. 그리고 1년이 지나면 설정한 가격에 자동으로 매도 주문을 내줍니다.

다시 말해, 젠포트에서 전략을 만든 뒤를 포트폴리오라고 합니다. 백테스팅을 돌려 검증을 거치고, 완성된 전략을 젠트레이더에 연동하는 겁니다. 그러면 아침 8시 50분쯤에 젠트레이더에서 추천 종목을 매수 주문을 내거나, 매도 대상을 매도 주문을 내는 식입니다.

Dr. Quant Comment

▶ 분산 투자, 원칙 매매, 퀀트 투자, 백테스트, 자동매매를 활용하면 누구나 주식시장에서 살아남아 돈을 벌 수 있다.

▶ 예전에는 힘든 일이었지만 지금은 누구나 할 수 있다.

3장

백테스트로 깨부수는 잘못된 상식

재무제표 보는 법을 찾아 헤매고 있나요? 전설 같은 보조 지표가 있다고 믿고 있나요? 여전히 우량주 투자에 목을 매고 있습니까? 우리가 현재 알고 있는 것은 몇몇 저자들이나 인터넷 검색이 심어놓은 환상일 뿐, 팩트는 없다고 봐도 무방합니다. 증명되지 않은 남의 말을 믿기보다는, 본인이 추구하는 매매법이 있다면 직접 테스트해서 자신만의 퀀트 로직을 만들어야 합니다. 진정한 퀀트 투자자는 백테스트와 데이터로 이야기하기 때문입니다.

Smart
Quant Investment

서점과 인터넷에 떠도는 일반적인 상식들

　요즘은 세상이 참 좋아졌습니다. 배우고자 하면 배울 수 있으니까요. 주식도 마찬가지입니다. 서점만 가봐도 주식 서적은 어마어마하게 많고, 초급 단계부터 시작해서 다양한 책이 출판되어 있습니다. 지금은 주식을 몰라서 못하는 시대는 아닙니다.

　그런데도 수익을 보는 개인 투자자는 그다지 많지 않습니다. 가장 큰 이유는, 대부분의 책은 돈 버는 데 큰 도움이 되지 않기 때문입니다. 어떤 책은 전혀 검증되어 있지 않기도 합니다. 어떤 책은 많은 차트를 보여주며 열심히 설명하지만 책에 실린 차트에서는 기가 막히게 맞아떨어지는데, 직접 개별 종목에 적용해보면 맞지 않는 경우가 많습니다. 주식 서적을 많이 읽어본 독자라면 공감할 것입니다.

　이는 '맞는 차트'만 따와서 붙여 넣었기 때문입니다. 예를 들어, 주식 차트에서 가장 기본적으로 등장하는 것 중에 하나가 '이동평균선'

입니다. 이동평균선의 골든크로스가 일어나면 이후에 주가가 상승한다고 설명하고 이를 설명하는 차트를 소개합니다. 그러나 이런 차트는 의미가 없습니다. 사실 이동평균선의 골든크로스는 주가가 상승한 것의 결과에 지나지 않습니다. 물론 추세를 정의할 때 이동평균선의 배열 상태를 쓰기는 하지만, 골든크로스 자체는 아무 의미도 없습니다. 즉, 골든크로스가 일어나서 주가가 상승하는 것이 아니라, 주가가 상승해서 골든크로스가 일어난 것이라고 봐도 무방합니다.

좀 더 복잡한 기법을 설명하는 책에서도, 그것에 들어맞는 차트만 가지고 설명하곤 합니다. 책을 읽을 땐 쉽게 부자가 될 수 있다고 생각하기 쉽지만, 실제로 적용해보면 맞지 않는 경우가 많습니다. 대부분 검증하지 않기 때문입니다. 백테스트가 되지 않은 전략은 무의미한데도, 백테스트도 거치지 않고 설명하는 책이 많습니다. 그래서 쉽게 돈을 벌 수 없는 것입니다. 백테스트로 검증된 전략으로도 돈을 벌기가 힘든데, 검증이 안 된 전략으로는 돈을 벌 수가 없겠지요.

게다가 신뢰할 만한 전문가가 아닌 사람이 쓴 책도 많습니다. 그래도 책을 쓸 정도면 대단한 전문가라고 생각할 수 있지만, 대단한 착각입니다. 이 책도 절반만 믿으면 됩니다. 검증된 이론과 전략으로 구성된 부분만 믿고, 나머지 필자의 의견은 믿을지 말지 스스로 결정하면 됩니다.

그러나 누구나 알 만한, 제대로 인정받는 투자 전문가의 책은 믿을 만하다고 생각합니다. 하워드 막스Howard Marks, 레이 달리오Raymond Dalio 등 유명한 사람들의 책은 넘쳐날 만큼 많고, 내용도 충실합니다.

그러니 대가들의 책이 아니고는 믿지 마십시오. 책은 누구나 쓸

수 있고, 수익률은 조작될 수 있으며, 검증되지 않은 전략으로는 돈을 벌 수 없습니다. 검증된 내용을 다룬 책들을 가까이하십시오. 수익률 인증이 된 책도 쉽게 믿지 말아야 합니다. 그게 사실이라도 그 사람이 잘해서 번 돈이지, 그 책에 있는 전략을 따라 한다고 누구나 그 수익률을 낼 수 있는 건 아니니까요.

시중에 나와 있는 책도 그런데, 인터넷에 떠돌아다니는 상식은 말할 것도 없습니다. 요즘에는 오히려 인터넷에 검증된 정보들이 많습니다. 개인 DB를 갖추고 파이썬 등을 활용해서 백테스트하는 게 가능한 세상이니까요. 그런 사람만 팔로우하면서 백테스트된 정보를 습득하면 도움이 될 것입니다.

백테스트를 할 때 가장 처음 깨닫는 것이 시중의 상식들이 하나도 맞지 않다는 사실입니다. 시중의 책이나 인터넷의 자료를 활용해서 익힌 지식부터 테스트하기 때문입니다. 예를 들어, '이격도가 일정 값 이하로 떨어지면 매수 신호이고, 일정 값 이상으로 올라가면 매도 신호다', 'RSI가 일정 값 이상으로 올라가면 과매수 상태이므로 매도 신호이고, 일정 값 이하로 떨어지면 과매도 상태이므로 매수 신호다' 등을 백테스트해보면, 이렇게 투자하면 1년 안에 파산할 수도 있다는 것을 깨닫게 됩니다.

그래서 시중의 상식을 몇 가지 살펴보려 합니다. 직접 젠포트의 사용법을 익혀서 백테스트해봐도 좋습니다. 참고로, 글을 읽다가 잘 이해가 되지 않으면 부록에 젠포트 사용법에 대한 기본적인 설명을 적어놨으므로 부록을 먼저 읽어보는 것도 좋습니다.

재무제표 지표들에 대한 속설들

📊 PBR에 대한 환상

PBR❶은 재무제표 지표 중에 PER❷과 더불어 가장 유명하지 않을까 싶습니다. 대개는 PBR이 낮을수록 저평가받는 주식이며, 장기적으로는 저평가받던 주식이 재평가를 받으면서 주가가 오를 것이라고 설명합니다. 하지만 이 말은 일부만 맞습니다. PBR이 낮을수록 재무적으로도 건전하고 주가도 저평가받는 게 맞지만, 주가는 사실 저평가나 재평가와 아무런 상관이 없습니다. 저평가받는 주식이 영원히 저평가받을 수도 있고, 고평가받는 주식이 계속 오르는 경우도 비일비재합니다. 즉, 저평가 주식을 사서 장기적으로 투자한다고 해서 무조건 큰돈을 벌 수 있는 것은 아니라는 말입니다. 특히 그 과정이 고통스러울 수 있으니 권할 만한 투자법은 아닙니다.

이를 백테스트하기 위해서, 과거의 데이터를 이용해 우리나라 주식 중에 PBR이 가장 낮은 주식부터 시작해서 20종목을 사서 1년간 보유하고 매도한 뒤, 다시 PBR이 낮은 가장 낮은 주식 20종목을 사서 1년간 보유하고 다시 매도하는 과정을 계속 반복합니다. 이 과정이 복잡하다면 생략하고 결과만 봐도 충분하리라 생각합니다.

백테스팅 포트폴리오를 만들기 위해서는, 젠포트 홈페이지에서 새 포트 만들기를 클릭합니다. 그리고 다음 그림과 같이 포트 제목을 설정하고, 기본 조건을 세팅합니다. 운용 자금은 원하는 대로 설정하는데, 여기서는 1,000만 원으로 설정했습니다. 운용 기간은 '전체'를 선택합니다. 젠포트에서는 2007년 1월 2일부터 백테스트를 진행합니다. 수수료율은 키움증권 기준으로 0.015%입니다. 슬리피지는 그대로 두고, 자산 배분은 사용하지 않습니다.

PBR 백테스트 설정 1

---

❶ Price Book Value Ratio, PBR 주가와 1주당 순자산을 비교하여 나타낸 비율(PBR = 주가 / 주당 순자산가치).

❷ Price Earning Ratio, PER 주가수익비율. 특정 주식의 주당시가를 주당이익으로 나눈 수치로, 주가가 1주당 수익의 몇 배가 되는가를 나타낸다.

*매수 조건 우선순위
종목당 매수 비중 > 최대 보유종목 개수 > 종목당 매수금액 > 1일 최대 매수종목 수

*매도 조건 우선순위
종목 최소 보유일 매도 > 매도 조건 부합 시 매도 > 종목 최대 보유일 매도
> 손절가 매도 > 목표가 매도

PBR 백테스트 설정 2

그리고 매수·매도 조건을 설정합니다. 매수 가격 기준은 전일 종
가 0%로 하는데, 이는 매수 당일 아침 8시 50분에 전일의 종가로 매
수 주문을 내겠다는 뜻입니다. 종목별 매수 조건에서 '종목당 매수
비중'을 5%로 설정하면, 한 종목당 운용 자금의 5%만 매수하게 됩
니다. 종목당 최대 매수 금액은 0만 원으로 설정해놓으면 설정을 하
지 않은 것과 마찬가지입니다. 매수 종목수 조건에서 '최대 보유 종
목수'는 100종목으로 설정합니다. 보통 5%씩 20종목을 매수하지만,
넉넉히 설정하는 것이 좋습니다. '1일 최대 매매 종목수'를 0으로 설
정해놓으면, 이 역시 설정을 안 한 것과 마찬가지입니다. 필터링 조
건에서 관리 종목 제외, 감리 종목 제외로 설정하고, 매수 옵션에서

는 재매수 방지는 설정하지 않으며0일 설정, 매수 대싱 종목수도 최대로 설정합니다. 매수 시간 역시 그대로 두면 되는데, 어차피 매수 시간 설정은 '새 가상 포트 만들기'=틱데이터 백테스트, 이하 틱테스트에서 2019년부터만 적용되는 기능입니다.

다음은 매도 조건입니다. 퇴출 조건에서 목표가 및 손절가는 설정하지 않습니다0으로 설정. 이는 목표가 및 손절가가 '새 포트 만들기'에서 당일 적용이 안 되기 때문입니다. 즉, 목표가를 10%로 설정했을 때 매수한 종목이 수익률 10%를 찍어도 매도하지 않습니다. 이는 기술적인 문제로, 백테스팅에서는 목표가 및 손절가가 제대로 작동하지 않아서입니다.

보유일 관련 조건에서 종목 최소 보유일을 설정하면 최소 며칠은 강제로 보유할 수 있는데, 설정하지 않았습니다0으로 설정. 종목 최대 보유일은 250일로, 거래일로만 따지면 1년에 가깝습니다. 그러니 1년 동안 종목을 보유하고 팔도록 설정한 것과 마찬가지입니다.

'보유일 만기 매도 가격 기준'은 전일 종가 0%로 설정합니다. 이는 보유일 만기 시에 매도 당일 아침 8시 50분에 전일의 종가에 주문을 낸다는 뜻입니다. '조건 부합 시 매도 가격 기준'도 전일 종가 0%로 설정합니다. 매도 조건식을 만족시켰을 때 매도 당일 아침 8시 50분에 전일의 종가에 주문을 낸다는 뜻인데, 매도 조건식을 사용하지 않을 것이기 때문에 의미가 없는 설정입니다. 그 밑에 매도 옵션에서는 청산 기능은 사용하지 않고, 트레일링 스톱 역시 사용하지 않는 것으로 설정해놓습니다. 매도 시간 역시 매수 시간과 같은 이유로 건드리지 않습니다.

'다음 단계로' 버튼을 누르면 매매 대상 설정으로 넘어갑니다. 매수하는 유니버스코스닥, 코스피, ETF 등등를 설정할 수 있는데, 기본 설정으로 두면 됩니다. 기본 설정으로 두면 ETF를 제외한 코스피, 코스닥 개별 종목 전체를 대상으로 합니다.

이다음 단계에서는 매매 조건을 설정할 수 있는데, 매수 조건식과 매도 조건식, 매수 우선순위를 설정하여 원하는 종목을 선별할 수 있습니다. PBR이라는 지표의 환상을 깨부수기 위한 백테스트이므로, PBR 관련 지표만 넣어봅니다.

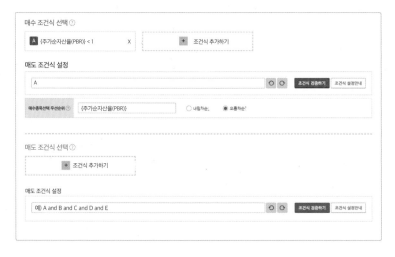

PBR 백테스트 설정 3

매수 조건식 선택에서는 '조건식 추가하기' 버튼을 눌러서 PBR을 검색하어, '[주가순자산율PBR]〈1'이리고 설정합니다. 이는 전체 주식 종목 중에 PBR이 1 미만인 종목을 우선적으로 선별하는 것입니다.

다음으로는 '매수 종목 선택 우선순위'에서 PBR을 선택하고, 오름차순으로 설정합니다. 이는 전체 주식 종목 중에서 매수 조건식을 만족하는 종목을 추린 뒤, 그중에서 PBR이 낮은 것부터 순서대로오름차순 매수 주문을 내라는 뜻입니다. 종목당 매수 비중이 5%였으니, 총 20종목을 매수 주문하겠지요. 사실 젠포트에서 하루에 낼 수 있는 최대 매수 주문이 20개입니다. 종목당 매수 비중을 2%로 하면 50 종목이 되지만, 하루에 20개가 최대이므로 첫날 20개, 둘째 날 20개, 셋째 날 10개로 3일에 걸쳐서 주문을 내게 됩니다. 다시 말해, 주식 전체 종목 중 PBR이 1 미만인 종목을 추리고, 한 종목당 운용 자금의 5%씩 총 20종목을, PBR이 작은 것부터 순서대로 주문을 내겠다는 뜻입니다. 매수된 종목은 1년 뒤에 팔고, 또 같은 방식으로 20종목을 사겠지요.

그 결과, 우리가 흔히 알고 있는 상식과 마찬가지로, PBR이 낮은 주식을 사서 장기 투자하는 방법은 수익률이 좋았을까요?

약 14년 동안 누적수익률은 54%, CAGR Compound Annual Growth Rate, 연평균수익률은 3%, MDD Maximum Draw Down, 즉 투자 잔고의 손실 최대 낙폭은 약 60%나 됩니다. 한마디로 자금이 60%나 박살 난 적이 있다는 뜻입니다. 그다지 매력적이지 않지요? PBR을 보고 장기 투자한 결과가 이러합니다.

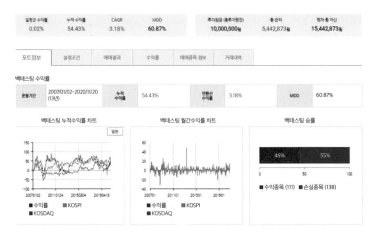

PBR 백테스트 결과

혹자는 이런 결과에 이의를 제기할 수도 있습니다. PBR이 '지나치게' 낮은 것은 사실 망하기 직전의 기업도 그렇기 때문입니다. 그래서 PBR이 '지나치게' 낮은 기업을 피하기 위해 0.2 이하로 낮은 기업은 걸러내는 조건을 추가해서 다시 백테스트를 돌려보았습니다. 매수 조건식에 '{주가순자산률PBR}〉0.2'라는 조건을 추가했습니다.

이 결과도 그다지 매력적이지 않습니다. 물론 아까보다는 좋아졌습니다. 그런데 약 14년 동안 누적수익률은 약 413%, CAGR은 약 12%, MDD는 약 61%입니다. 연평균수익률 12%를 달성하기 위해 투자 잔고가 62%나 증발하는 것MDD가 62%을 견디는 것은 너무 가혹할뿐더러 그다지 매력적이지 않습니다. 누적수익률 차트를 보면 더욱 그러합니다. 이전 백테스트보다는 나아졌지만, 여전히 매력적인 투자법은 아닌 것입니다.

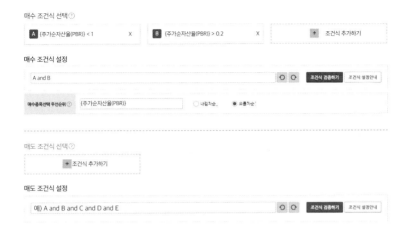

PBR 백테스트 2 설정

PBR 백테스트 2 결과

PBR이 낮은 기업을 잘 찾아 장기 투자하면 쉽게 부자가 될 수 있을 것 같지만, 백테스트해보면 환상은 여지없이 무너집니다.

📊 PER에 대한 환상

PER이 낮으면, 기업이 수익은 잘 내는데 주가는 상대적으로 낮아 저평가된 것이라고 알려져 있습니다. PER은 보통 10 이하여야 낮다고 평가합니다. 앞에서와 똑같이 종목당 매수 비중 5%에 약 20종목을 매수하고 1년간 보유하고 파는 방식으로 투자하되, 매수 조건식에 PBR 대신 PER⟨10의 조건을 넣고 PER이 낮은 순서대로 오름차순 우선순위로 매수하는 포트폴리오를 만들어보겠습니다. 매수 조건식과 우선순위만 다음과 같이 설정하면 되겠죠.

재미있게도, PBR을 활용한 것과 비슷한 결과가 나왔습니다. CAGR이 약 12%이고, MDD는 무려 69%에 육박합니다. 누적수익률 차트도 제멋대로이고요. 이런 투자라면 지속하기가 쉽지 않고, 69%에 육박하는 MDD를 맞으면 투자를 그만뒀을 확률이 매우 높겠죠. 사실 69%는 누구도 견딜 수 없는 MDD라고 확신합니다. 즉, 절대로 매력적인 투자 방법이 아니라는 소리죠.

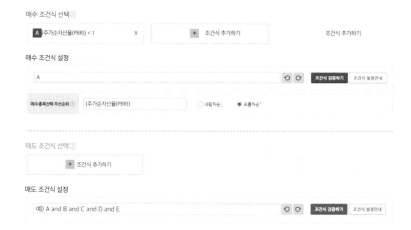

PER 백테스트 설정

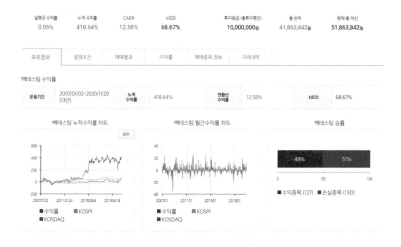

PER 백테스트 결과

그러므로 PER만 보고 투자하는 건 적절한 방법이 아닙니다. PBR
의 경우와 마찬가지로, PER이 낮다고 해서 나중에 주가가 재평가받
아 제 가격을 찾아가지는 않는다는 겁니다.

ROE에 대한 환상

또 다른 유명한 재무제표 지표로는 ROE[3]가 있습니다. ROE가 높
을수록 투입한 자본에 비해서 높은 수익을 냈다는 뜻이므로 좋은 기
업이라고 평가할 수 있죠. 이렇게 평가받는 좋은 기업은 주가가 오를
것이라고 기대하고 매수하라고 합니다. 백테스트를 위해 먼저 조건
식을 세웁니다.

매수 조건식 선택 ⑦

| A {종가} > 0   X | + 조건식 추가하기 |

매수 조건식 설정

A   ↺ ↻ 조건식 검증하기 조건식 설정안내

매수종목선택 우선순위 {자기자본이익률(RDE)}   ● 내림차순 ○ 오름차순

매도 조건식 선택 ⑦

+ 조건식 추가하기

매도 조건식 설정

예) A and B and C and D and E   ↺ ↻ 조건식 검증하기 조건식 설정안내

ROE 백테스트 설정

앞에서와 마찬가지로 설정한 다음, 매수 조건식만 바꾸면 됩니다. '{종가}>0'이라는 조건은 매수 조건식에 최소 1개의 설정이 들어가야 하기 때문에 넣은 것으로, 모든 주식은 종가가 0보다 크기 때문에 어떠한 종목도 필터링되지 않습니다. 중요한 것은 '매수 종목 선택 우선순위'입니다. 우선순위를 ROE로 하고, 내림차순으로 설정했습니다. 이 말은 전체 주식 종목 중 ROE가 높은 종목부터 순서대로내림 차순 사겠다는 뜻이죠. 즉, 한 종목당 매수 비중 5%로, ROE가 가장 높은 20종목을 순서대로 사서 1년간 보유하고 파는 투자를 계속한다는 것입니다.

ROE 백테스트 결과

---

❸ Return On Equity, ROE 자기자본이익률. 투입한 자본이 얼마만큼의 이익을 냈는지를 나타내는 지표이다.

그 결과, CAGR 약 8%, MDD는 67%입니다. 이 정도면 투자할 메리트가 없지요. ROE도 믿고 쓰는 지표는 아니란 소리입니다.

재무제표 지표를 백테스트한 결과를 보니, 시중에 알려진 상식들과는 전혀 다릅니다. 단순하게 PBR, PER, ROE 등만 보아서는 전혀 도움이 되지 않는다는 것을 알 수 있습니다. 다른 마법의 지표가 있을 것이라고 생각한다면, 그 역시 큰 오산입니다. 재무제표 지표에 대한 상식이 세간에 널리 알려진 것과는 다르다는 말입니다. 물론 이러한 지표들이 아예 의미가 없는 것은 아닙니다. 저 역시도 잘 활용하고 있고요. 단지 상식은 쉽게 박살날 수도 있다는 것입니다.

Dr. Quant Comment

▶ PBR, PER, ROE에 대해 널리 알려진 상식은 사실은 환상에 지나지 않는다.
▶ 과거의 데이터를 가지고 백테스트를 해보면 만족스러운 수익률이 나오지 않는다.

이동평균선에 대한 속설들

이동평균선은 수많은 주식투자자 및 트레이더가 활용하고 있는 가장 유명한 보조 지표 중 하나입니다. 골든크로스가 일어나면 주가가 상승하고 데드크로스가 일어나면 주가가 하락한다든가, 20일 이동평균선은 생명선이라고도 불리며 이 선을 깨지 않고 지켜야 주가가 상승한다는 등 여러 가지 속설이 있는데, 과연 그럴까요?

골든크로스에 대한 환상

가장 널리 쓰이기는 하지만 필자가 생각하기로는 가장 믿을 수 없는 골든크로스에 대해 살펴보겠습니다. 백테스트를 하기 전만 해도 골든크로스를 중요하게 여겼던 시절이 있었습니다. 그도 그럴 것이,

주식 차트를 설명하는 책이라면 빠지지 않고 등장하기 때문입니다.

문제는 이동평균선은 후행 지표이고, 골든크로스 역시 후행 신호라는 것입니다. 사실 모든 보조 지표들이 대부분 후행 지표입니다. 주가보다 먼저 나오는 지표가 아니라, 주가가 확정되고 그 주가로부터 산출해내는 지표라는 뜻입니다. 그렇다면 이런 보조 지표는 어디까지 활용해야 할까요? 보조 지표는 보조일 뿐, 절대 메인이 될 수 없습니다. 따라서 더 좋은 보조 지표, 주가를 예측할 수 있는 마법의 보조 지표를 찾기보다는, 백테스트를 하는 것이 낫다고 봅니다.

골든크로스는 후행 지표인 만큼, 골든크로스가 나타나서 주가가 상승하는 것이 아니라 주가가 상승했기 때문에 결과적으로 골든크로스라는 신호가 관찰되는 것에 불과합니다. 즉, 주가 설명력이나 예측력이 없습니다. 골든크로스 신호에 따라서 주식을 매매하면 어떤 결과가 나타나는지 백테스트해보겠습니다.

포트 제목
골든크로스에 대한 환상1 보유일 5일 | 샘플 포트 만들기

포트 설명
20~60일 이평선 골든크로스 발생했을 때 매수해서 5일 보유 뒤 매도하는 걸 반복

기본 조건

운용자금 ⑦	운용기간 ⑦	잔여 과거데이터 백테스팅 이용권 ⑦ 31 회	수수료율 ⑦	슬리피지 ⑦
1,000 만원	2007/01/02 부터 2020/11/27 까지		0.015 %	0.000 %
	전체 무로기준일 상한기준 30% 변동일 이전 이후			

자산 배분 조건

자산 배분 사용 ⑦	투자 성향 ⑦	자산 배분 비율 ⑦	리밸런싱 주기 ⑦
● 미사용 ○ 사용	중립형 성향선택	ETF: 30 % 주식: 60 %	3개월 ▾

*자산배분 종목의 수량과 가격은 '전일 종가 +5%' 기준으로 산정됩니다.

골든크로스 백테스트 설정 1

골든크로스 백테스트 설정 2

골든크로스 백테스트 설정 3

다른 조건들은 앞과 똑같이 설정했습니다. 달라진 점은 종목 최대 보유일로, 250일이 아니라 5일입니다. 나머지는 그대로 두고 넘어갑니다.

단기 이동평균선을 20일로 잡았고, 장기 이동평균선을 60일로 잡았습니다 수치를 바꿔서 다양하게 시도해봐도 좋습니다. 골든크로스의 조건이 바로 A식으로, 종가의 20일 이동평균선이 60일 이동평균선보다 크다는 것입니다. 젠포트 수식 입력의 특성상 부등식의 우변에는 숫자만 들어갈 수 있으므로, 숫자가 아닌 조건은 좌변으로 이동시킵니다. 그래서 '20일 이동평균선 〉 60일 이동평균선'이 아니라, '20일 이동평균선-60일 이동평균선〉0'이라고 표현합니다. 또한 종가의 20일 이동평균선은 '이동평균({종가},{20일})'로, 60일 이동평균선은 '이동평균({종가},{60일})'로 표현됩니다.

그 밑에 매수 조건식 설정에는 'A and not(before(A,1))'이라고 되어 있습니다. 이는 'A 조건을 만족하고, 하루 전에는 A 조건을 만족하지 않는다'는 뜻입니다.

매수 종목 선택 우선순위는 '{종가}/{종가}'로 되어 있는데, 이 값은 1로 모든 종목이 같은 값을 가지게 됩니다. 따라서 골든크로스가 어떤 효과가 있는지 보기 위해, 우선순위의 영향력을 배제하려고 우선순위를 랜덤하게 설정한 것이죠.

그렇다면 앞의 설정과 매수 조건식의 A식, A and not(before(A,1))의 의미는 다음과 같습니다. A식은 20일 이동평균선이 60일 이동평균선보다 큰 상태를 의미하고, not(before(A,1))은 하루 전에는 20

일 이동평균선이 60일 이동평균선보다 작은 상태를 의미합니다. 따라서 A와 not(before(A,1))을 합치면, 어제는 골든크로스가 아니었다가 오늘 골든크로스가 일어난 것입니다. 앞에서 종목 최대 보유일을 5일로 설정했으므로, 오늘 골든크로스가 일어난 조건을 만족시킨 종목을 내일 사서 5일간 보유하고 매도한다는 뜻입니다.

그렇다면 수익이 나는지 살펴봅시다.

골든크로스 백테스트 결과

마이너스 수익률에 MDD도 커서 형편없죠? 처음 젠포트를 시작할 때, 골든크로스를 가지고 수많은 시도를 해보았지만 실망스러운 결과만 거뒀습니다. 골든크로스는 사실 별 의미가 없습니다. 골든크로스는 이미 상승하고 있는 종목에서 관찰되는 현상이지, 상승할 종목을 알려주는 지표가 아니거든요. 적어도 이 백테스트 결과를 보면 그렇습니다.

그렇다면 보유일을 10일로 늘리면 어떨까요?

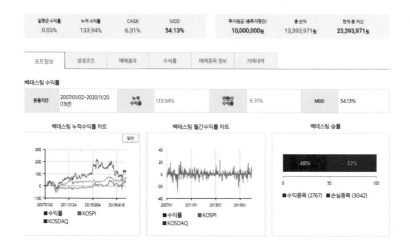

골든크로스 백테스트 결과 2

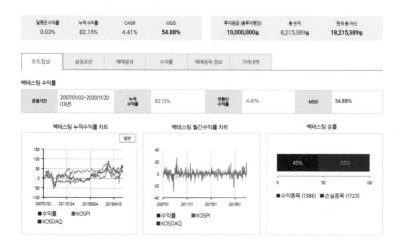

골든크로스 백테스트 결과 3

보유일이 5일일 때보다는 낮지만, 여진히 매력적인 수익률이라고 보기는 힘듭니다. 약 14년간 누적수익률 133.94%, CAGR은 약 6%, MDD는 50%가 넘습니다. 특히 누적수익률 차트의 최근 하락은 눈물이 앞을 가릴 정도입니다. 보유일을 20일로 늘려서 테스트해봐도 결과는 마찬가지입니다. CAGR 4%에 MDD도 50%가 넘습니다.

골든크로스의 중요성 및 유용성을 역설하는 책은 많지만, 미신에 가깝습니다. 골든크로스는 주가 상승의 신호라기보다는 주가 상승의 결과물입니다. 골든크로스가 일어나고 주가가 상승하는 게 아니라, 주가가 상승하니까 골든크로스가 일어나는 거죠. 이를 활용해서 매매해도 돈을 벌기가 쉽지 않습니다. 단순하게 골든크로스만 보고 투자하면 대부분 손실을 보게 될 것입니다.

📊 정배열에 대한 환상

이동평균선에 대한 또 다른 환상은 정배열에 관한 것입니다. 정배열을 형성한 주식이 상승할 거라는 믿음도 널리 퍼져 있지요. 정배열이란 이동평균선이 단기부터 장기까지 순서대로 배열되는 것을 말합니다. 예를 들어 3일 이동평균선 밑에 5일 이동평균선, 그 밑에 10일 이동평균선, 그 밑에 20일 이동평균선, 그 밑에 60일 이동평균선이 순서대로 배열된 상태를 말합니다. 그렇다면 정배열을 형성한 주식은 과연 상승할까요?

포트 제목

샘플 포트 만들기

정배열에 대한 환상1

포트 설명

3-5-10-20-60일 이평선 정배열인 종목 랜덤으로 20종목 매수하여 5일 뒤 매도하기를 반복

기본 조건

운용자금 ⑦	운용기간 ⑦ 잔여 과거데이터 백테스팅 이용권 ⑦ 31 회	수수료율 ⑦	슬리피지 ⑦
1,000 만원	2007/01/02 부터 2020/11/20 까지 전체 무료기준일 상한기준 30% 변동일 이전 이후	0.015 %	0.000 %

자산 배분 조건

자산 배분 사용 ⑦	투자 성향 ⑦	자산 배분 비중 ⑦	리밸런싱 주기 ⑦
● 미사용 ○ 사용	중립형 성향선택	ETF: 30 % 주식: 60 %	3개월 ∨

*자산배분 종목의 수량과 가격은 '전일 종가 +5%' 기준으로 산정됩니다.

정배열 백테스트 설정 1

매수 조건

일반매수 분할매수 돌파매수

매수 가격기준 ⑦
전일종가 ∨ 0.0 %

종목별 매수조건
종목당 매수비율 ⑦	종목당 최대 매수금액 ⑦
5 %	0 만원

매수 종목수 조건
최대 보유종목 수 ⑦	1일 최대 매매종목 수 ⑦
100 종목	0 종목

필터링 조건 ⑦
관리종목	갈락종목
● 제외 ○ 포함	● 제외 ○ 포함

매수 옵션 ⑦
재매수방지 ⑦	매수 대상 종목 수 ⑦
0 일	● 최대 ○ 제한

매수 시간 ⑦
시작 시간	종료 시간
09:00	15:30

*매수 조건 우선순위
종목당 매수 비중 > 최대 보유종목 개수 > 종목당 최대 매수 금액 > 1일 최대 매수종목 수

매도 조건

퇴출(stop) 조건 ⑦
목표가	손절가
매수가 + 0.0 %	매수가 - 0.0 %

보유일 관련 조건
종목 최소 보유일 ⑦	종목 최대 보유일 ⑦
0 일	5 일

보유일 만기 매도 가격기준 ⑦
● 일반 ○ 분할
전일종가 ∨ 0.0 %

조건 부합 시 매도 가격기준 ⑦
● 일반 ○ 분할
전일종가 ∨ 0.0 %

매도 옵션 ⑦
청산	트레일링스탑 ⑦
● 사용안함 ○ 종가 ○ 매도종료시간	● 사용안함 ○ 사용함

매도 시간 ⑦
시작 시간	종료 시간
09:00	15:30

정배열 백테스트 설정 2

정배열 백테스트 설정 3

설정은 마찬가지로 전일 종가에 5%씩, 20종목을 매수하고, 최대 보유 종목수는 100종목으로 잡았으며, 종목 최대 보유일은 5일로 설정했습니다. 매매 대상 설정은 건드리지 않고 모든 종목을 매수하도록 했고요.

매수 조건식은 그림과 같이 설정합니다. A는 3일 이동평균선 밑에 5일 이동평균선이 존재하는 조건이고, B는 5일 이동평균선 밑에 10일 이동평균선, C는 10일 이동평균선 밑에 20일 이동평균선, D는 20일 이동평균선 밑에 60일 이동평균선이 존재하는 조건입니다. A and B and C and D이므로 A, B, C, D를 모두 만족시키는 정배열을 의미합니다. 우선순위는 랜덤으로 하기 위해 '{종가}/{종가}'로 해놓았고요. 이대로 백테스트를 돌리면 과연 수익을 볼 수 있을까요?

정배열 백테스트 결과 1

정배열 백테스트 결과 2

CAGR이 −3.78%로 해마다 3.78%씩 잃을 수 있고, MDD는 무려 70%에 육박합니다. 정배열 종목에 투자하는 것만으로는 절대로 돈을 벌 수 없다는 뜻이죠. 종목 보유 기간이 너무 짧은 것은 아닌가 싶어서, 보유 기간을 10일로 늘려서 백테스트했습니다.

결과는 마찬가지입니다. 역시나 마이너스 수익률에 이번에는 MDD가 70%를 넘는군요. 정배열된 종목에 투자하는 전략으로는 절대 돈을 벌 수 없습니다. 정배열된 종목에 대한 속설 역시 골든크로스와 비슷하게 시장에 널리 퍼진 환상에 불과했습니다.

가장 널리 쓰이는 이동평균선에 대한 두 가지 속설을 백테스트해 본 결과, 그동안 알고 있던 상식은 잘못된 것이었습니다. 골든크로스나 정배열이나, 투자하는 데에는 아무런 도움이 되지 않을뿐더러 오히려 가짜 신호를 줍니다.

사실 이동평균선뿐 아니라, 대부분의 보조 지표에 대해 알려진 속설은 거짓입니다. 가장 널리 알려진 이동평균선도 이런데, 다른 것은 말할 것도 없겠지요. 골든크로스나 정배열 등에 대한 더 많은 정보와 백테스팅 결과가 궁금하신 분은 제 블로그와 유튜브 채널인 '더퀀트아카데미'를 참고하시기 바랍니다. 네이버 또는 유튜브에서 '더퀀트아카데미' 검색

Dr. Quant Comment

▶ 이동평균선에 대해 널리 알려진 상식들도 사실은 환상에 지나지 않는다.

▶ 골든크로스는 앞으로 상승할 신호가 아닌, 이미 상승한 종목의 차트에서 나타나는 결과에 불과하다.

▶ 정배열도 마찬가지로, 앞으로 상승할 신호가 아니라 상승한 종목의 차트에서 나타나는 결과다.

▶ 골든크로스나 정배열만 보고 투자한다면 수익을 거둘 수 없을뿐더러, 오히려 손해를 볼 확률이 더 크다.

보조 지표에 대한 속설들

그래도 보조 지표에 대한 믿음을 버리긴 쉽지 않습니다. 보조 지표들을 잘 활용하고 있는 사람도 많기 때문입니다. 문제는 그 사람들이 잘 활용하는 거지, 그 보조 지표가 딱 들어맞는다는 뜻은 아니라는 겁니다. 보조 지표를 활용하면서 투자를 잘하는 투자자는 있지만, 주가를 예측할 수 있는 보조 지표는 아닙니다. 그러나 사람들은 주가를 정확하게 예측할 수 있는 보조 지표들을 찾아 헤매곤 합니다. 새로운 보조 지표 수식을 사는 데 큰돈을 들이기도 하지요. 보조 지표 자체가 문제가 되진 않지만, 그 지표를 100% 믿는 것은 문제가 될 수 있습니다.

그런데 주식 책이나 차트 책에서 보조 지표가 주가 예측력이 있는 것처럼 설명하는 경우가 있습니다. 이는 문제의 소지가 많아 보입니다. 그 설명대로 보조 지표를 백테스트에 적용해보면 박살 나기 때

문이죠. 초보들이 그런 설명을 철석같이 믿고 투자할 경우 큰 손실을
보게 되는 경우도 있습니다.

이격도에 대한 환상

이격도란 주가가 이동평균선에서 얼마나 떨어져 있는지 보여주
는 지표입니다.

예를 들어, 20일 이동평균이 1,000원이라고 해봅시다. 현재 주가
가 1,100원이면 20일 이동평균의 10%만큼 더 크니까 20일 이격도
는 110입니다. 900원이면 20일 이동평균의 10%만큼 작은 값이니
까, 20일 이격도는 90인 거죠.

이격도 매매법은 20일 이격도가 떨어지면 매수하고, 올라가면 매
도하는 방법입니다. 사실 거의 모든 책에서 이렇게 설명하고 있습니
다. 평균 회귀 원리주가의 평균값으로 주가가 돌아가려고 하는 원리 덕분에, 이격도
가 100보다 떨어질 때 매수하면 평균값이격도 100인 값으로 돌아가려는
원리에 의해 이득을 볼 수 있다는 간단한 논리입니다. 즉, 이격도가
100보다 떨어지는 것은 매수 신호, 이격도가 100보다 커지는 것은
매도 신호라고 보는 것이지요.

그렇다면 이 논리가 주식시장에서 통용될까요? 이격도가 100보
다 떨어졌을 때 사고, 커졌을 때 파는 이격도 매매법을 백테스트했습
니다. 설정은 다음과 같이 합니다.

포트 제목		샘플 포트 만들기	포트 설명		
이격도에 대한 환상			20일 이격도가 95 미만인 20종목을 랜덤하게 매수하여 105 초과면 매도하는 걸 반복		

기본 조건

운용자금 ⑦	운용기간 ⑦ 잔여 과거데이터 백테스팅 이용권 ⑦ 31 회	수수료율 ⑦	슬리피지 ⑦
1,000 만원	2007/01/02 부터 2020/11/20 까지 전체 무효가준일 상환기준 30% 변동일 이전 이후	0.015 %	0.000 %

자산 배분 조건

자산 배분 사용 ⑦	투자 성향 ⑦	자산 배분 비중 ⑦	리밸런싱 주기 ⑦
● 미사용 ○ 사용	중립형 성향선택	ETF: 30 % 주식: 60 %	3개월 ∨

*자산 배분 종목의 수량과 가격은 '전일종가 +5%' 기준으로 산정됩니다.

이격도 백테스트 설정 1

매수 조건

일반매수 분할매수 동파매수

매수 가격기준 ⑦

전일 종가 ∨ 0.0 ⏶ %

종목별 매수조건

종목당 매수비중 ⑦	종목당 최대 매수금액 ⑦
5 %	0 만원

매수 종목수 조건

최대 보유종목 수 ⑦	1일 최대 매매종목 수 ⑦
100 종목	0 종목

필터링 조건 ⑦

관리종목	감리종목
● 제외 ○ 포함	● 제외 ○ 포함

매수 옵션

재매수방지 ⑦	매수 대상 종목 수 ⑦
0 일	● 최대 ○ 제한

매수 시간 ⑦

시작 시간	종료 시간
09:00	15:30

* 매수 조건 우선순위
종목당 매수 비중 > 최대 보유종목 개수 > 종목당 최대 매수 금액 > 1일 최대 매수종목 수

매도 조건

퇴출(stop) 조건 ⑦

목표가	손절가
매수가 + 0.0 %	매수가 - 0.0 %

보유일 관련 조건

종목 최소 보유일 ⑦	종목 최대 보유일 ⑦
0 일	999 일

보유일 만기 매도 가격기준 ⑦

● 일반 ○ 분할

전일 종가 ∨ 0.0 ⏶ %

조건 부합 시 매도 가격기준 ⑦

● 일반 ○ 분할

전일 종가 ∨ 0.0 ⏶ %

매도 옵션 ⑦

청산 ⑦	트레일링스탑 ⑦
● 사용안함 ○ 종가 ○ 매도종료시간	● 사용안함 ○ 사용함

매도 시간 ⑦

시작 시간	종료 시간
09:00	15:30

이격도 백테스트 설정 2

전일 종가에 종목당 비중 5%로 20종목을 매수하되, 최대 보유 종목수는 100종목으로 설정했습니다. 종목 최대 보유일은 999일로,

어차피 이격도에 따라 매도하기 때문에 넉넉히 설정해놓았습니다.

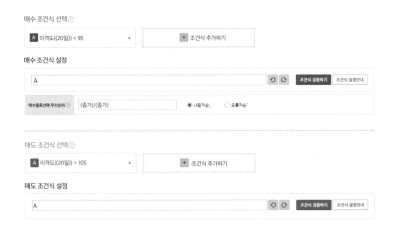

이격도 백테스트 설정 3

매수 조건식 설정입니다. 20일 이격도를 젠포트 언어로 바꾸면 '이격도({20일})'이 됩니다. 매수 조건식에선 20일 이격도가 95 미만으로 합니다. 즉, 이격도가 95 미만인 종목을 사겠다는 거죠. 우선순위는 랜덤하게 하기 위해 '{종가}/{종가}'로 설정합니다. 매도 조건식에서는 '이격도({20일})'을 105 초과로 설정합니다. 105가 초과되었을 때 매도한다는 것입니다. 조건 부합 시 매도 가격 기준에 따라 전일 종가에 다음 날 매도 주문을 내게 됩니다.

이렇게 하면, 20일 이격도가 95 미만인 종목을 랜덤하게 20종목을 골라서 전일 종가에 매수 주문을 내고, 이격도가 105를 초과하면 그다음 날 전일 종가에 매도 주문을 냅니다. 결과를 살펴볼까요?

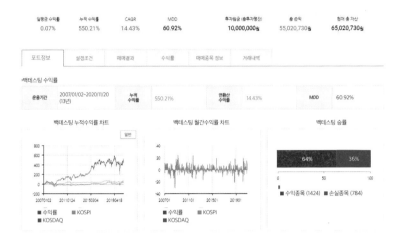

이격도 백테스트 결과

골든크로스나 정배열 투자법처럼 박살이 나진 않았지만, 매력적이지는 않습니다. CAGR이 약 14%, MDD 약 60%는 일반인들이 견딜 수 없는 수치입니다. 이렇게 사납게 움직이는 누적수익률은 견디기 힘듭니다. 특히 최근의 성적은 차트만 봐도 무서울 정도입니다. 20일이 아니라 다른 일수의 이격도를 사용해도 좋은 전략을 만들 수 없다는 것을 쉽게 깨달을 겁니다.

스토캐스틱에 대한 환상

스토캐스틱Stochastics이란, 특정 기간의 최고값과 최저값 중에서 현재 값의 상대적인 위치를 나타내는 값입니다. 상대적인 위치는 %값으로 구해지고, 최고값에 가까울수록 100에 가깝고, 최저값에 가까울수록 0에 가까운 값을 가집니다.

예를 들어, 5일 동안의 최고값을 1,100원, 최저값을 1,000원이라고 합시다. 현재 값이 1,050원이라면, 상대적인 위치는 50%입니다. 1,025원이라면 밑에서 1/4 지점이니까 25%, 1,075원이라면 위에서 1/4 지점이니까 75%입니다. 이해가 안 간다면, 유튜브 채널 '더퀀트아카데미-닥터퀀트연구소'에서 스토캐스틱을 검색하면 자세한 설명을 볼 수 있습니다.

스토캐스틱값을 일일이 구하면 그 값은 제각각이라 울퉁불퉁하지만, 그 값을 다시 3일마다 평균을 내서^{이동평균} 그 평균값을 이으면 곡선이 부드러워지겠지요. 여기서 맨 처음 구한 스토캐스틱값은 스토캐스틱K, 스토캐스틱K값을 이동평균한 것이 스토캐스틱D입니다. 스토캐스틱D를 더 부드럽게 하기 위해 한 번 더 이동평균한 것을 스토캐스틱slowD라고 하지요.

스토캐스틱의 활용법은 다양하지만 크게 두 가지입니다. 우선, 스토캐스틱값이 20 이하이면 과매도 구간이므로 매수 시점, 80 이상이면 과매수 구간이므로 매도 시점이라고 잡아서 매매하는 방법입니다. 또 하나는 스토캐스틱값과 스토캐스틱의 이동평균을 활용하여 매수·매도 신호를 잡는 방법입니다. 스토캐스틱K 대신 스토캐스틱D를 많이 활용하므로, 이를 활용해서 백테스트해보겠습니다.

스토캐스틱D값이 20 이하이면 매수하고, 80 이상이면 매도하는 매매 방법은 앞의 이격도와 비슷하게 실징하는데, 매수 조건식, 매도 조건식만 다르게 하여 스토캐스틱 값에 따라 사고 팔게 설정했습니다.

스토캐스틱 백테스트 설정 1

* 매수 조건 우선순위
종목당 매수 비중 > 최대 보유종목 개수 > 종목당 최대 매수 금액 > 1일 최대 매수종목 수

스토캐스틱 백테스트 설정 2

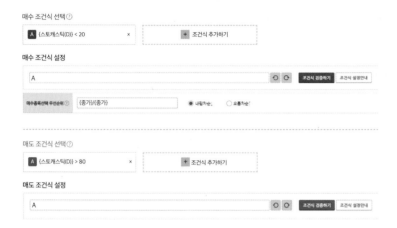

스토캐스틱 백테스트 설정 3

스토캐스틱 백테스트 결과

CAGR 1.61%, MDD 67.8%입니다. 절대로 해서는 안 되는 투자죠. 간혹 스토캐스틱D값이 20을 상향 돌파하는 시점이 매수 시점이고, 80을 하향 돌파하는 시점이 매도 시점이라 설명하는데, 그것도 테스트해보겠습니다. 매수 조건식만 다음과 같이 바꾸면 됩니다.

매수 조건식 선택 ⑦

| A | (스토캐스틱((D)) > 20 | × | ＋ 조건식 추가하기 |

매수 조건식 설정

A and not(before(A, 1))   ↺ ↻ 조건식 검증하기 조건식 설정안내

매수종목선택 우선순위 ⑦ (종가)/(종가)   ● 내림차순; ○ 오름차순＇

매도 조건식 선택 ⑦

| A | (스토캐스틱((D)) < 80 | × | ＋ 조건식 추가하기 |

매도 조건식 설정

A and not(before(A, 1))   ↺ ↻ 조건식 검증하기 조건식 설정안내

스토캐스틱 백테스트 2 설정

매수 조건식은 스토캐스틱D값이 20을 상향 돌파한다는 의미입니다. 매수 조건식 설정에 A and not(before(A,1))은 오늘은 스토캐스틱D값이 20보다 크지만, 어제는 아니라는 조건입니다. 매도 조건식도 마찬가지입니다.

스토캐스틱 백테스트 2 결과

역시 결과는 처참합니다. CAGR이 약 3%, MDD는 67%에 육박합니다. 그러니 이런 식으로 스토캐스틱을 활용하는 것은 아무런 의미가 없습니다. 그렇다면 다른 방법은 의미가 있을까요?

널리 알려진 두 번째 방법은 스토캐스틱D와 스토캐스틱slowD의 교차를 활용하는 방법입니다. 스토캐스틱D의 이동평균이 스토캐스틱slowD이므로, 스토캐스틱slowD가 한발 느리게 움직입니다. 그래서 스토캐스틱이 하락하다가 상승하면 스토캐스틱D가 스토캐스틱slowD를 위로 뚫고 올라가는 모양이 됩니다. 이것을 주가의 상승 신호로 받아들이고 매수하는 거죠. 반대로 하락하기 시작하는 스토캐스틱D가 아직 상승하고 있는 스토캐스틱slowD를 아래로 뚫고 내려가면 매도 신호로 판단하는 것이고요.

이를 토대로 백테스트를 진행해볼 수 있습니다. 나머지는 똑같고, 매수 조건식과 매도 조건식만 다음과 같이 설정하면 됩니다.

매수 조건식은 오늘은 스토캐스틱D가 스토캐스틱slowD보다 크고 어제는 작다는 것이고, 매도 조건식은 그 반대의 의미입니다.

스토캐스틱 백테스트 3 설정

스토캐스틱 백테스트 3 결과

결과를 보면 역시나 처참합니다. 약 14년 누적수익률이 마이너스이고, MDD는 60%에 육박합니다. 결국 이런 식으로 스토캐스틱을 활용하는 것은 시중에 알려진 상식과는 달리 아무런 의미가 없습니다. 스토캐스틱은 훌륭한 지표라고 생각하지만, 이런 식으로 활용해서는 큰 의미가 없습니다. 스토캐스틱을 활용하는 방법은 다양하지만, 이것은 아니라는 뜻입니다.

RSI에 대한 환상

RSI Relative Strength Index 역시 복잡한 식이 존재하지만, 의미만 이해하면 됩니다. RSI는 보통 14일간 상대적인 추세의 힘을 나타내는 지표입니다. RSI가 0에 가까울수록 주가가 상승보다 하락을 많이 한 것이고, 100에 가까울수록 하락보다 상승을 많이 한 것입니다. 스토캐스틱과 유사하다고 생각해도 무방합니다.

그래서 활용법도 스토캐스틱과 비슷합니다. RSI값이 지나치게 높아지면 과매수 상태이므로 매도 신호로 봐야 하고, 지나치게 낮아지면 과매도 상태이므로 매수 신호로 봐야 한다고 주장하는 사람들이 많습니다. 과매수 상태는 보통 70 또는 80 이상, 과매도 상태는 보통 30 또는 20 이하라고 봅니다.

RSI값이 30 이하로 떨어졌을 때 매수하고 70 이상이 되었을 때 매도하는 방식으로 매매하는 백테스트를 돌려보았습니다. 설정은 비슷하고, 매수·매도 조선식만 다음과 같이 설정하면 됩니다.

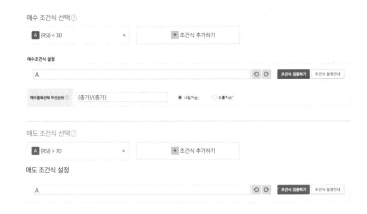

RSI 백테스트 설정

RSI 백테스트 결과

역시 결과는 엉망진창입니다. 거의 수익을 보지 못하고 MDD는 약 68%에 육박하죠. 그렇다면 30을 상향 돌파하는 순간 매수하고, 70을 하향 돌파하는 순간 매도하면 어떨까요?

RSI 백테스트 2 결과

역시나 형편없는 수익률과 64%에 육박하는 높은 MDD를 기록했습니다. 결과적으로는 절대 돈을 벌 수가 없습니다. RSI를 활용한 또 다른 매매법도 있습니다. RSI가 70을 상향 돌파할 때 매수하여 70을 하향 돌파할 때 매도하는 방식이죠. 다음 결과를 보면, CAGR 약 4%에 MDD는 56%가 넘어 돈을 벌 수 없는 방법입니다.

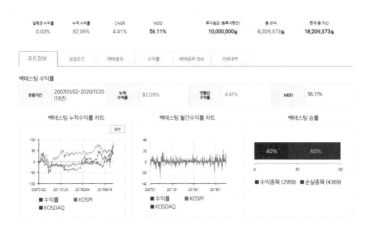

RSI 백테스트 3 결과

CCI에 대한 환상

CCI Commodity Channel Index도 RSI와 비슷하게 과매수 구간과 과매도 구간을 알기 위해 사용하는 지표입니다. 보통 100을 넘으면 과매수 구간, -100보다 떨어지면 과매도 구간이라고 봅니다. 그리고 시중의 많은 책에서 과매수 구간에서 매도, 과매도 구간에서 매수하라고 기술하고 있습니다. 과연 이 방법은 수익을 낼 수 있을까요? 매수·매도 조건식만 다음과 같이 설정하면 됩니다.

CCI 백테스트 설정

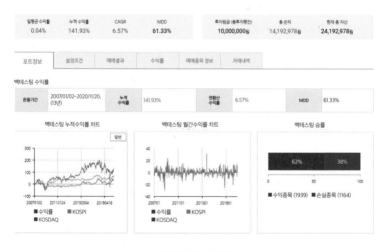

CCI 백테스트 결과

결과를 보면 수익률이 형편없고, MDD가 61%로 매우 커서 역시 권장할 만한 투자법은 아닙니다. 그렇다면 -100을 상향 돌파할 때 매수, +100을 하향 돌파할 때 매도하는 방식을 백테스트해보겠습니다. 다음과 같이 매수·매도 조건식을 바꿉니다.

매수 조건식 선택⑦

| A | {CCI} > -100 | × | ＋ 조건식 추가하기 |

매수조건식 설정

A and not(before(A, 1))　　↻ ↺ **조건식 검증하기** 조건식 설정안내

매수종목선택 우선순위⑦　{종가}/{종가}　　● 내림차순　○ 오름차순

매도 조건식 선택⑦

| A | {CCI} < 100 | × | ＋ 조건식 추가하기 |

매도 조건식 설정

A and not(before(A, 1))　　↻ ↺ **조건식 검증하기** 조건식 설정안내

CCI 백테스트 2 설정

일평균 수익률	누적 수익률	CAGR	MDD	투자원금 (총투자평균)	총 손익	현재 총 자산
0.04%	105.97%	5.34%	58.97%	10,000,000원	10,596,879원	20,596,879원

| 포트정보 | 설정조건 | 매매결과 | 수익률 | 매매종목 정보 | 거래내역 |

백테스팅 수익률

| 운용기간 | 2007/01/02~2020/11/20 (13년) | 누적 수익률 | 105.97% | 연환산 수익률 | 5.34% | MDD | 58.97% |

| 백테스팅 누적수익률 차트 | 백테스팅 월간수익률 차트 | 백테스팅 승률 |

58%　42%

0　50　100

■ 수익종목 (1681)　■ 손실종목 (1194)

■ 수익률　■ KOSPI
■ KOSDAQ

■ 수익률　■ KOSPI
■ KOSDAQ

CCI 백테스트 2 결과

CAGR 약 5%에 높은 MDD, 역시 결과가 형편없죠? 다른 방법으로, 단기적인 관점에서 100을 상향 돌파하면 매수하고 하향 돌파하면 매도하는 방식도 테스트해보겠습니다.

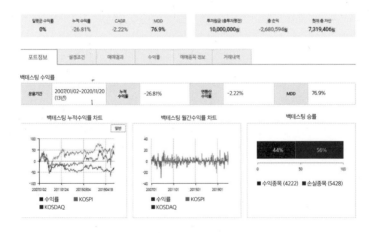

매수 조건식 선택 ⑦

| A | {CCI} > 100 | × |

+ 조건식 추가하기

매수조건식 설정

A and not(before(A, 1))

조건식 검증하기   조건식 설정안내

매수종목선택 우선순위 ⑦   {종가}/{종가}   ● 내림차순   ○ 오름차순

매도 조건식 선택 ⑦

| A | {CCI} < 100 | × |

+ 조건식 추가하기

매도 조건식 설정

A and not(before(A, 1))

조건식 검증하기   조건식 설정안내

CCI 백테스트 3 설정

일평균 수익률	누적 수익률	CAGR	MDD	투자원금 (총투자평균)	총 순익	현재 총 자산
0%	-26.81%	-2.22%	76.9%	10,000,000원	-2,680,594원	7,319,406원

| 포트정보 | 설정조건 | 매매결과 | 수익률 | 매매종목 정보 | 거래내역 |

백테스팅 수익률

| 운용기간 | 2007/01/02~2020/11/20 (13년) | 누적 수익률 | -26.81% | 연환산 수익률 | -2.22% | MDD | 76.9% |

백테스팅 누적수익률 차트

백테스팅 월간수익률 차트

백테스팅 승률

44%   56%

■ 수익종목 (4222) ■ 손실종목 (5428)

CCI 백테스트 3 결과

역시 결과는 처참합니다. CCI도 RSI와 비슷한 지표이므로 비슷한 결과가 나온 것은 당연할지도 모릅니다. 이런 식으로 보조 지표를 활용하는 것은 아무 의미가 없다는 뜻입니다.

볼린저밴드에 대한 환상

볼린저밴드Bollinger Band 역시 대표적으로 과대평가되는 지표 중 하나입니다. 볼린저밴드란, 정해진 기간의 표준편차변동성이라고 이해하면 편합니다만큼을 주가에 더하거나 빼서 밴드 형식으로 만드는 것입니다.

예를 들어, 20일 볼린저밴드의 경우 중간선은 20일 이동평균선이 되고, 상단선은 20일 이동평균에 표준편차×2를 더한 값, 하단선은 20일 이동평균에 표준편차×2를 뺀 값이므로 변동성에 따라 밴드의 폭이 달라집니다. 주가의 변동성이 커지면 밴드의 폭도 넓어지고, 주가의 변동성이 작아지면 밴드의 폭도 작아지죠.

볼린저밴드를 활용하는 방식 또한 많지만, 수익을 낼 수 있다고 증명된 것은 아직 없습니다. 몇 가지 활용법을 테스트해보겠습니다. 첫 번째 활용법은 주가가 볼린저밴드 안에 들어오려는 속성이 있다고 생각하여, 볼린저밴드 하단선 아래에 존재하면 매수 타이밍, 상단선 위에 존재하면 매도 타이밍이라고 보는 방법입니다. 다른 설정은 똑같고, 다음과 같이 매수·매도식만 바꿔주면 됩니다.

매수 조건식 선택 ⑦

매도 조건식 선택 ⑦

볼린저밴드 백테스트 설정

볼린저밴드 백테스트 결과

{볼린저밴드}란 20일 볼린저밴드 내에서 주가의 상대적인 위치를 나타내는 값으로, 0이면 하단선에 위치하고 50이면 중간선20일 이동평

균선과 같음, 100이면 상단선에 위치하는 것입니다. 상단선과 하단선은 표준편차×2에 맞춰져 있고 수정할 수 없습니다. 따라서 이 설정식의 의미는, 주가가 볼린저밴드 하단선보다 아래에 있는 종목을 매수하고 볼린저밴드 상단을 뚫고 나간 경우 매도하는 것입니다.

결과는 역시 낮은 수익률과 약 61%의 높은 MDD로 형편없습니다. 그렇다면 중간선과 상단선을 활용한 매매법은 어떨까요? 중간선을 상향 돌파했을 때 매수하고, 상단선에 닿으면 팔아버리는 방법입니다. 다음과 같이 매수·매도식을 설정하면 됩니다.

볼린저밴드 백테스트 2 설정

볼린저밴드 중간선{볼린저밴드}가 50일 때을 상향 돌파오늘은 주가가 중간선보다는 크고, 어제는 중간선보다 작은 것했을 때 매수하고, 상단선보다 커지면 매도한다는 것입니다. 결과는 아래와 같이 처참합니다. 형편없는 수익률에 약 65%에 달하는 MDD가 나옵니다.

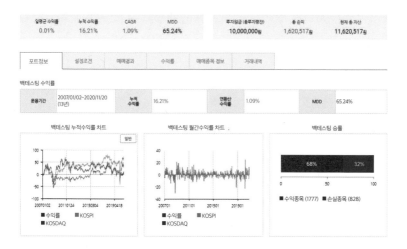

볼린저밴드 백테스트 2 결과

볼린저밴드에 대한 다른 활용법으로 백테스트를 해봐도 비슷합니다. 그러니 이런 방식으로는 절대로 이익을 볼 수가 없습니다.

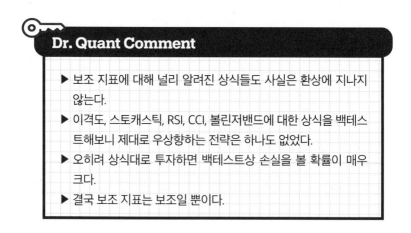

Dr. Quant Comment

▶ 보조 지표에 대해 널리 알려진 상식들도 사실은 환상에 지나지 않는다.

▶ 이격도, 스토캐스틱, RSI, CCI, 볼린저밴드에 대한 상식을 백테스트해보니 제대로 우상향하는 전략은 하나도 없었다.

▶ 오히려 상식대로 투자하면 백테스트상 손실을 볼 확률이 매우 크다.

▶ 결국 보조 지표는 보조일 뿐이다.

대형 우량주에 대한 속설들

우량주 투자는 절대 손실은 보지 않을 것 같다고 생각하기 쉽습니다. 잠깐 떨어져도, 우량주니까 다시 오르지 않겠냐는 막연한 믿음이 들죠. 그래서 우량주 투자도 백테스트해보았습니다. 우량주에 대한 정의는 매우 모호하고 사람마다 다르지만, 여기서는 시가총액 상위 종목으로 정의하도록 합시다. 과연 시총 상위의 우량주는 안전한 투자일까요?

시총 상위 20위의 우량주에만 투자해보겠습니다. 삼성전자, SK 하이닉스, 삼성바이오로직스, 네이버, 셀트리온, LG 화학, LG생활건강, 현대차 등이 있죠. 매수 설정은 다음과 같습니다. 시총 상위의 대형주라 주가가 높기 때문에 운용 자금은 1억 원으로 높게 설정했습니다. 운용 기간은 전체로 하고, 수수료율 및 슬리피지는 각각 0.015%, 0%로 설정합니다. 자산 배분 조건은 사용하지 않습니다.

포트 제목 [생플 포트 만들기]   포트 설명

시총 상위 우량주 투자에 대한 환상   시총 상위 20종목만을 대상으로 1년마다 리밸런싱하는 것을 반복

시총 상위 우량주 투자 백테스트 설정 1

시총 상위 우량주 투자 백테스트 설정 2

전일 종가 0%에 매수하고, 종목당 매수 비중은 5%로 최대 20종

목 정도를 매수합니다. 최대 보유 종목수는 100종목으로 잡았고, 매수 조건에서 나머지는 건드리지 않았습니다. 매도 조건에서는 목표가, 손절가를 0%로 설정했고, 종목 최대 보유일은 250일로 설정했습니다. 시총 순위가 변할 수 있으니, 1년마다 그 목록을 업데이트해서 20위 이내인 것만 다시 보유하는 식이죠. 다음으로는 매수·매도 조건식입니다.

매수 조건식 선택 ⑦

| A 순위({시가총액},{오름차순}) <= 20 | × | | + 조건식 추가하기 |

매수조건식 설정

| A | | | | | ↺ ↻ | 조건식 검증하기 | 조건식 설정안내 |

매수종목선택 우선순위 ⑦ | {시가총액} | | ● 내림차순, ○ 오름차순 |

매도 조건식 선택 ⑦

| | + 조건식 추가하기 |

매도 조건식 설정

| 예) A and B and C and D and E | | ↺ ↻ | 조건식 검증하기 | 조건식 설정안내 |

시총 상위 우량주 투자 백테스트 설정 3

'순위({시가총액},{오름차순})<=20'은 순위 함수입니다. 공교롭게도 젠포트 순위 함수는 거꾸로 설정되어 있습니다. 즉, 순위 함수를 오름차순으로 설정하면 실제로는 내림차순으로 정렬됩니다_{향후 오류} _{가 수정될 수도 있습니다.} 따라서 이렇게 해두면, 시총을 내림차순으로 정렬해서 그중에 20위 안에 드는 것을 추리게 됩니다.

매수 종목 선택 우선순위는 {시가총액}이고 내림차순입니다. 시총
이 큰 것부터 순서대로 매수 대상으로 삼겠다는 것이죠. 이대로 백테
스트를 진행하면 다음과 같은 결과가 나옵니다.

시총 상위 우량주 투자 백테스트 결과

이번에도 결과는 실망스럽습니다. 약 14년간 CAGR 2.61% 정도
로 거의 벌지 못하였고, MDD는 약 50%에 육박하였습니다. 맹목적
인 우량주 장기 투자가 이렇게 위험하다는 사실을 모르는 사람이 많
습니다. 떨어져도 기다리면 다시 오른다고 생각하는 사람도 많은데,
그렇지 않습니다. 시총 20위는 너무 많고, 시총 5위 안의 종목은 사
고 버티기만 하면 불패라고 생각하는 경우가 있을 듯합니다. 그렇다
면 다음과 같이 설정하고 백테스트를 돌려보겠습니다.

시총 상위 우량주 투자 백테스트 2 설정 1

시총 상위 우량주 투자 백테스트 2 설정 2

시총 상위 우량주 투자 백테스트 2 결과

이번에는 13년간 누적수익률 -1%, MDD 약 53%로 매우 위험한 투자라는 것을 알 수 있습니다. 시총 5위든 20위든, 우량주 투자라고 안전한 것은 절대 아닙니다. 소위 물렸을 경우 "설마 OO기업인데 망하기야 하겠어? 들고 버티면 오르겠지"라고 생각하는 사람이 많은데, 크나큰 오산이라는 사실을 알 수 있습니다. 기업이 망하진 않더라도, 주가는 회복되지 않는 경우가 훨씬 많습니다. 그러므로 시총 상위 우량주 투자에 대한 환상은 버리는 것이 좋습니다.

마지막으로 시총 1위주에만 투자하는 경우를 백테스트해보겠습니다. 아쉽게도 삼성전자가 계속 1위였기 때문에 이렇다 할 거래는 없습니다. 그러므로 삼성전자를 1년마다 샀다가 파는 방식으로 투자했습니다.

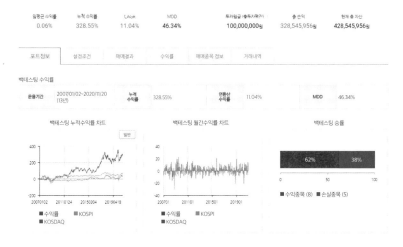

시총 1위주 투자 백테스트 결과

드디어 괜찮은 수익이 났습니다. 약 14년 누적수익률은 328.55%, CAGR은 11%입니다. 배당금을 포함하면 조금 더 되겠죠. 그러나 MDD를 잘 살펴봐야 합니다. CAGR 11%를 달성하기 위해 MDD 46%를 참기는 힘들 것 같습니다. 삼성전자에 대한 강력한 믿음이 있다면 가능할 수도 있지만, 이것이 항상 좋은 결과를 낳지는 않습니다. 사실 한 종목만 매매하면 굉장히 편향될 수도 있습니다.

또 다른 문제도 있습니다. 누적수익률 차트를 확대해서 보면 알 수 있습니다.

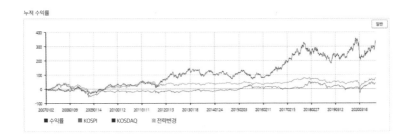

시총 1위주 투자 누적수익률 곡선

몇 달 정도 누적수익률이 횡보하는 것은 참을 수 있습니다. 그런데 2009년 11월부터 2011년 11월까지, 그리고 2012년 중반부터 2016년 초까지 횡보합니다. 이런 수익률 그래프를 견딜 수 있는 사람은 별로 없습니다. 장기적으로 보면 약 200% 정도의 수익률을 올렸지만, 그 과정은 실로 고통스럽습니다. 삼성전자가 경쟁에서 밀렸다면, 수익률마저도 달성하기 어려웠을 것입니다.

개인적인 의견으로는, 1위주 투자는 극히 위험한 투자법 중 하나입니다. 막연한 믿음으로 손실을 크게 키울 수 있기 때문입니다. 잘되면 다행이지만, 안 되면 큰 손실을 그대로 껴안아야 합니다. 위의 경우처럼 3년간 주가가 제자리라면 기회비용 손실을 볼 수도 있죠.

게다가 생각보다 수익률이 별로입니다. 10년 전에 삼성전자 주식을 사서 들고만 있었어도 몇 배는 됐을 거라고 생각할 수도 있지만, 현실은 그렇지 않습니다. 13년 전에 사서 들고만 있는 것도 힘든데, 수익률조차도 CAGR 10% 안팎입니다. 그 정도의 투자법이 많다는 사실을 고려하면, 그다지 매력적인 투자법은 아니라고 생각합니다.

참고로 미국 1위주 투자도 그다지 매력적이지는 않습니다.❹

---

❹ 1위주 투자의 현실을 자세히 알고 싶다면 유튜브 채널 '내일은 투자왕-김단테'에서 '1등주'를 검색해서 나오는 영상을 시청하길 바란다.

환상만 없애도 수익을 올릴 수 있다

솔직히, 주식시장에 대한 환상만 없어도 큰돈을 잃지 않을 수도 있습니다. 보통 큰돈을 잃는 것은 자기가 알고 있는 것에 대한 확신 때문이거든요. 그리고 그런 확신은 보통 잘못되었을 확률이 높습니다. 전설적인 투자자 하워드 막스는 다음과 같은 말을 했습니다. "세상에는 두 가지 부류의 사람이 있다. 모르는 사람과, 자신이 모른다는 것을 모르는 사람." 참 좋아하는 말입니다.

아직도 재무제표 보는 법을 찾아 헤매고 있나요? 전설 같은 보조지표가 있다고 믿고 있나요? 아직도 우량주 투자에 목을 매고 있습니까? 우리가 현재 알고 있는 것은 몇몇 저자들이나 인터넷 검색이 심어놓은 환상일 뿐, 팩트는 없다고 봐도 무방합니다. 백테스트로 증명하며 서술해놓은 글은 재미가 없을 확률이 높고, 그래서 읽어보지 않았을 확률이 높습니다. 굉장히 뛰어난 퀀트 투자자들은 우리나라에도 있지만, 그런 사람들이 쓴 책은 많지 않고 블로그에 쓴 글들은 더욱더 없습니다. 그래서 읽었을 확률이 낮지요.

게다가 증명되지 않은 말을 믿고 투자를 감행하는 것은 잘못입니다. 오르는 종목의 재무제표를 발견하는 법이나, 매수와 매도 타이밍을 적기에 알려주는 보조 지표를 찾을 필요가 없습니다. 시총 상위의 우량주에만 집중하는 것도 좋지 않습니다. 그런 것은 환상입니다.

증명되지 않은 남의 말을 믿기보다는, 본인이 추구하는 매매법이 있다면 직접 테스트해서 자신만의 퀀트 로직을 만들어야 합니다. 그 것이 작든 크든, 수익을 내는 법입니다. 물론 뛰어난 퀀트 투자자가 백테스트로 잘 증명한 매매법을 알려준다면 믿어도 되겠지만 말입니다. 그리고 진정한 퀀트 투자자는 백테스트와 데이터로 이야기합니다.

Dr. Quant Comment

▶ 검증되지 않은 것을 믿지 말자.
▶ 허무맹랑한 주장을 믿지 말고, 검증된 데이터와 백테스트만을 신뢰하자.

4장

중장기 퀀트 전략, 어떻게 세워야 할까?

중장기 퀀트 전략은 보유 종목이 하락해도 보유하고 있다 보면 다시 회복하는 경우도 많으므로, 심리적으로 여유를 가질 수 있는 장점이 있습니다. 반면에 백테스트상 MDD가 높을 수밖에 없습니다. 아무래도 보유일이 길다 보니 평가 금액으로 MDD가 측정되기 때문이죠. 그렇다면 어떻게 중장기 퀀트 전략을 가져가야 할까요?

Smart
Quant Investment

중장기 퀀트 전략 살펴보기

주식시장에서 중요한 것은 돈을 어떻게 벌 것인가보다는, 어떻게 살아남을 것인가입니다. 그렇지만 방어보다는 공격이 재미있는 법이지요.

젠포트로 구현하는 퀀트 전략에는 여러 가지가 있지만, 이 책에서는 크게 두 가지를 소개합니다. '중장기 퀀트 전략'과 '단타 퀀트 전략'입니다. 중장기 퀀트 전략은 평균 보유일이 10일 이상 되는 전략이고, 단타 퀀트 전략은 한 종목을 1~5일 내로 보유하고 금방 팔아버리는 전략입니다. 어떤 것이 단타이고 중장기인지는 사람마다 정의가 다릅니다. 혹자는 보유일이 2일 이상이면 스윙이라고 하는데, 이 책에서는 5일까지 단타 퀀트로 통칭합니다.

중장기 퀀트 전략과 단타 퀀트 전략은 장단점이 있습니다. 중장기 퀀트 전략은 심리적으로 편한 면이 있습니다. 보유 종목이 하락해도 보유하고 있다 보면 다시 회복하는 경우도 많으므로, 심리적으로 여유를 가질 수 있습니다. 단타 전략의 경우, 손실을 보는 종목이라도 며칠 내로 손실을 실현해버리니 심적으로 힘듭니다. 보유일 하루의 단타 전략은 수익뿐만 아니라 손실도 매일 확정되기 때문에, 기분이 롤러코스터를 탈 수도 있습니다.

반면 중장기 퀀트 전략은 백테스트상 MDD가 높을 수밖에 없습니다. 아무래도 보유일이 길고 평가 금액으로 MDD가 측정되기 때문에, 시장이 무너지는 경우2008년 금융위기나 2020년 코로나19 사태 보유하는 종목이 전부 일시적으로든 영구적으로든 무너질 수 있기 때문이죠. 하지만 단타 전략의 경우에는 MDD를 낮게 구성할 수 있습니다. 시장이 무너지는 경우에는 보유하고 있는 종목을 팔아버리고 더 이상 매수하지 않게끔 세팅해놓으면 소나기를 피해 갈 수 있습니다. 수익률 곡선도 훨씬 부드러운 편이고요.

그렇기에 두 전략 모두를 운영하면 문제는 해결됩니다. 즉, 양자택일의 문제가 아니라는 거죠. 몇 개의 전략을 운영해야 하는지 모범 답안은 없지만, 개인적으로는 최소 다섯 가지 정도의 전략을 운영해야 한다고 생각합니다. 그중에 중장기 퀀트 전략을 하나 이상 포함하는 것이 좋습니다. 중장기 퀀트와 단타 퀀트 전략의 상관도가 구조적으로 낮을 수밖에 없으니 좋은 조합이 됩니다. 이에 대해서는 나중에 다시 서술하겠습니다.

이 책에서는 중장기 퀀트 투자를 하는 법에 훨씬 많은 분량을 할애할 것입니다. 전략을 유지하는 데는 중장기 퀀트 투자가 훨씬 쉬워서, 초보자들이 집하기 좋습니다.

감사하게도, 뉴지스탁 알고리즘 리서치 팀에서 조금 더 응용된 버전의 중장기 퀀트 전략을 소개해주었습니다. 뉴지스탁 알고리즘 리서치 팀은 주기적으로 뉴지스탁 유튜브 채널에서 '나도 이제 알고리즘 메이커'라는 코너를 통해 투자 대가들의 투자 전략을 젠포트화해서 소개했는데, 그 내용을 요약하여 책에 싣도록 도움을 주었습니다.

단타 퀀트 전략에 대해서는 개요 정도만 소개하고 넘어가려 합니다. 단타 퀀트는 초보자들이 운영한다면 손실만 보고 끝날 확률도 높고 심리적으로 편치 않기 때문에, 초보자들이라면 중장기 퀀트로 젠포트를 시작하고 난 후에 접근해도 늦지 않을 것입니다.

📊 PER 전략

필자는 보통 재무제표 지표를 활용하여 중장기 퀀트를 만듭니다. 아주 쉽고 강력하죠. 물론 기술적 지표를 활용하여 중장기 퀀트를 만들 수도 있지만, 거기까지 다루지는 않겠습니다.

앞에서 재무제표를 활용한 매매법을 비판해놓고 다시 언급하는 이유는, 재무제표 지표의 핵심은 지표 그 자체가 아니라 소형주이기 때문입니다. 소형주가 아니면 재무제표 지표들은 의미가 없습니다. 보통 우량주나 대형주는 재무제표를 이용해서 수익을 내기가 힘듭니다. 소형주의 수익률이 높은 것을 '소형주 효과'라고 합니다. 재무제표를 활용한 중장기 퀀트 전략의 핵심은 소형주 효과를 극대화하는 데 있습니다.

그렇다면 PER 전략을 다루기에 앞서, 소형주 효과를 백테스트해 보겠습니다. 소형주 효과는 과연 실존하는 것일까요? 그렇다면 과연 얼마나 많은 알파가 있을까요? 삼성전자 한 종목을 보유하는 것에 비해서는 어떨까요?

운용 자금은 1,000만 원, 운용 기간은 전체, 수수료율과 슬리피지는 앞과 동일하게, 자산 배분 조건은 미사용으로 설정했습니다.

소형주 효과 백테스트 설정 1

소형주 효과 백테스트 설정 2

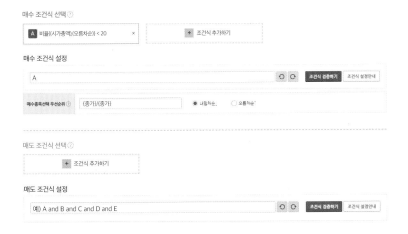

소형주 효과 백테스트 설정 3

전일 종가에 매수하고, 종목당 매수 비중은 5%로, 20종목을 매수하게 설정했습니다. 최대 보유 종목수는 100종목이고, 나머지 매수 조건은 건드리지 않았습니다. 매도 조건에서는 목표가 및 손절가를 설정하지 않았고, 종목 최대 보유일은 250일로 했습니다.

매수 조건식에서는 비율 함수를 써서, 시가총액이 작은 하위 20%를 추렸습니다. '비율(({시가총액},{오름차순})〈20'이 시총 20% 미만을 의미하는 식입니다. 우선순위는 '({종가}/{종가}'로 하여 랜덤하게 종목을 사게 했습니다. 결과는 다음과 같습니다.

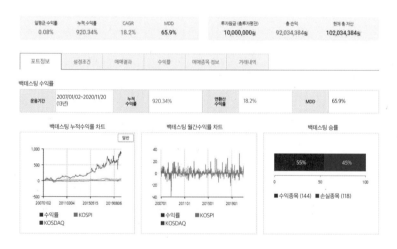

소형주 효과 백테스트 결과

최근에 무너지긴 했지만, 그래도 우상향하는 그래프가 그려졌습니다. 처음으로 누적수익률이 꽤 높은 수치를 기록했습니다. 약 14년 동안 원금이 10배 넘게 불었습니다. CAGR은 약 18%가 나옵니다. 물론 MDD가 굉장히 높아서 그다지 좋은 전략은 아니지만, 동 기간 코스닥 수익률보다는 월등히 높은 수익률을 기록했습니다.

시총 1위인 삼성전자를 보유하는 전략과 비교하면 누적수익률로는 3배나 높은 수치, CAGR로는 1.5배 이상 좋은 수치를 기록한 것으로 보아, 소형주 효과를 증명하기에는 충분한 것으로 보입니다.

이것이 소형주 효과입니다. 소형주를 사서 1년마다 사고팔기만 해도 돈을 벌 수 있습니다. CAGR 18% 정도면 웬만한 부동산보다도 수익률이 좋습니다. 13년 만에 원금의 7배가 되었으니까요. 개인적으로는, 소형주 효과는 개인 투자자만이 누릴 수 있는 최고의 선물이라고 생각합니다. 기관 투자자 등과 같이 거액을 움직이는 투자 주체들은 소형주들의 거래 대금이 작기 때문에 소형주 효과를 누리지 못합니다. 그래서 좋은 수익률을 기록하기가 굉장히 힘들죠.

반면, 개인 투자자들은 소형주 효과를 통해 CAGR 30% 이상의 전략도 얼마든지 운용할 수 있습니다. 참고로 복리이기 때문에, CAGR 30%면 3년도 안 되어 원금이 2배가 됩니다. 10년이면 원금의 13배도 넘습니다. 단순 계산으로 1억 원을 운용하면 10년 뒤에는 13억이 넘는 부를 소유할 수 있는 것이지요. 소형주 효과를 잘만 이용하면 개인 투자자도 워렌 버핏 못지않은 수익률을 기록할 수 있다는 겁니다. 참고로 제가 아는 젠포터젠포트를 활용하여 퀀트 투자를 하는 투자자 중에는 CAGR 100%를 기록하는 사람도 있습니다. 1년 만에 원금의 2배가 된다니, 실로 어마어마합니다. 물론 일정 기간이 넘어가면 소형주 효과를 누리지 못할 정도의 부를 소유하게 될 테니, 복리가 아닌 단리 투자로 이득을 취하는 방법을 사용하겠지요.

어찌 됐든, PER 전략은 소형주 중에서 재무제표 지표를 통해 더 많이 오를 종목을 찾아내는 것입니다. 이러한 효과가 있는 재무제표 지표를 설명하려면 한 챕터를 모조리 할애할 만큼 양이 많으므로, 몇 가지만 서술하려 합니다.

먼저 이미 설명한 적이 있는 PER 지표입니다. PER이 낮을수록, 기업이 벌어들이는 돈은 많은데 주식은 싼 가격을 형성하고 있다는 것을 의미합니다. 실제 기업의 가치에 비해 주식의 가격이 저평가되어 있다는 의미이지요. 그렇다면 시가총액 하위 20%의 소형주 중에 PER이 낮은 순서대로 주식을 매수한다면 어떤 결과가 나올까요? 아주 간단한 퀀트 전략을 구상할 수 있을 것 같습니다.

먼저, 운용 금액 1,000만 원, 운용 기간 전체, 수수료 0.015%, 슬리피지 0%로 세팅합니다. 전일 종가에 종목당 매수 비중 5%, 20종목 매수하고, 목표가 및 손절가 설정 없이 한 번 사면 1년간250일 보유하도록 설정합니다.

이렇게 설정하면, 시가총액 하위 20%를 먼저 추리고 그중에서 PER주가수익률이 낮은 순서대로오름차순 매수하게 됩니다.

시가총액 하위 20%의 소형주 중에서 PER이 낮은 20종목을 사서 1년 보유하고 파는 겁니다. 그리고 그 시점에 다시 PER이 낮은 20종목을 사서 다시 1년간 보유하고 파는 것을 반복하는 것이지요.

소형주 PER 전략 백테스트 설정 1

소형주 PER 전략 백테스트 설정 2

매수 조건식 선택 ⑦

| A | 비율((시가총액).(오름차순)) < 20 | × | | + 조건식 추가하기 |

매수 조건식 설정

| A | ↺ ↻ | 조건식 검증하기 | 조건식 설정안내 |

| 매수종목선택 우선순위 ⑦ | (주가순자산률(PER)) | ○ 내림차순 | ● 오름차순! |

매도 조건식 선택 ⑦

| + 조건식 추가하기 |

매도 조건식 설정

| 예) A and B and C and D and E | ↺ ↻ | 조건식 검증하기 | 조건식 설정안내 |

소형주 PER 전략 백테스트 설정 3

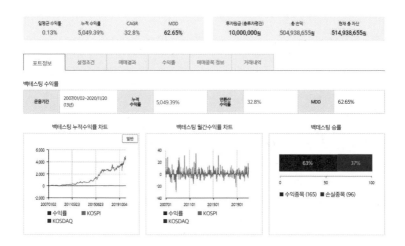

| 일평균수익률 | 누적 수익률 | CAGR | MDD | 투자원금 (총투자금잔) | 총 손익 | 현재 총 자산 |
| 0.13% | 5,049.39% | 32.8% | 62.65% | 10,000,000원 | 504,938,655원 | 514,938,655원 |

| 포트정보 | 설정조건 | 매매결과 | 수익률 | 매매종목 정보 | 거래내역 |

백테스팅 수익률

| 운용기간 | 2007/01/02~2020/11/20 (13년) | 누적 수익률 | 5,049.39% | 연환산 수익률 | 32.8% | MDD | 62.65% |

백테스팅 누적수익률 차트 / 백테스팅 월간수익률 차트 / 백테스팅 승률

소형주 PER 전략 백테스트 결과

약 14년간 누적수익률은 5,000%를 넘었고, CAGR은 약 33%를

기록했습니다. MDD는 높지만, 누적수익률 차트를 봤을 때 진빈적으로 우상향하는 전략이 만들어졌습니다. 1,000만 원이 약 14년 만에 약 5억 원이 된 것입니다. 이 정도면 62%의 MDD를 견딜 수도 있지 않겠습니까? 여유 자금으로만 투자한다면 62%의 MDD를 겪어도 수익률이 연 30%는 되니까 견딜 수 있겠지요.

이 전략은 정말 대충 골격만 짠 것이라, 조금만 다듬어도 MDD는 30%대로 내려갈 것입니다. 공부를 더 많이 한다면 MDD 10%대로 만들 수 있겠지요. 간단한 전략으로도 이 정도의 가능성이 나올 수 있다는 것을 보여준 것뿐입니다.

이 전략은 1년간 보유하고 파는, 1년 유사 리밸런싱❶을 한 것입니다. 그렇다면 6개월 유사 리밸런싱은 어떨까요? 종목 최대 보유일만 120일로 변경하면 됩니다.

소형주 PER 전략 백테스트 2 설정

소형주 PER 전략 백테스트 2 결과

　MDD는 비슷하지만 누적수익률은 약 14년 동안 5,000% 대에서 8,000% 대까지 오른 것을 볼 수 있습니다. 1,000만 원이 약 14년 만에 8억 5천만 원이 된 것이죠. CAGR은 약 37%로 개선되었습니다. 누적수익률 차트도 우상향에 가까운 모습이 되었습니다. 최근 코로나 사태로 깊은 V자형 골짜기가 생기긴 했지만, 빠른 속도로 회복했습니다.

　3개월 유사 리밸런싱을 해보니, MDD는 비슷한 수준이지만 누적수익률이 19,000%대로 크게 향상되어 약 14년 만에 1,000만 원이

---

❶ 리밸런싱은 보유하고 있는 주식을 일부 팔고 사서 주식의 비율을 맞추는 것이다. 필자가 유사 리밸런싱이라고 명명한 것은 가지고 있는 주식을 다 팔고 비율을 맞춰서 새로 사는 것을 말한다. 예를 들어, 가지고 있는 주식을 다 팔고 5%의 비율로 20종목의 주식을 균등하게 사는 것이다. 젠포트에서는 자산 배분의 경우 리밸런싱 기능을 지원하지만, 주식 포트폴리오 운영에서는 이렇게 유사 리밸런싱을 하는 수밖에 없다.

20억이 되었습니다 물론 10억이 넘는 금액을 소형주 퀀트로 굴릴 수는 없으므로 현실성은 조금 떨어지긴 합니다. CAGR은 약 46%로 향상했습니다. 누적수익률 차트 역시 안정적으로 우상향하는 그래프를 그립니다. 그러나 최근 코로나 사태로 V자형 골짜기를 피하지는 못했습니다.

소형주 PER 전략 백테스트 3 결과

소형주 PER 전략 백테스트 4 결과

1개월 유사 리밸런싱한 결과, 꽤 괜찮은 결과를 얻었습니다. 누적 수익률은 30,000%대로 크게 상승했고, CAGR은 50%로 상승하고, MDD는 45%로 크게 줄었습니다. 1개월마다 유사 리밸런싱을 해주는 것이 가장 결과가 좋은 것을 확인할 수 있습니다.

이렇듯, 평범한 개인 투자자라도 수익을 내는 법에 대한 통찰력만 있으면 CAGR 30%는 쉽게 달성할 수 있습니다. 물론 과정이 쉽다는 말은 아닙니다. 매년 일정하게 수익이 나는 전략이 아니기 때문입니다. 어떤 해에는 60% 수익을 거둘 수도 있고, 어떤 해에는 수익률이 마이너스를 기록할 때도 있을 테니까요. 그러나 통찰력에 조금의 노력을 더한다면, 안정적으로 우상향하면서도 MDD가 20% 미만인 전략도 얼마든지 만들 수 있을 겁니다. 그 예는 이 책의 후반부에서 언급할 것입니다.

소형주 중에 PER이 낮은 종목을 사서 보유했다가 파는 간단한 전략으로 어마어마한 수익률을 거둘 수 있습니다. 더욱 놀라운 건 이 정도의 백테스트 결과는 아무것도 아니라는 점입니다. 정말 놀라운 전략은 누적수익률이 100만%가 넘기도 합니다. 스트레스 받으며 직접 매매하지 않고도, 1년에 30% 정도의 수익률을 자동으로 올릴 수 있습니다.

PBR 전략

PBR 전략은 매수 종목 선택 우선순위만 PBR주가순자산률로 바꾸면 됩니다. PBR이 너무 낮으면 위험하니 0.2 이하인 종목은 제외하겠습니다.

소형주 PBR 전략 백테스트 설정

소형주 PBR 전략 백테스트 결과

PER보다는 좋은 결과는 아니지만, 충분한 수익률을 보여줍니다. 누적수익률 6,700%대, CAGR은 약 35%로 나왔습니다. 연평균수익률이 35% 정도라면, PBR도 소형주에서는 좋은 팩터임을 증명해주는 결과입니다. 이렇듯, 수익 내는 전략을 만들기는 참 쉽습니다.

EV/EBITDA 전략

EV/EBITDA가 생소해 보이겠지만, 풀어서 쓰면 어렵지 않습니다. EV는 Enterprise Value로 기업 가치이고, EBITDA는 Earning Before Interest, Taxes, Depreciation and Amortization으로 세금과 이자를 내지 않고 유형물, 무형물의 감가상각도 하지 않은 상태의 이익입니다. 영업이익과 비슷한데, 조금 더 발전된 개념이라고 생각하면 됩니다. 그러니까 기업이 내는 이익에 대비한 기업 가치입니다.

EV/EBITDA가 낮을수록 기업 가치에 비해 저평가되어 있다고 생각할 수 있는데, 식을 생각하면 이해가 빠릅니다. EV/EBITDA가 작다는 것은 분모가 크고 분자가 작다는 뜻입니다. 기업이 내는 이익은 큰데 기업 가치가 작으니 기업 가치가 저평가되어 있다는 의미이지요. EV/EBITDA는 PER과 비슷한데 조금 더 발전된 개념이라고 이해해도 좋습니다. 그렇다면 PER을 활용한 전략과 마찬가지 방식으로 EV/EBITDA를 활용한 전략을 만들면 됩니다. 나머지는 똑같이 설정하고, 매수 조건식만 다음과 같이 설정하면 됩니다.

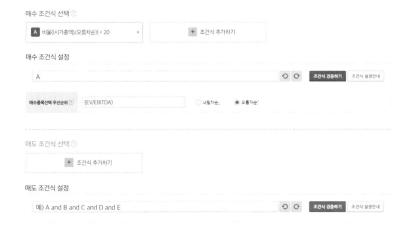

소형주 EV/EBITDA 전략 백테스트 설정

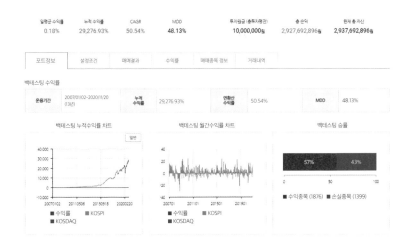

소형주 EV/EBITDA 전략 백테스트 결과

약 14년간 29,000%대의 수익률이면 소형주에서 EV/EBITDA는 효용성이 있는 지표인 것 같습니다.

GP/A 전략

GP란 Gross Profit, 즉 매출총이익을 말하고, A는 Total Assets, 즉 총자산을 말합니다. 한마디로 GP/A란 총자산에 비해 이익을 얼마나 냈느냐를 나타내는 지표입니다. 자산이 적은데도 이익을 많이 낼수록 좋을 테니, GP/A는 높을수록 좋은 지표라고 이해하면 쉽습니다. 그렇다면 소형주에서 GP/A는 효용성이 있는 지표일까요? 나머지 세팅은 똑같이 하고 우선순위만 다음과 같이 바꿔주면 됩니다.

매수 조건식 선택 ⑦

| A | 비율((시가총액),(오름차순)) < 20 | × | | + 조건식 추가하기 |

매수 조건식 설정

A   조건식 검증하기 조건식 설정안내

매수종목선택 우선순위 ⑦ {GP/A}   ● 내림차순 ○ 오름차순

매도 조건식 선택 ⑦

| + 조건식 추가하기 |

매도 조건식 설정

예) A and B and C and D and E   조건식 검증하기 조건식 설정안내

소형주 GP/A 전략 백테스트 설정

시가총액 하위 20%에서 GP/A가 높은 것을 순서대로 살 수 있도록 GP/A 우선순위에 내림차순을 설정하면 됩니다.

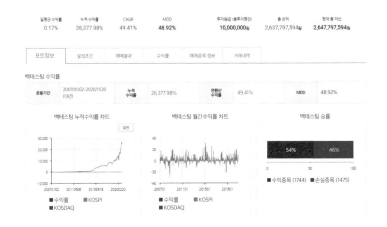

소형주 GP/A 전략 백테스트 결과

약 14년 누적수익률 26,000%대, CAGR은 50%, MDD도 약 50%, 누적수익률 차트도 비교적 안정적인 우상향 곡선을 보여줍니다. GP/A 역시 소형주에서 유용한 재무제표 지표임을 확인할 수 있습니다.

그린블라트 마법 공식

조엘 그린블라트 Joel Greenblatt가《주식시장을 이기는 작은 책》에서 자신의 퀸트 전략을 마법 공식이라며 소개했는데, 이 공식으로 17년 동안 CAGR 약 30%를 기록했다고 합니다.

그린블라트의 마법 공식을 쉽게 요약하면 다음과 같습니다.

1. **시가총액 5천만 달러**약 554억 2,500만 원 **이상**
2. **유틸리티 및 금융주 제외**
3. **외국 기업 제외**
4. **EBIT/EV 계산**EV/EBITDA의 역수와 비슷한 개념이라고 이해하면 됩니다.
5. **ROC 계산**
6. **EBIT/EV, ROC 높은 것들로 순위를 매김**
7. **20~30개 순위 높은 기업에 분산 투자**
8. **1년에 한 번 리밸런싱**
9. **10년 이상 장기 투자**

사실 이 조건을 그대로 적용하면 한국 시장에서는 13년간 누적수익률 48%, CAGR 3%라는 처참한 결과가 나옵니다. 1번 조건이 우리나라의 실정에 맞지 않기 때문입니다. 미국에서의 5천만 달러 이상과 우리나라에서 약 500억 원 이상이라는 조건은 차이가 있을 테니까요. 그래서 앞에서 제가 제시한 이론과 그린블라트의 철학을 이용하여 새로운 마법 공식을 다음과 같이 만들어보았습니다.

1. **시가총액 하위 20%**소형주 효과

2. 유틸리티 및 금융주 제외

3. 국내 상장 중국 주식 제외

4. EV/EBITDA의 역수 활용

5. ROC 활용 젠포트 팩터 {ROIC}와 동일

6. EV/EBITDA의 역수의 순위와 ROC의 역수의 통합 점수를 매김

7. 통합 점수가 높은 순서대로 20종목 매수

8. 250일 유사 리밸런싱 또는 20일 유사 리밸런싱

9. 13년간 장기 투자

여기서 통합 점수는 비율 함수를 이용해서 매겼습니다. 우선순위는 '비율('1/{EV/EBITDA}',{오름차순})+비율({ROIC},{오름차순})'이 됩니다. '1/{EV/EBITDA}'이 높을수록 높은 비율 함수값을 갖고, {ROIC}=ROC가 높을수록 높은 비율 함수값을 갖게 해서 두 값을 더한 것이 통합 점수로, 이것이 높은 순서대로 매수하는 것입니다.

예를 들어 '1/{EV/EBITDA}'이 상위 1%, {ROIC}가 상위 4%라면, 비율('1/{EV/EBITDA}',{오름차순}) 값은 99이고 비율({ROIC},{오름차순}) 값은 96이므로 둘을 더하는 것입니다. 그러면 99+96=195가 통합 점수가 되고, 이 값이 높은 순서대로 내림차순 매수하는 것입니다. 이렇게 통합 점수를 매겨서 매수하는 방식은 활용도가 높으므로 잘 이해해두면 나중에 전략을 만들 때 도움이 됩니다.

그린블라트 마법 공식 전략 백테스트 설정 1

그린블라트 마법 공식 전략 백테스트 설정 2

그린블라트 마법 공식 전략 백테스트 설정 3

그린블라트 마법 공식 전략 백테스트 설정 4

앞과 동일하게 설정하되, 종목 최대 보유일을 250일로 설정합니다. 그리고 매매 대상 설정에서 유틸리티주와 금융주 및 국내 상장 중국 기업을 제외하면 됩니다.

이때 매수 종목 선택 우선순위는 앞에서 설명한 것과 같이 '비율('1/{EV/EBITDA}',{오름차순})+비율({ROIC},{오름차순})'으로 설정하고, 내림차순으로 설정합니다. 그러면 EV/EBITDA의 역수가 높을수록, ROIC가 높을수록 높은 통합 점수를 받고, 높은 통합 점수를 받은 순서대로 매수하게 됩니다.

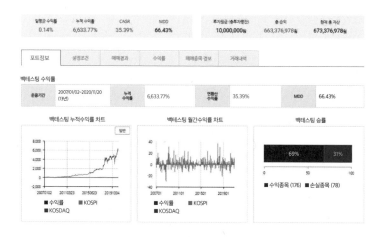

그린블라트 마법 공식 전략 백테스트 결과

최근 들어 코로나19 사태 때 수익률 그래프가 고꾸라지긴 했으나, 그 이전까진 제대로 우상향하는 것을 볼 수 있습니다. 약 14년간 누적수익률 6,600%, CAGR 약 35%, MDD 약 66%를 기록했습니다.

1개월마다 유사 리벨런싱을 하는 것이 수익률이 더 높으니, 이를 한국형 마법 공식에 적용하면 어떻게 될까요? 나머지 설정은 똑같이 하고, 종목 최대 보유일만 20일로 바꿔주면 됩니다.

그린블라트 마법 공식 전략 백테스트 2 설정

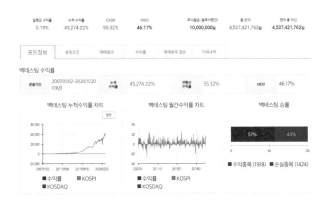

그린블라트 마법 공식 전략 백테스트 2 결과

누적수익률 45,000%대로 제일 높게 기록되었고, MDD는 약 46%로 기록되었습니다. 꽤 쓸 만한 전략으로 보입니다.

재무제표 지표는 무궁무진하고, 젠포트에서 지원하는 팩터도 꽤 많습니다. 그러니 많은 것을 직접 시험해보면 더 쉽게, 더 좋은 전략을 만들어낼지도 모릅니다. 재무제표 지표를 활용해서 소형주 효과를 극대화시키는 것이라는 핵심만 알고 있으면 말이죠.

Dr. Quant Comment

▶ 소형주 효과는 개인이 누릴 수 있는 최고의 전략이다.
▶ 재무제표를 활용한 퀀트 전략은 소형주 효과를 극대화하는 도구다.
▶ PER, PBR, 마법 공식을 활용하면 간단하게 소형주 효과를 극대화할 수 있다.

시장을 읽는 마켓타이밍

마켓타이밍Market Timing은 시장을 내다볼 때 쓰는 말입니다. 시장이 좋을 때만 시장에 참여하고 안 좋을 때는 시장에 참여하지 않는 것을 마켓타이밍을 본다고 합니다.

이 책에서 언급하는 마켓타이밍도 크게 다르지 않습니다. 마켓타이밍을 사용한다는 것은 시장이 좋을 때만 거래하고, 시장이 안 좋아지면 보유 종목을 매도하고 거래하지 않는 것을 의미합니다. 기본적인 마켓타이밍으로는 11-4전략을 꼽을 수 있는데, 11~4월에만 주식시장에 참여하고 5~10월에는 빠져나오는 것입니다. 이렇게 하는 이유는 전통적으로 주식시장이 11~4월까지는 좋고, 5~10월에 안 좋기 때문입니다. 핼러윈 효과Halloween Effect라고도 불리는데, 정확한 이유가 밝혀진 것은 아니지만 많은 백테스트에 의해 검증된 결과이기도 합니다.❷

젠포트에서 사용하는 다른 마켓타이밍 기법은 후행적인 퀀트 지표들을 사용하여 시장이 안 좋아지는 게 보이면 그때 발을 빼는 것입니다. 시장을 정성적으로 평가하여 예측하는 것은 사실 아무런 의미가 없습니다. 전문가들도 이를 맞힐 확률이 극히 낮고, 맞힌다고 하더라도 요행일 가능성이 높습니다. 그러니 미리 예측하지 않고, 시장이 일정 정도로 무너지면예를 들어 코스닥 지수가 일정 수준 이하로 떨어지는 경우 등 주식을 모두 매도하고 매수에는 가담하지 않는 것이지요. 시장에 약간 후행해서 손해를 완전히 피할 수는 없지만, 더 큰 손실을 보는 것을 막을 수 있는 아주 효과적인 방법입니다.

이렇듯 젠포트에서 활용하는 마켓타이밍은 정량적인 지표를 활용해서 시장이 일정 정도로 무너지면 보유 종목을 매도하고 더 이상 매수하지 않는 채 시장에서 빠져나와 있다가, 시장이 회복되는 기미를 보이면 다시 매수를 재개하여 시장에 재참여하는 방식입니다. 소나기가 오면 잠시 피하자는 것이지요. 이 방법을 통해 누적수익률 곡선이 부드럽게 우상향을 그리지 못하거나 MDD가 커지는 단점을 극복할 수 있습니다.

11-4전략 핼러윈 효과

핼러윈 효과는 11~4월에 주식시장이 좋고 5~10월에는 좋지 않은 현상을 말합니다. 이는 전 세계적으로 관찰되는 현상이지만, 이유가 명확하게 밝혀지지는 않은 것 같습니다.

원래는 11월에 매수해서 보유하고 있다가 5월에 매도하는 전략을 사용하지만, 한 달마다 유사 리밸런싱을 하는 것이 수익률이 좋으므로 11~4월에는 한 달마다 유사 리밸런싱을 하고, 5~10월에는 보유 종목을 매도하고 더 이상 매수하지 않는 것입니다. 가장 좋은 결과가 나왔던 젠포트식으로 바꾼 그린블라트의 마법 공식 전략을 백테스트할 것입니다. 설정은 똑같이 하면 되고 종목 최대 보유일 20일로 설정, 매수·매도 조건식만 다음과 같이 설정하면 됩니다.

그린블라트 마법 공식 11-4전략 백테스트 설정

매수 조건식에서 {월} 팩터는 매수하는 {월}을 지정하는 겁니다. 매수 조건식은 B {월}<=4, C {월}>=11이고, 매수 조건식 설정은 (B or C)입니다. 4월보다 작거나 같은 조건 또는 11월보다 크거나 같은 조건을 만족할 때만 매수하라는 거죠. 1, 2, 3, 4, 11, 12월에만 매수하라는 식인 겁니다.

매도 조건식은 A {월}>=5, B {월}<=10이고, 매도 조건식 설정은 A and B입니다. 5, 6, 7, 8, 9, 10월에는 보유 종목을 매도하라는 것이죠.

위에서 이야기한 11-4전략을 식으로 구현한 것입니다. 이렇게 하면 결과는 어떻게 나올까요?

그린블라트 마법 공식 11-4전략 백테스트 결과

11-4전략을 적용하기 전 마법 공식 전략의 백테스트 결과165쪽와 비교해보면, 가장 눈에 띄는 것은 누적수익률이 45,000%대에서 8,900%대로 줄어들었다는 점입니다. CAGR은 약 55%에서 약 38%로 감소했고, MDD는 약 41%로 줄어들었습니다. 이렇게 봐서는 더 안 좋아진 것처럼 보입니다. 그런데 누적수익률 차트를 살펴보면,

11-4전략을 적용하니 훨씬 부드러워졌습니다. 어떤 전략이 더 낫다고 보기는 어렵지만, 직접 투자를 한다고 했을 때 심적으로 더 편한 것은 11-4전략이라는 생각이 듭니다. 최근의 코로나19로 인한 폭락장만 아니었다면 확실하게 우위였겠지만 말이죠.

이것이 마켓타이밍의 힘입니다. 위아래로 출렁이는 누적수익률 곡선을 부드럽게 만들어주거나 MDD를 줄여줍니다. 잘만 적용하면, 누적수익률도 끌어올릴 수 있습니다. 수익률이 많이 떨어진 것이 좀 아쉽지만, 1년 중 쉬는 기간이 있으니 투자 수익률이 떨어질 수밖에 없습니다.

11-4전략 이외에도 마켓타이밍을 적용하는 방법은 무궁무진합니다. 간단한 마켓타이밍 한 가지만 다뤄보겠습니다.

코스닥 20일 이동평균선 마켓타이밍

코스닥 20일 이동평균선 마켓타이밍이란, 코스닥 20일 이동평균선을 가지고 시장의 상황을 판단하는 것을 말합니다. 즉, 코스닥 지수 종가가 20일 이동평균선보다 위에 있을 때만 주식을 매수하고, 코스닥 지수 종가가 20일 이동평균선을 깨고 아래로 내려가면 주식을 매도하고 현금을 보유하는 전략이죠. 이 전략은 기가 막히게 폭락장을 잘 피한다는 장점이 있어서 MDD를 상당히 줄일 수 있습니다. 폭락장은 큰 폭으로 하락하고, 연속적으로 하락하는 경우도 흔합니다. 그래서 코스닥 지수가 20일 이동평균선을 깨고 아래로 내려갈 수밖에 없습니다. 이때 폭락장이 시작되면 바로 보유 종목을 매도하고 현금을 보유합니다. 아까 위에서 적용한 것처럼, 그린블라트의 마법 공식 전략에 적용해보겠습니다.

　설정은 똑같이 하면 되고, 매수·매도 조건식만 다음과 같이 설정하면 됩니다.

마법 공식 20일 이동평균선 마켓타이밍 백테스트 설정

　매수 조건식의 B조건은 '코스닥 지수 종가 〉코스닥 20일 이동평균선'을 젠포트식으로 표현한 것입니다. 부등호 오른쪽의 우변을 좌변으로 옮기고 젠포트 언어로 바꾸면, '{KOSDAQ지수_종가}-이동

평균(({KOSDAQ지수_종가},{20일}))>0'으로 표현되죠. 매도 조건식
은 이 반대입니다. '코스닥 지수 종가<코스닥 20일 이동평균선'을 젠
포트식으로 바꾸면 '{KOSDAQ지수_종가}-이동평균(({KOSDAQ지
수_종가},{20일}))>0'으로 표현됩니다. 이렇게 하면, 코스닥지수 종가
가 코스닥 20일 이동평균선 위에 있을 때만 매수하고, 20일 이동평
균선을 깨고 밑으로 내려가면 매도하게 됩니다.

마법 공식 20일 이동평균선 마켓타이밍 백테스트 결과

이제야 만족스러운 백테스트 결과가 나오는 것 같습니다. 누적수
익률은 45,000%대에서 17,000%대로 줄고 CAGR도 55%에서 45%
로 줄긴 했지만, MDD가 12.3%로 무려 1/4 가까이 줄어들었습니
다. 누적수익률 곡선도 놀라울 정도로 부드럽게 우상향하는 것을 확

인할 수 있죠. 들쭉날쭉한 부분이 전혀 없습니다. 마켓타이밍 하나만 잘 적용해도 이렇게 어마어마한 전략을 만들 수 있습니다.

하지만 과연 이대로 나올 수 있을까요? 아쉽게도 아닙니다. 이렇게 쉽게 돈을 벌 수 있다면, 누구나 부자가 되었겠지요. 현실은 그렇게 녹록하지 않습니다. 이제는 중장기 퀀트 전략의 한계점을 살펴보겠습니다.

Dr. Quant Comment

▶ 젠포트의 마켓타이밍이란, '소나기는 피해 가자'
▶ 놀라울 정도로 MDD를 줄이며 전략의 퍼포먼스를 개선시킬 수 있다.

---

❷ 이와 관련해서는 유튜브 채널 '할 수 있다 알고투자'에서 '핼러윈 효과'를 검색하라.

중장기 퀀트 전략의 한계와 극복 방법

젠포트는 좋은 툴이긴 하지만, 한계가 명확히 존재합니다. 특히 일봉 백테스트에서는 거래량이 고려되지 않는다는 단점이 있습니다_{부록 참고}. 지금까지의 백테스트도 일봉 백테스트로, 거래량을 고려하지 않았습니다. 그렇다면 어떤 문제가 발생할까요?

보통 거래량이 많은 종목을 거래하면, 거래량을 고려하지 않아도 큰 문제가 발생하지는 않습니다. 어차피 거래량이 아주 많으니 주가에 별 영향을 끼치지 않거든요_{너무 큰 금액이라면 문제가 생길 수도 있지만 말입니다}. 그러나 거래량이 아주 작은 종목은 어떨까요?

예를 들어, 하루 평균 거래량이 1,000주 정도이고 주가는 1,000원인 주식이 있다고 가정해봅시다. 그렇다면 하루 거래 대금_{=거래량×주가}은 100만 원입니다. 이 주식을 1억 원어치 사고 싶다고 매수 주문을 내면, 이게 다 체결될까요? 주식 거래는 기본적으로 파는 사람이 있어야 살 수 있습니다. 1억 원어치를 1,000원에 주문을 내면, 10만 주를 매수 주문을 내는 셈입니다. 하루 거래량이 1,000주니까 (1,000/100,000)×100=1%밖에 체결이 안 됩니다. 사실 다른 사람도 이 주식을 사니까 1%도 체결이 안 되겠죠. 나머지는 주문만 나간 것입니다. 이제 문제가 무엇인지 감이 잡힐 겁니다.

지금까지 소개한 전략은 가격이 저평가되어 있는 초소형주들을 거래하는 것입니다. 이런 주식들은 보통 인기가 없어서 하루 거래 대금이 많지 않습니다. 그래서 투입하는 자본이 거래 대금에 비해 상대적으로 크면, 주문이 다 체결되지 않는 일이 빈번하게 발생할 수 있습니다. 일부만 체결되거나, 아예 체결되지 않는 것입니다.

아쉽게도 가격을 높여서 더 사거나, 다음 날 더 사는 기능이 젠포트에는 없습니다. 따라서 체결되지 않은 주문은 그날이 지나면 취소되고, 다음 날에는 알고리즘에 맞춰 새로운 주식을 매수하게 됩니다. 즉, 한 주식을 여러 날에 걸쳐서 분할 매수하는 기능이 아직 젠포트에 없다는 소리입니다. 그래서 백테스트와 실전과의 괴리가 발생합니다. 백테스트에서는 거래량을 고려하지 않고, 정해진 가격이 되면 주문 수량에 상관없이 전부 체결된다고 가정하거든요. 그러나 실제는 그렇지 않습니다.

따라서 지금까지 소개한 전략으로 큰돈을 굴리는 것은 무리가 있습니다. 이런 현상은 전략의 평균 보유일이 짧을수록 더 심해집니다. 한 번 사서 1년씩 보유하는 전략은 매매 횟수가 많지 않아서 괴리도 적고 비교적 큰돈을 굴릴 수 있는 반면, 평균 보유일이 10일 정도 되어 10일마다 거래하거나 더 짧세 거래를 반복하는 전략의 경우에는 괴리가 심해 큰돈을 굴릴 수가 없습니다.

그렇다면 지금까지 소개한 전략은 얼마 정도를 굴릴 수 있을까요? 전부 테스트해보지 않아서 명확한 가이드라인은 없지만, 대략적인 예측치는 제공할 수 있을 듯합니다. 전략의 평균 보유일에 따라 운영할 수 있는 최대 금액은 달라지는데, 종목당 매수 비중 5%로 20종목을 매수한다고 했을 때 평균 보유일이 250일이면 1억 원도 충분히 소화할 수 있을 것 같습니다. 평균 보유일이 60일 정도 되는 전략은 5,000만 원, 평균 보유일이 20일 정도 되는 전략은 대략 2,000만 원 정도로 예상됩니다. 평균 보유일이 10일 이하인 전략은 1,000만 원 선입니다. 필자가 테스트해본 것은 평균 보유일이 10일인 전략에서 1,000만 원을 운용한 경우였습니다. 괴리는 어쩔 수 없지만, 큰 무리 없이 전략이 돌아가는 것을 확인했습니다. 나머지는 테스트해보지 못해서 예측치일 뿐이므로 참고만 하고, 실제 투자에 돌입할 때는 면밀히 관찰하며 진행해야 합니다.

다시 말해, 소형주 중장기 퀀트의 경우에는 거래되는 종목들의 거래 대금이 매우 낮은 경우가 많아서 실제로 전략을 운용할 때 거래량을 고려하지 않은 백테스트와 거래량이 고려되는 실전 사이에 괴리가 발생할 수밖에 없습니다. 그리고 이 괴리는 운용하는 금액이 클수록, 전략의 평균 보유일이 짧을수록 커지기 마련이므로, 자신이 운용할 총금액에 따라 전략의 평균 보유일을 조정해야 할 것입니다. 보통 평균 보유일이 짧을수록 수익률도 높고 MDD도 낮은 전략을 만들 수 있습니다.

그러나 운용 금액이 크다면 이런 것을 포기하고 평균 보유일을 늘려서 전략을 짤 필요도 있는데, 수익률이 줄고 MDD도 늘어날 겁니다. 그렇지만 운용 금액이 작은 소액 투자자라면 다음과 같은 수익률을 비슷하게나마 누릴 수 있을 겁니다.

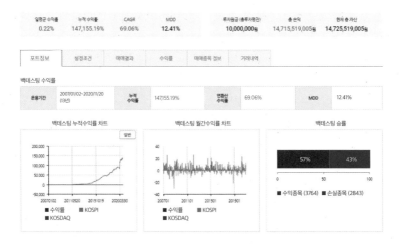

평균 보유일이 짧은 소형주 퀀트 전략 백테스트 결과

운용 금액이 수억대가 넘어가는 투자자라면 고민이 되겠지만, 그렇지 않은 투자자라면 운용 금액의 문제로 크게 고민할 필요는 없습니다. 나중에도 설명하겠지만, 전략을 하나만 돌리는 것은 아니기 때문입니다. 여러 전략에 분산해서 다양하게 투자하면 한 전략에 투입되는 자금이 줄어들기 때문에 대부분 해결됩니다. 똑같은 전략도 마켓타이밍을 다르게 하면 전혀 다른 전략이 되는데, 젠포트 전략 만들기에 숙련되면 하룻밤 사이에도 20개가 넘는 마켓타이밍을 만들 수 있습니다. 따라서 이러한 한계점은 어느 정도 극복될 수 있습니다.

Dr. Quant Comment

▶ 소형주 중장기 퀀트의 경우, 거래 대금이 낮은 종목을 거래하기 때문에 백테스트와 실전 사이에 괴리가 클 수밖에 없다.
▶ 마켓타이밍을 통해 자주 매매하여 평균 보유일이 짧아질수록 괴리가 커지기 때문에 운용할 수 있는 금액이 줄어든다.
▶ 운용 금액에 따라 평균 보유일이 긴 전략을 선택하거나, 전략의 개수를 늘리는 등의 방식을 선택해야 한다.

5장

백테스팅 툴로 재평가한
대가들의 투자 전략

위대한 대가들의 투자 방식을 공부하지만, 막상 실제 투자로 연결 짓지 못합니다. 이는 대가들의 전략이 명확히 로직화되어 있지 않고, 과거에는 잘 통했으나 최근 시장에는 통하지 않는 경우가 많기 때문입니다. 이번 장에서는 윌리엄 오닐, 조엘 그린블라트, 조셉 피오트로스키, 벤저민 그레이엄, 피터 린치, 데이비드 드레먼, 월터 슐로스, 존 네프, 켄 피셔까지, 9명 대가의 투자 전략과 함께 수익률 백테스팅 결과를 살펴봅시다.

Smart
Quant Investment

대가들의
투자 전략 응용편

이제부터는 중장기 퀀트 전략의 응용편입니다. 역사적으로 주식 시장에서 성공을 거둔 대가들의 투자 철학을 녹여내어 젠포트화시킨 투자 전략으로, 뉴지스탁 알고리즘 팀에서 작성한 것입니다.

워런 버핏Warren Buffett, 윌리엄 오닐William O'Neil 등 우리는 살면서 많은 대가들의 투자 방식을 공부하지만, 막상 실제 투자로 연결 짓지 못합니다. 이는 대가들의 전략이 명확히 로직화되어 있지 않고, 과거에는 잘 통했으나 최근 시장에는 통하지 않는 경우가 많기 때문입니다. 또한 많은 대가들의 로직이 저평가된 종목에 투자해 장기 보유한다는 점에서 하이 리스크, 하이 리턴의 빠른 투자에 익숙해진 우리에게는 그다지 매력적이지 않습니다.

젠포트의 장점이라면, 과거에 유용했던 전략을 다시 검증하고 자신의 스타일에 맞게 자유롭게 수정할 수 있다는 것입니다. 뉴지스탁 알고리즘 리서치 팀에서 연구한 대가들의 투자 전략과 수익률을 높인 개선된 버전을 소개할 것입니다.

'나도 이제 알고리즘 메이커'

뉴지스탁 알고리즘 리서치 팀이 유튜브 방송 '나도 이제 알고리즘 메이커'를 통해 소개한 내용을 기반으로 작성되었으며, 한 명의 대가를 여러 시각에서 분석한 것입니다. '호준'은 대가들의 기존 로직을 분석했으며, '승한'은 개선된 로직으로 승화했습니다. 마지막으로 '민석'은 대가들의 기존 로직에 초점을 맞추되, 최고의 수익률을 만들기 위해 노력했습니다.

[주의할 사항]

- 소개한 전략은 운용 자금과 기간, 수수료율 등에 따라 다른 결과가 나올 수 있습니다.

- 수수료는 0.015%로 통일했습니다.
- 2007년부터 2020년 11월 20일까지 백테스트를 진행했습니다.
- 목표가나 손절가를 0%로 설정하면 목표가와 손절가가 없다는 것을 의미합니다.
- 내용 중 궁금하신 사항은 유튜브 '나도 이제 알고리즘 메이커 Q&A' 영상에 댓글로 남겨주시기 바랍니다.

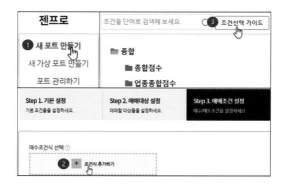

조건 선택 가이드

* 팩터에 대한 자세한 설명은 젠프로-새 포트 만들기-Step3-매수 조건식 선택-조건 선택 가이드 를 참고하기 바랍니다.
* 2020년 12월부터 '새 포트 만들기'가 '일봉 백테스팅 포트 만들기'로 변경되었습니다.

윌리엄 오닐의
CAN SLIM 전략

윌리엄 오닐William J. O'Neil은 1963년에 30살의 나이로 최연소 뉴욕 증권거래소 회원이 되었으며, CAN SLIM이라는 자신만의 투자 전략을 만들어 26개월 동안 20배의 수익을 올리기도 했습니다. 기본적 분석과 기술적 분석을 혼합하여 투자하는 것으로 유명합니다.

C (Current Earnings) 현재 주당 분기 순이익	분기 순이익증가율이 25% 이상인 기업
A (Annual Earnings) 연간 순이익	연간 순이익증가율이 25% 이상, 3년 순이익증가율이 안정적인 기업, 자기자본이익률이 17% 이상인 기업
N (New) 신제품, 경영 혁신, 신고가	신제품, 신경영, 신고가를 형성하는 기업
S (Supply and Demand) 수요와 공급	유통주식수가 적은 종목을 공략 유통주식수가 적은 종목이 향후 큰 시세를 준다고 믿음
L (Leader or Laggard) 주도주와 소외주	시장 주도주를 사고, 소외주를 피함

I (Institutional Sponsorship) 기관 관심주	기관이 관심을 갖는 종목에 투자
M (Market Direction) 시장의 방향	보조 지표나 시장 속보 등 전문가의 견해를 의지하는 것보다 는 매일 종합주가지수의 움직임을 체크하며 자신만의 노하 우로 시장 움직임을 파악함

CAN SLIM 전략

〈호준〉

윌리엄 오닐의 CAN SLIM 기본 전략을 최대한 따랐습니다.

3년간 흑자인 기업 중 최근 분기와 연간 순이익이 전년 동기 대비 25% 이상 증가했으며, 기관 순매수와 ROE가 좋고, 전일 거래량과 최근 1년간 주가상승률이 모두 좋은 종목을 골랐습니다. 이렇게 선정된 종목을 유통주식수가 낮은 순으로 정렬하여 최대 20종목을 매수하고, 1년250일 리밸런싱 주기를 두었으며, 중간에 목표가 200%가 되면 매도하도록 설정했습니다.

■ 전략 소개

매수 조건식: A and B and C and D and E and F and G

A: {순이익성장률(YOY)} > 25

해석 최근 분기 순이익이 전년 동기 대비 25% 증가

B: {트레일링당기순이익}/과거값({트레일링당기순이익},{1년}) 〉 1.25

해석 트레일링(최근 4개 분기 합) 순이익이 전년 대비 25% 증가

C: {3년연속당기순이익0이상} = 1

해석 3년 연속 순이익 흑자

D: {기관누적순매수점수} 〉 50

해석 기관의 누적 순매수를 상대 평가한 점수가 50점(절반) 초과

E: {트레일링ROE} 〉 17

해석 트레일링(최근 4개 분기 합) ROE가 17% 초과

F: 비율('변화율_기간({종가},{1년})',{오름차순}) 〉 80

해석 최근 1년간 주가 변동률이 상위 20% 이내

G: 비율({거래량},{오름차순}) 〉 50

해석 전일 거래량이 상위 50% 이내

우선순위: {유통주식수} (오름차순)

해석 유통주식수가 적은 종목 순으로 매수

매수 기준: 전일 종가 -0.5% 매수, 종목당 매수 비중 5%, 최대 보유 종목 수 20개

매도 조건식: 없음

매도 기준: 최대 1년250일 보유하며, 중간에 200% 목표가 달성 시 매도

윌리엄 오닐 투자 전략 백테스트 설정 1

윌리엄 오닐 투자 전략 백테스트 설정 2

■ 백테스트 결과

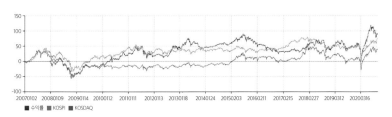

윌리엄 오닐 투자 전략 백테스트 결과 1

윌리엄 오닐의 CAN SLIM 전략을 백테스트해본 결과, CAGR이 4.82%로 만족스럽지 못한 결과가 나왔습니다. 다음에 소개하는 전략에서는 CAGR이 무려 58%를 기록하므로, 참고하기 바랍니다.

〈승한〉

윌리엄 오닐의 CAN SLIM 전략에서 수익률과 가장 밀접한 요소는 순이익증가율입니다. 높은 성장성을 가진 소형주 중에서 수급이 들어오는 종목을 최대 20일간 보유했을 때의 성과를 알아보겠습니다.

■ 전략 소개

매수 조건식: A and B and C and D and (E or F or G)

A: {EPS성장률(YOY)} 〉 50

해석 최근 분기 EPS(주당순이익)가 전년 동기 대비 50% 증가한 기업

B: {EPS성장률(QOQ)} 〉 50

해석 최근 분기 EPS(주당순이익)가 이전 분기 대비 50% 증가한 기업

C: 비율({EPS성장률(YOY)},{오름차순}) 〉 50

해석 전년 동기 대비 EPS 성장률이 전체 시장에서 상위 50%에 속한 기업

D: {자기자본이익률(ROE)점수} 〉 50

해석 ROE(자기자본이익율: 당기순이익/자본총액) 점수 50점 이상

E: {KOSDAQ지수_종가}-이동평균({KOSDAQ지수_종가},{3일}) > 0

F: {KOSDAQ지수_종가}-이동평균({KOSDAQ지수_종가},{5일}) > 0

G: {KOSDAQ지수_종가}-이동평균({KOSDAQ지수_종가},{10일}) > 0

해석 코스닥 지수 3, 5, 10일 평균 대비 하락 시 매매를 쉬는 마켓타이밍

우선순위: (비율({시가총액},{내림차순})*10)+{수급점수}(내림차순)

해석 (비율({시가총액},{내림차순})×10): 시가총액이 낮을수록 높은 값이 생성
되며, 다른 점수와 비교하기 때문에 가중치 10을 줌

- {수급점수}: 거래량, 거래 대금 상승률 및 기관, 외국인에 대한 수급을 수치
화한 점수

매수 기준: 전일 종가 -0.5% 매수, 종목당 매수 비중 5%, 최대 보
유 종목수 40개

매수 조건식 해석

EPS$_{QOQ, YOY}$ 성장률이 50% 이상이라면 굉장히 높은 순이익성장
률입니다. 따라서 A, B조건을 만족하는 기업이라면, C, D조건을 만
족할 가능성이 높습니다. A, B조건은 절대적인 기준을 나타내는 반
면, C, D조건은 전 종목 중에서 비교하는 상대적인 조건입니다.

E, F, G조건은 코스닥 지수를 사용하며 지수가 3, 5, 10일 이동평
균보다 급락하면 다음 날은 매수를 쉬어 하락 변동성 위험을 피해
가는 조건식으로, 시장이 좋지 않을 땐 매수를 쉬는 마켓타이밍 전략
이라고 이해하면 됩니다. 앞으로 소개할 모든 전략에서 코스닥 3, 5,
10일 이동평균 마켓타이밍 조건식을 포함하게 됩니다. 여기서는 대

가의 전략에 초점을 맞추기 위해 보편적으로 적용 가능한 지수 이동
평균 마켓타이밍 전략을 일괄적으로 적용했습니다.

매도 조건식: A

A: {보유종목수익률} < = -7

해석 보유 종목 수익률이 -7% 이하로 떨어지면 다음 날 매도하는 조건

매도 기준: 최대 20일 보유하며, 목표가 20% 달성 시 매도

■ 백테스트 결과

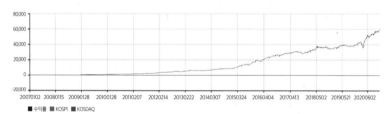

윌리엄 오닐 투자 전략 백테스트 결과 2

누적수익률	60,061%	평균 보유일	12.24일
CAGR	58.51%	매매 횟수	6,370회
MDD	17.24%	샤프 지수	3
승률	52%	일평균수익률	0.19%
평균수익률	14.29%	일 표준편차	0.97
평균손실률	-7.45%	월평균수익률	4.03%
평균손익비	1.63	월 표준편차	5.37

코스피 상관성	0.53	코스닥 상관성	0.62

윌리엄 오닐 투자 전략 백테스트 결과 3

윌리엄 오닐 투자 전략 백테스트 결과 4

　윌리엄 오닐 전략의 평균 보유일은 12.24일이며, 수익 손실 종목의 평균수익률이 2배 가량 차이납니다. 최대 20종목을 10일 이상 보유하기 때문에 당연히 시장과 상관성도는 0.5 이상으로 높게 나타나는 편입니다. 매도 조건별 비중으로 목표가, 보유 기간 만료, 매도 로직이 각각 비슷한 비중으로 작용하고 있으며, 매도 로직에서는 수익률이 -7%인 종목을 매도하기에 대부분 손실 종목입니다. 고속 성장하는 수급 소형주를 주로 매매하여 굉장히 좋은 백테스트 수익률을 보이지만, 소형주 특성상 하루 거래 대금유동성이 낮아서 많은 자금을 운용하기엔 위험할 수 있습니다.실전 투자할 경우에는 전략을 수정하여 1,000만 원 이하의 자금을 투입하는 것을 권장합니다.

조엘 그린블라트의 마법 공식 전략

조엘 그린블라트는 '마법 공식' 창시자입니다. 1985년 헤지펀드 '고담캐피털'을 설립한 후 2005년까지 CAGR 40%라는 엄청난 수익률을 기록했습니다. 다른 대가들과 마찬가지로 우량한 기업의 주식을 싸게 사는 가치투자를 지향합니다.

앞에서도 마법 공식에 대해 다뤘지만, 여기서는 다른 방식으로 해석해보겠습니다. 마법 공식은 '구마법 공식'과 '신마법 공식'으로 나뉩니다. 구마법 공식은 이익수익률EBIT/EV의 등수와 자본수익률EBIT/투입유형자본의 등수를 합친 종합 등수가 높은 20종목을 매수하는 방식입니다.

- EBIT: 법인세 전 이익Earning Before Interest and Taxes=영업이익 or 영업현금흐름과 비슷

- EV: 기업 지배에 실세로 필요한 금액Enterprise Value=시가총액+부채-현금-투자 자산
- 투입 유형 자본=(유동자산-유동부채)+(비유동자산-감가상각비)

이익수익률은 PER로, 자본수익률은 ROA로 대체해서 사용할 수도 있습니다.

신마법 공식은 GP/A매출총이익/자산 평균 등수와 PBR시가총액/자본 등수를 합친 종합 등수가 높은 20종목을 매수하는 방식으로, 구마법 공식보다 나은 수익률을 기록합니다.

〈호준〉

구마법 공식과 신마법 공식의 기본 전략을 최대한 따랐습니다.

구마법 공식은 PER과 ROA를 사용한 '간편 버전'의 수익률이 훨씬 좋기에 이 버전을 소개하려 합니다. 마법 공식은 일반적인 퀀트 전략과 유사하게 등수와 등수를 합친 종합 등수로 종목을 선택하므로, 순위 팩터를 사용하여 우선순위에서 종목을 걸렀습니다.

■ 전략 소개

매수 조건식: A

A: {종가} > 0

해석 주식 가격이 0원 이상이라는 의미로, 의미 없는 팩터(매수 조건식은 최소 1개

이상 입력해야 하므로 의미 없는 값 입력)

우선순위: 순위({트레일링PER},{내림차순})+순위({ROA},{오름차

순}) (오름차순)

해석 PER이 낮은 순+ROA가 높은 순을 합친 후 순위가 낮은 순대로 매수

• PER은 낮을수록 좋기에 {내림차순}, ROA는 높을수록 좋기에 {오름차순} 사용

• 이론과 반대 값이 입력되기에 헷갈릴 수 있어서 '조건 선택 가이드'를 참고

할 필요가 있으며, 짧은 기간 백테스트예를 들어 1일를 통해 팩터를 검증한 후

사용할 필요 있음

매수 기준: 전일 종가+3% 매수, 종목당 매수 비중 5%, 최대 보유

종목 수 20개

매도 조건식: 없음

매도 기준: 목표/손절가가 없으며목표가와 손절가 0%로 설정, 250일1년이

지나면 시초가에 매도

■ 백테스트 결과

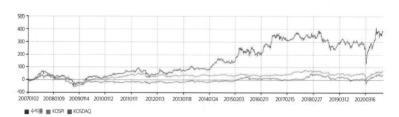

그린블라트의 투자 전략 백테스트 결과 1

조엘 그린블라트의 구마법 공식을 백테스트해본 결과, CAGR이 12%를 기록했고 승률은 52%로 적절한 수준이었습니다. 다만 금융위기 당시 66.03%의 MDD를 기록했습니다.

목표/손절가가 없이 단순 1년 리밸런싱이기 때문에 종목 평균 보유일은 249일이며, 수익 종목 평균수익률이 손실 종목 평균수익률보다 절반 이상 높은 51%를 기록했습니다. 회전율을 높여 수익 극대화를 위해 전략에 목표가 100%를 추가해봤지만, CAGR은 14%대로 오히려 떨어졌습니다.

이번에는 신마법 공식을 백테스트해봤습니다. 다른 기준은 구마법 공식과 동일하지만, 우선순위와 목표/손절가를 변경했습니다.

우선순위: 순위({GP/A},{오름차순})+순위({PBR},{내림차순}) (오름차순)

매도 기준: 목표가 100%, 손절가 50%

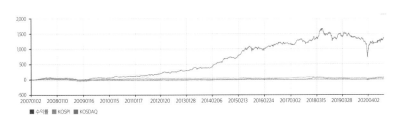

그린블라트의 투자 전략 백테스트 결과 2

그랬더니 연환산수익률은 21%, 승률 56%의 전략이 탄생했습니다. MDD는 금융위기 당시 56.57%까지 하락했습니다.

종목 평균 보유일은 196일로 1년이 되지 않으며, 수익 종목 평균수익률은 손실 종목 평균수익률보다 2배 높은 62.39%를 기록했습니다. 매도된 종목 334개 중 목표가 100%를 달성한 종목은 89개 26.6%, 손절가 50%를 달성한 종목은 49개14.6%를 기록했습니다.

〈승한〉

조엘 그린블라트 마법 공식을 단순하게 생각하면, 자본수익률안전마진이 확보된 기업을 저렴할 때 사는 것입니다. 이러한 개념을 바탕으로 신마법 공식에서는 GP/A를 통해 안전마진이 확보된 기업을 선정하고, PBR을 통해 저렴한 가격 기준을 판단할 수 있었습니다.

■ 전략 소개

매수 조건식: A and B and C and (D or E) and (F or G or H)

A: {트레일링PBR_종가} > 0

B: {트레일링PBR_종가} <= 1

해석 PBR이 0~1 사이에 있는 저평가 기업

C: 비율({시가총액},{오름차순}) >= 7

해석 시가총액 하위 7% 제외하는 조건식

D: 비율(({GP/Λ},{오름차순}) > 80

해석 GP/A가 전 종목 중 상위 20%인 기업

E: 비율(({OP/Λ},{오름차순}) > 80

해석 OP/A가 전 종목 중 상위 20%인 기업

F: {KOSDAQ지수_종가}-이동평균({KOSDAQ지수_종가},{3일}) > 0

G: {KOSDAQ지수_종가}-이동평균({KOSDAQ지수_종가},{5일}) > 0

H: {KOSDAQ지수_종가}-이동평균({KOSDAQ지수_종가},{10일}) > 0

해석 코스닥 지수 3, 5, 10일 평균 대비 하락 시 매매를 쉬는 마켓타이밍

우선순위: (({수급점수}+비율({시가총액},{내림차순}))*{F-SCORE} (내림차순)

해석 수급 점수와 시가총액이 낮을수록 100에 가까운 값이 나오는 팩터를 합쳐서 F-SCORE를 곱함

매수 기준: 전일 종가 -1% 매수, 종목당 매수 비중 10%, 최대 보유 종목 수 20개

매수 조건식 해석

PBR 1 이하이면 시가총액이 순자산보다 낮게 평가된 기업입니다. PBR이 1 이하로 떨어질 만큼 저평가된 원인에는 기업의 미래 성장성, 업황, 내부 사정 등 다양한 원인이 있습니다. 그런데도 GP/A매출액/자산 혹은 OP/A영업이익/자산가 상위 20%에 속하는 기업은 기업 활동이 왕성하고 안전마진이 확보되었다고 할 수 있습니다.

시가총액 하위 7%를 제거한 이유는 PBR이 1 이하인 기업을 매수

할 경우, 너무 낮은 시가총액 기업은 거래정지 혹은 상장폐지될 확률이 높아 제외하였습니다.

소형주 효과를 누리기 위해 시가총액이 낮은 종목의 점수를 높게 가져가며, 단기간에 수익 가능성을 높이기 위해 {수급점수}를 사용했습니다. 또한 소형주 효과에만 기대지 않기 위해 {F-SCORE}를 곱하여 우량한 기업이 우선적으로 매매될 수 있도록 하였습니다.

매도 조건식: (A and B and C) or D

A: {KOSDAQ지수_종가}-이동평균({KOSDAQ지수_종가},{3일}) < 0

B: {KOSDAQ지수_종가}-이동평균({KOSDAQ지수_종가},{5일}) < 0

C: {KOSDAQ지수_종가}-이동평균({KOSDAQ지수_종가},{10일}) < 0

해석 코스닥 지수가 3, 5, 10일 평균보다 하락하면 매도

D: {보유종목수익률} <= -7

해석 보유 종목 수익률이 -7% 이하 시 매도

매도 기준: 최대 5일 보유, 보유일 만기 시 전일 종가 기준 매도,
　　　　　매도 조건 부합 시 피벗 기준 가격 매도

매도 조건식 해석

시장 상황이 좋지 못하거나, 보유 종목 수익률이 -7% 이하로 떨어지면 피벗 기준선전일 고가+저가+종가/3 가격에서 매도하게 됩니다.

피벗 기준선의 이해를 돕기 위해 간단한 예를 들어보겠습니다.

1)[종가=주가 중심선]인 경우 피벗 기준선: 주가 중심선

2) [종가=고가]인 경우 피벗 기준선: (고가+주가 중심선)/2

3) [종가=저가]인 경우 피벗 기준선: (저가+주가 중심선)/2

• 주가 중심선은 (저가+고가)/2

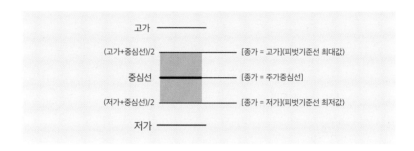

피벗 기준선의 이해

피벗 기준선 가격 기준 매도 조건에는, 종가가 주가 중심선 위에 위치하면 종가보다 낮은 가격에 보수적으로 매도하고, 종가가 중심선보다 낮은 가격이라면 손실을 줄일 수 있도록 종가보다 높은 가격에 매도하려는 의도가 담겨 있습니다.

■ **백테스트 결과**

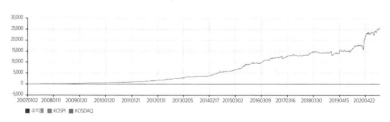

그린블라트의 투자 전략 백테스트 결과 3

누적수익률	25,516%	평균 보유일	3.8일
CAGR	49.06%	매매 횟수	6,054회
MDD	13.53%	샤프 지수	2.56
승률	62%	일평균수익률	0.17%
평균수익률	4.65%	일 표준편차	0.98
평균손실률	-3.19%	월평균수익률	3.49%
평균손익비	1.2	월 표준편차	4.95
코스피 상관성	0.38	코스닥 상관성	0.44

그린블라트의 투자 전략 백테스트 결과 4

그린블라트의 투자 전략 백테스트 결과 5

조엘 그린블라트의 신마법 공식을 응용하여 우량하면서 저평가된 소형 수급주 중에서 펀더멘털 요소가 훌륭한 기업을 매매하는 전략입니다. 우선순위에서 시가총액이 낮은 소형주를 매수하도록 가중치를 줬기 때문에 유니버스별 매수 비중에서도 코스닥 초소형 종목이 많이 나타나는 섯을 확인할 수 있었습니다. 5일간 보유하는 펀더멘털 퀀트 전략으로, 한 분기 내에 같은 종목이 추천될 확률이 매우 높습니다. 우상향이 예측되는 종목을 계속 보유하는 것보다 규칙적인 리밸런싱을 통해 복리 효과를 보는 것이 높은 수익률의 핵심입니다.

조셉 피오트로스키의 F-SCORE 전략

조셉 피오트로스키Joseph Piotroski는 다른 대가들과 달리 운용 이력 없이 이론만으로 대가의 반열에 오른 특이한 케이스입니다. 미국 스탠퍼드 대학교 경제학과 교수이며, 2000년 논문에서 발표한 F-SCORE로 명성을 얻기 시작했습니다.

순서	대분류	개별지표
1	수익성	전년 당기순익: 0 이상
2		전년 영업현금흐름: 0 이상
3		ROA: 전년 대비 증가
4		전년 영업현금흐름: 순이익보다 높음
5	재무 건전성	부채 비율: 전년 대비 감소
6		유동 비율: 전년 대비 증가
7		신규 주식 발행(유상증자): 전년 없음

8	효율성	매출총이익률: 전년 대비 증가
9		자산회전율: 전년 대비 증가

F-SCORE

F-SCORE가 N점인 종목을 종합 점수가 높은 순으로 20종목을 매수하여, 1년 리밸런싱을 했을 때의 결과를 토대로 분석했고, 백테스트 기간은 2007년부터 2020년 3월 20일까지입니다. 각각의 점수를 대입했을 때의 CAGR과 MDD를 구하고, CAGR에서 MDD를 나눈 값으로 다시 등수를 매겼습니다.

F-SCORE가 1점일 때 유일하게 마이너스 CAGR을 보였고, MDD 역시 가장 큰 77%를 기록했습니다. 반대로, F-SCORE가 4점일 때 가장 높은 CAGR인 19.76%를 기록했으나, MDD가 높아 CAGR/MDD 순위에서는 밀렸습니다. F-SCORE이 9점일 때, CAGR 17.14%, MDD 55.87%로 CAGR/MDD이 가장 우수한 성과를 달성했습니다. 따라서 9점, 4점, 8점, 7점, 6점, 2점, 3점, 5점, 1점순으로 좋은 성적을 기록했습니다.

F-SCORE	CAGR(%)	MDD(%)	CAGR/MDD(%)
1	-8.39	77.77	-0.11
2	6.64	71.15	0.09
3	3.74	65.17	0.06
4	19.76	66.36	0.30
5	3.91	71.58	0.05

6	7.21	66.05	0.11
7	14.34	65.48	0.22
8	17.07	66.84	0.26
9	17.14	55.87	0.31

F-SCORE에 따른 성과 분석

〈호준〉

수익률이 가장 좋았던 F-SCORE 9점에 대한 전략은 아래와 같습니다.

■ 전략 소개

매수 조건식: A

A: {F-Score2} = 9

해석 F-Score2가 9점

- 뉴지스탁에서 제공하는 F-SCORE는 두 종류가 있는데, 시장에 널리 알려진 F-SCORE는 'F-Score2'를 쓰면 됨

우선순위: {종합점수} (내림차순)

해석 종합 점수가 높은 순으로 매수

매수 기준: 전일 종가 매수, 종목당 매수 비중 5%, 최대 보유 종목 수 20개

매도 조건식: 없음

매도 기준: 목표/손절가가 없으며, 250일1년이 지나면 시초가에
          매도

■ **백테스트 결과**

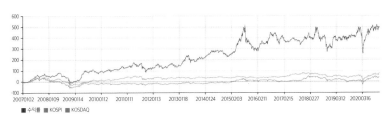

피오트로스키의 투자 전략 백테스트 결과 1

CAGR이 13.74%를 기록했고 승률은 54%로 적절한 수준이었습니다. 금융위기 당시 MDD는 55.84%였습니다.

목표/손절가가 없이 단순 1년 리밸런싱이기 때문에 종목 평균 보유일은 250일이며, 수익 종목 평균수익률이 손실 종목 평균수익률보다 2배 높은 48.51%를 기록했습니다. 회전율을 높여 수익 극대화를 위해 전략에 목표가 100%를 추가했더니, CAGR이 14%로 조금 오르는 효과가 발생했습니다.

〈승한〉

《할 수 있다! 퀀트 투자》의 강환국 저자가 개발한 신F-SCORE와 GP/A를 융합한 슈퍼 퀄리티 전략을 응용하여 제작했습니다.

신F-SCORE는 기존 9개 기준에서 3가지 기준만 선별하여 만든 공식으로, 더 간단하게 우량 기업을 찾아낼 수 있습니다. '주식 추가 발행이 없는 기업', '순이익 흑자 기업', '영업활동현금 흑자 기업'으로, 수익률에 많이 기여한 것을 선정했다고 합니다.

■ 전략 소개

매수 조건식: A and B and C and D and E and F and G and (H or I or J)

A: 비율({트레일링PBR_종가},{오름차순}) <= 20

B: {트레일링PBR_종가} > 0

해석 PBR 하위 20%인 종목, 단, 0보다 큰 종목

C: 과거값({총주식수변화량(QOQ)},{5월}) = 0

해석 2분기 전과 1분기 전 총발행 주식 수가 변화 없는 종목

D: {총주식수변화량(QOQ)} = 0

해석 1분기 전과 최근 분기 총발행 주식 수가 변화 없는 종목

E: {트레일링당기순이익} > 0

F: {트레일링영업현금흐름} > 0

해석 트레일링(최근 4개 분기 합)의 순이익, 영업이익이 흑자인 종목

G: 비율({시가총액},{오름차순}) <= 40

해석 시가총액 하위 40%에 속하는 기업

H: {KOSDAQ지수_종가}-이동평균({KOSDAQ지수_종가},{3일}) > 0

I: {KOSDAQ지수_종가}-이동평균({KOSDAQ지수_종가},{5일}) > 0

J: {KOSDAQ지수_종가}-이동평균({KOSDAQ지수_종가},{10일}) > 0

해석 코스닥 지수 3, 5, 10일평균 대비 하락 시 매매를 쉬는 마켓타이밍

우선순위: 비율({GP/A},{오름차순})+{수급점수} (내림차순)

해석 GP/A가 높으면서 수급이 들어오는 종목을 매수

매수 기준: 전일 종가 -1% 매수, 종목당 매수 비중 10%, 최대 보유 종목수 20개

매수 조건식 해석

시가총액 하위 40%, PBR 하위 20%에 속한 저평가 소형주 중에서 신F-SCORE 조건을 모두 만족하는 종목을 골라내었습니다.

슈퍼 퀄리티 전략에서 소개된 것처럼, GP/A가 높은 종목을 사기 위해 우선순위에 GP/A를 넣었습니다. 하지만 GP/A 팩터는 분기가 바뀌지 않으면 변하지 않기 때문에 매번 같은 종목만 매매하게 됩니다. 같은 종목만 매매하는 것이 나쁜진 않지만, 조건식으로 필터링된 종목들을 다양하게 매매하기 위해 동적인 팩터를 섞었습니다.

제가 주로 사용하는 동적인 팩터는 수급 점수로, 저평가 종목에서 수급이 들어오면 단기간에 수익을 가져다줄 확률이 높다고 판단하

여 주로 사용하고 있습니다.

매도 조건식: (A and B) or C

A: {KOSDAQ지수_종가}-이동평균({KOSDAQ지수_종가},{3일}) 〈 0

B: {KOSDAQ지수_종가}-이동평균({KOSDAQ지수_종가},{5일}) 〈 0

해석 코스닥 지수가 3, 5일 평균보다 하락하면 매도

C: {보유종목수익률} 〈= -7

해석 보유 종목 수익률이 -7% 이하 시 매도

매도 기준: 최대 5일간 보유, 보유일 만기 시 전일 종가 기준 매도,
　　　　　매도 조건 부합 시 피벗 기준 가격 매도

■ 백테스트 결과

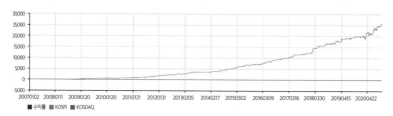

피오트로스키의 투자 전략 백테스트 결과 2

누적수익률	25,902%	평균 보유일	3.27일
CAGR	49.22%	매매 횟수	7,158회
MDD	7.87%	샤프 지수	3.1
승률	66%	일평균수익률	0.17%
평균수익률	4%	일 표준편차	0.81

평균손실률	-2.82%	월평균수익률	3.49%
평균손익비	1.2	월 표준편차	4.86
코스피 상관성	0.32	코스닥 상관성	0.36

피오트로스키의 투자 전략 백테스트 결과 3

피오트로스키의 투자 전략 백테스트 결과 4

강환국의 슈퍼 퀄리티 전략은 짜임이 좋은 전략입니다. 소개한 전략에서는 시총 하위 40%인 소형주 위주로 종목을 선정했지만, 굳이 시총에 제한을 두지 않더라도 만족할 만한 결과를 보여주는 전략입니다.

벤저민 그레이엄의 NCAV 전략

벤저민 그레이엄Benjamin Graham은 1930년대에 체계적인 증권 분석 이론을 수립해 월가에 '가치투자' 붐을 일으켰으며, 워런 버핏과 월터 슐로스의 선생님으로도 유명합니다. NCAVNet Current Asset Value 전략을 사용해 1936~1956년에 연평균 14.7%의 수익률을 기록했습니다.

NCAV는 청산가치유동자산-부채가 시가총액보다 높은 주식을 매입하는 전략으로, '담배꽁초 전략'이라고도 불립니다.

〈호준〉

벤저민 그레이엄의 기본 전략을 최대한 따라 만들어봤습니다.

순운전자본_{유동자산-유동부채}이 시가총액의 2/3 이상이며, PER이 20 이하, 배당수익률은 2.17 이상인 종목을 고른 후 최대 20종목을 매수해 목표가 100%, 손절가 50%를 달성하지 않으면 2년 이내 매도하도록 전략을 구성했습니다.

■ 전략 소개

매수 조건식: A and B and C

A: $(({유동자산}-{유동부채})*2/3)-({시가총액}*100000000) >= 0$

해석 순운전자본의 2/3가 시가총액보다 높아야 함

B: ${트레일링PER} <= 20$

해석 트레일링(최근 4개 분기 합) PER이 20 이하

C: ${주가대비전년배당금} >= 2.17$

해석 배당수익률 2.17배 이상

우선순위: {종합점수} (내림차순)

해석 종합 점수가 높은 순으로 매수

• 종합 점수: 뉴지스탁에서 만든 팩터로, 개별 종목의 모멘텀_{수급}, 추세과 펀더멘털_{성장}, 가치을 점수화하여 두 점수를 평균 낸 것

기타: 전일 종가 매수, 종목당 매수 비중 5%, 최대 보유 종목수 20개

매도 조건식: 없음

매도 기준: 목표가 100%, 손절가 50%이며 500일_{2년} 이내 달성하지 못할 경우 전일 종가에 매도

■ **백테스트 결과**

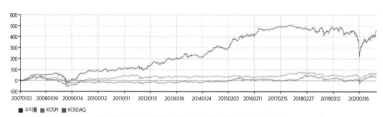

벤저민 그레이엄의 투자 전략 백테스트 결과 1

　벤저민 그레이엄의 전략을 백테스트해본 결과, CAGR이 13.24%, 승률은 60%, MDD는 금융위기 당시 53.95%였습니다. 종목당 평균 보유일은 320일이며, 수익 종목 평균수익률은 손실 종목 평균수익률보다 2배 이상 높은 75.65%를 기록했습니다.

〈승한〉

　벤저민 그레이엄의 전략은 안전마진기업의 수익력이 확보되었음에도 저평가NCAV된 기업을 매수하는 전략입니다.

■ **전략 소개**

　매수 조건식: A and B and (C or D or E)

A: (1/{트레일링PER_종가})*100 >= 4

해석 기업의 이익수익률이 4% 이상인 종목

B: {NCAV} >= 100

해석 순유동자산이 시가총액보다 커서 저평가되었다고 할 수 있는 종목

C: {KOSDAQ지수_종가}-이동평균({KOSDAQ지수_종가},{3일}) > 0

D: {KOSDAQ지수_종가}-이동평균({KOSDAQ지수_종가},{5일}) > 0

E: {KOSDAQ지수_종가}-이동평균({KOSDAQ지수_종가},{10일}) > 0

해석 코스닥 지수 3, 5, 10일평균 대비 하락 시 매매를 쉬는 마켓타이밍

우선순위: {수급점수} (내림차순)

해석 뉴지스탁에서 만든 팩터로 거래 대금 상승률, 거래량 상승률, 하락보다 상승 거래량이 많은 종목, 기관, 외국인의 누적 순매수량 등을 수치화하여 생성한 점수

매수 기준: 전일 종가 -1% 매수, 종목당 매수 비중 10%, 최대 보유 종목수 20개

매수 조건식 해석

안전마진 확보의 기준은 여러 가지가 있지만, 이번 전략에서는 '기업의 수익력이 채권수익률 보다 1.5배 높은 기업'이라는 기준을 세웠습니다. 기업의 수익력이 채권수익률보다 50%가량 높을 때 투자 매력도가 높고 안전마진이 확보되었다고 할 수 있습니다.

기업의 수익력을 구하기 위해 PER의 역수를 취하고 100을 곱하여 현재 주가 수준에서 회사가 거두는 수익이 가지는 수익률로 기준

을 정했습니다. 꼭 PER이 아니더라도 ROI와 같이 기업의 수익력을 대변할 수 있는 지표를 만들어 사용할 수도 있습니다.

채권수익률은 우리나라의 회사채의 평균값을 사용하여 기준을 잡았습니다. 다음은 한국의 3년 회사채 수익률의 8년치 데이터입니다.

연도	2012	2013	2014	2015	2016	2017	2018	2019
회사채 3년 (평균)	3.77	3.19	2.99	2.08	1.89	2.33	2.65	2.02

한국의 3년 회사채 수익률

2012~2019년의 회사채 3년 평균은 2.6%입니다. 따라서 기업의 수익력이 채권수익률보다 1.5배 높은 4% 이상인 기업이 안전마진이 확보된 기업이라고 할 수 있습니다.

벤저민 그레이엄은 저평가된 종목을 찾기 위해 NCAV를 사용했습니다. NCAV는 '(유동자산-부채)/시가총액×100'이고 PBR은 '시가총액/(자산-부채)'으로 계산되기 때문에 NCAV 100 이상은 PBR 1 이하보다 저평가된 기업이라는 뜻입니다. 수급이 들어온다면 단기간에 주가가 부양할 가능성이 높으므로 수급 점수만 우선순위에 사용했습니다.

매도 조건식: (A and B and C) or D

A: {KOSDAQ지수_종가}-이동평균({KOSDAQ지수_종가},{3일}) 〈 0

B: {KOSDAQ지수_종가}-이동평균({KOSDAQ지수_종가},{5일}) 〈 0

C: {KOSDAQ지수_종가}-이동평균({KOSDAQ지수_종가},{10일}) 〈 0

해석 코스닥 지수가 3, 5, 10일 평균보다 하락하면 매도

D: {보유종목수익률} 〈= -7

해석 보유 종목 수익률이 -7% 이하 시 매도

매도 기준: 최대 5일간 보유, 보유일 만기 시 전일 종가 기준 매도,
매도 조건 부합 시 피벗 기준 가격 매도

■ **백테스트 결과**

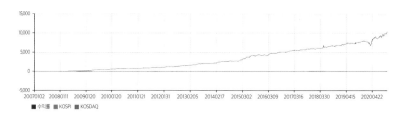

■ 수익률 ■ KOSPI ■ KOSDAQ

벤저민 그레이엄의 투자 전략 백테스트 결과 2

누적수익률	10,399%	평균 보유일	3.72일
CAGR	39.79%	매매 횟수	5,627회
MDD	15.43%	샤프 지수	2.51
승률	65%	일평균수익률	0.14%
평균수익률	3.71%	일 표준편차	0.83
평균손실률	-2.69%	월평균수익률	2.9%
평균손익비	1.18	월 표준편차	4.61
코스피 상관성	0.42	코스닥 상관성	0.45

벤저민 그레이엄의 투자 전략 백테스트 결과 3

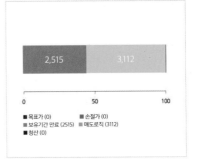

매도 조건별 비중

벤저민 그레이엄의 투자 전략 백테스트 결과 4

벤저민 그레이엄의 안전마진 담배꽁초 전략은 간단한 논리를 바탕으로 뉴지스탁이 제공하는 수급 점수를 사용하여 매수하였기 때문에 높은 매매 성공률을 보여줍니다. 높은 매매 성공률은 전략을 운용할 때 마음이 편안하다는 장점이 있습니다. 또한 유니버스 분산이 잘되어 소형주 위주의 트레이딩이 아닌 다양한 유니버스 종목까지 커버하면서 수익을 내주는 든든한 전략이라고 할 수 있습니다.

〈민석〉

벤저민 그레이엄은 청산가치가 내재가치보다 높은 기업을 매수하여 적정 가격에 도달하면 파는 투자 기법을 주로 구사하였습니다.

■ 전략 소개

매수 조건식: A

A: {주가순자산률(PBR)점수} >= 90

해석 PBR 점수가 90점 이상인 종목을 매수

매수 조건식을 단 한 줄로 구성하였습니다. 단순히 PBR이 낮은 종목을 순서대로 사는 것이 아니라, 시가총액이 비슷한 규모의 종목들끼리 비교하여 그중에서 PBR이 낮아 매수 가치가 있는 종목을 사는 것입니다. 이것이 0~100점의 범위에서 90점을 넘길 정도로 매력적인 저평가라면 매수합니다. 참고로, 뉴지스탁에서 {~점수}, {~순위}의 형식으로 되어 있는 팩터들은 비슷한 시가총액군의 종목끼리 비교하여 산출된 점수와 순위입니다.

우선순위: {윗꼬리비율} (내림차순)

해석 전일 윗꼬리비율(봉차트에서 꼬리가 위로 길게 달릴수록 높은 값을 가짐)이 높은 순대로 매수

매수 기준: 전일 종가 -2% 매수, 종목당 매수 비중 8%, 최대 보유 종목수 999개

매도 조건식: A or B

A: {주가순자산률(PBR)점수} <= 50

해석 PBR 점수가 50점 이하로 내려가 저평가에서 벗어나면 매도

B: {보유종목보유일} >= 120

해석 종목을 보유한 지 120거래일 이상이 되면 매도

매도 기준: 목표가는 없으나 손절가는 매수가 −15%, 최대 1일 보
유 및 분할 매도 사용, 보유일 만기 시 전일 종가 기준 매
도, 매도 조건 부합 시 전일 종가 일반 매도

보유일 만기 매도 가격 기준		
분할 기준	가격 변동	매도 비중
전일 종가	4%	10.0%
전일 종가	6%	20.0%
전일 종가	8%	30.0%
전일 종가	10%	40.0%

분할 매도 방법

■ **백테스트 결과**

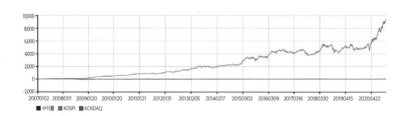

벤저민 그레이엄의 투자 전략 백테스트 결과 5

누적수익률	9,496.92%	평균 보유일	18.86일
CAGR	38.89%	매매 횟수	12,742회
MDD	29.82%	샤프 지수	1.77
승률	72%	일평균수익률	0.14%
평균수익률	9.91%	일 표준편차	1.19
평균손실률	7.16%	월평균수익률	2.95%
평균손익비	0.57	월 표준편차	6.58
코스피 상관성	0.55	코스닥 상관성	0.67

벤저민 그레이엄의 투자 전략 백테스트 결과 6

2007년부터 3,434거래일을 매매하면서 종목당 평균 18.86일을 보유하여 존 네프를 제외하면 가장 긴 종목 평균 보유일을 보여줍니다. 1만 회가 넘게 매매하는 동안, 수익은 대체로 9.91%, 손실은 -7.16%를 기록했습니다. 놀라운 점은 투자 승률이 무려 72%에 이르렀다는 것으로, 제가 다룬 모든 대가들 중 가장 우수합니다. 보통 손익비와 승률은 반비례 관계를 가지기에 양자를 모두 취하기가 쉽지 않아서 적절한 균형점에서 타협하는 경우가 많은데, 그레이엄의 전략은 손익비와 승률 모두 훌륭한 모습을 보여주었습니다. 샤프지수Sharpe Ratio 또한 가장 우수하여, 손익의 변동폭이 작아 투자 기간 동안 안정된 심리를 지닐 수 있습니다.

피터 린치의 PEG 전략

피터 린치Peter Lynch는 '월가의 영웅'으로 유명합니다. 그는 마젤란 펀드로 13년간 2,703%연평균 29.2%의 수익률을 남기고 은퇴했습니다. 10년이 넘는 기간 동안 시장수익률을 능가한 경우는 피터 린치와 워런 버핏이 유일했다고 합니다.

피터 린치는 GARPGrowth At Reasonable Price, 즉 합리적인 가격으로 성장하는 기업을 좋아했고, 이런 주식을 선별하기 위해 PEGPER/EPS 증가율를 사용했습니다.

〈호준〉

피터 린치의 기본 전략을 최대한 따라 만들어봤습니다.

PEG가 0.5 이하이고, 과거 3년간 EPS 증가율이 25% 이상이었으며, 부채 비율은 100% 이하인 종목을 고른 후 최대 20종목을 매수해 1년 주기로 리밸런싱하였습니다.

■ **전략 소개**

매수 조건식: A and B and C and D and E

A: {트레일링PER}/{순이익성장률(YOY)} 〈= 0.5

해석 PEG 0.5 이하

B: {부채비율} 〈= 100

해석 부채 비율 100% 이하

C: {트레일링PER} 〉 0

해석 트레일링(최근 4개 분기 합) PER 0 초과

D: {순이익성장률(YOY)} 〉 25

해석 최근 분기 순이익성장률 25% 이상

E: {트레일링PBR} 〈= 1

해석 트레일링(최근 4개 분기 합) PBR 1 이하

우선순위: {트레일링PER}/{순이익성장률(YOY)} (오름차순)

해석 PEG가 낮은 순으로 매수

매수 기준: 전일 종가 +5% 매수, 종목당 매수 비중 5%, 최대 보유
　　　　　 종목수 20개

매도 조건식: 없음

매도 기준: 목표/손절가가 없으며, 250일(1년)이 지나면 시초가에
　　　매도

■ 백테스트 결과

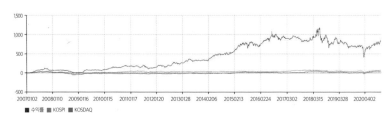

피터 린치의 투자 전략 백테스트 결과 1

　피터 린치의 전략을 백테스트해본 결과, CAGR 17.66%, 승률은
55%로 적절한 수준이었습니다. 다만 2018년 6월 18일부터 2020년
3월 19일까지 금융위기보다 더 크게 하락하여 MDD는 60.81%를
기록했습니다.

　목표/손절가 없이 단순 1년 리밸런싱이기 때문에 종목 평균 보유
일은 249일이며, 수익 종목 평균수익률이 손실 종목 평균수익률보
다 2배 이상 높은 59%를 기록했습니다. 회전율을 높여 수익 극대화
를 위해 목표가 100%를 추가해봤지만, CAGR이 16%로 감소하는
모습을 보였습니다.

〈승한〉

지금까지의 대가들이 저평가 요소와 성장성 혹은 우량 기업의 요소를 분리해서 봤다면, 피터 린치의 PEG는 성장성에 근거하여 투자할 수 있도록 고안한 지표입니다. 단순히 PER이 저평가된 기업만 사는 게 아니라 성장률에 근거하여 상대적으로 PER이 높은 기업도 매매할 수 있다는 것이 피터 린치 PEG 전략의 매력이라고 할 수 있습니다.

■ 전략 소개

매수 조건식: A and B and C and D and (E or F or G)

A: {트레일링PER_종가}/{EPS성장률(YOY)} 〈= 0.5

B: {트레일링PER_종가} 〉 0

C: {EPS성장률(YOY)} 〉 0

해석 PEG(PER/EPS성장률) 0.5 이하인 종목

D: {부채비율} 〈= 100

해석 부채 비율이 100 이하인 기업

E: {KOSDAQ지수_종가}-이동평균({KOSDAQ지수_종가},{3일}) 〉 0

F: {KOSDAQ지수_종가}-이동평균({KOSDAQ지수_종가},{5일}) 〉 0

G: {KOSDAQ지수_종가}-이동평균({KOSDAQ지수_종가},{10일}) 〉 0

해석 코스닥 지수 3, 5, 10일 평균 대비 하락 시 매매를 쉬는 마켓타이밍

매수 기준: 전일 종가 -1% 매수, 종목당 매수 비중 10%, 최대 보유 종목수 20개

우선순위: 비율({EPS성장률(QOQ)},{오름차순})+비율({EPS성장률(YOY)},{오름차순})+비율({시가총액},{내림차순})+{수급점수} (내림차순)

해석 분기, 전년 동기 대비 EPS 성장율, 수급 점수를 각각 동일 비중으로 더한 우선순위 조건

매수 조건식 해석

피터 린치가 말하는 PEG 기준 0.5 이하라면, PER이 10인 기업을 사기 위해선 작년 동기 대비 EPS 성장률이 최소 20% 이상이어야 피터 린치의 기준에 합당합니다.

조건식을 만들 때 주의할 점이 있습니다. PEG같이 2개 이상의 팩터를 곱하거나 나누어 재구성할 때는 팩터들의 값을 제한해야 한다는 것입니다. PER 값이 1인 기업의 EPS 성장률이 -10이라면 PEG는 -0.1로 나오기 때문에, 원하지 않은 기업까지 후보군에 올라가게 됩니다. 따라서 곱하거나 나누어지는 팩터의 값을 0보다 큰 기준으로 조건식을 한 번 더 세운다면 더 정확한 백테스트 결과를 볼 수 있습니다.

매도 조건식: (A and B and C) or D

A: {KOSDAQ지수_종가}-이동평균({KOSDAQ지수_종가},{3일}) < 0

B: {KOSDAQ지수_종가}-이동평균({KOSDAQ지수_종가},{5일}) 〈 0

C: {KOSDAQ지수_종가}-이동평균({KOSDAQ지수_종가},{10일}) 〈 0

해석 코스닥 지수가 3, 5, 10일 평균보다 하락하면 매도

D: {보유종목수익률} 〈= -7

해석 보유 종목 수익률이 -7% 이하 시 매도

매도 기준: 최대 5일간 보유, 보유일 만기 시 전일 종가 기준 매도, 매도 조건 부합 시 피벗 기준 가격 매도

■ **백테스트 결과**

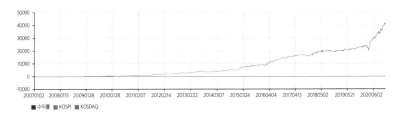

피터 린치의 투자 전략 백테스트 결과 2

누적수익률	41,657%	평균 보유일	3.73일
CAGR	54.4%	매매 횟수	6,418회
MDD	16.78%	샤프 지수	2.59
승률	60%	일평균수익률	0.18%
평균수익률	5.38%	일 표준편차	1.06
평균손실률	-3.57%	월평균수익률	3.81%
평균손익비	1.32	월 표준편차	5.39

코스피 상관성		0.35	코스닥 상관성		0.43

피터 린치의 투자 전략 백테스트 결과 3

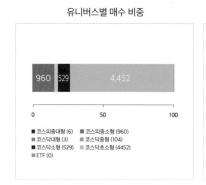

유니버스별 매수 비중

매도 조건별 비중

피터 린치의 투자 전략 백테스트 결과 4

피터 린치 전략은 2020년 3월 하락장에서 MDD를 갱신했지만, 이후 꾸준하게 우상향하여 대가들 전략중 최근 1년 수익률 성적이 가장 좋았습니다.

〈민석〉

피터 린치는 그만의 분석법으로 종목을 총 여섯 가지로 분류했습니다. 저성장 종목배당주, 대형 우량 종목, 경기 변동형 종목, 급성장고속성장 종목, 전환턴어라운드형 종목, 자산형 종목이 바로 그것입니다. 이 전략은 그중 급성장 종목, 전환형 종목, 저성장 종목군을 공략하는 것입니다.

■ 전략 소개

매수 조건식: (A and B and C) or (D and E) or (F and G)

A: {EPS성장률(YOY)}/{트레일링PER_종가} 〉 2

해석 작년 동기 대비 EPS 성장률을 연간 PER로 나눈 값이 2가 넘어야 함

B: {트레일링PER_종가} 〉= 10

C: {트레일링PER_종가} 〈= 40

해석 연간 PER이 10~40 범위여야 함

D: {순이익흑자전환(YOY)} = 1

해석 작년 동기 대비 당기순이익이 흑자 전환해야 함

E: ({유동자산}-{유동부채})/{유동부채} 〉 2

해석 순유동자산이 유동부채의 2배를 넘어야 함

F: 비율({배당성향},{오름차순}) 〈= 10

해석 종목의 배당 성향이 하위 10% 이내여야 함

G: {3년연속배당금같거나상승} = 1

해석 배당금 지급이 3년 연속 같거나 올라야 함

우선순위: {윗꼬리비율} (내림차순)

해석 전일 윗꼬리비율이 높은 순대로 매수함

매수 기준: 전일 종가 -2% 매수, 종목당 매수 비중 8%, 최대 보유
종목수 999개

매수 조건식 해석

(A and B and C) or (D and E) or (F and G)라는 조건식 설정에서도 볼 수 있듯이, 위 조건을 모두 만족하는 종목을 사는 것이 아니라 크게 3분류의 종목 선정 조건을 제시하고 그중 하나의 분류라도 만족할 경우 매수하게 됩니다. A~C조건식은 급성장 종목, D, E조건식은 턴어라운드형 종목, F, G조건식은 저성장 종목을 고르는 조건식을 구현한 것입니다.

매도 조건식: A

A: {보유종목보유일} >= 120

해석 종목을 보유한 지 120거래일 이상이 되면 매도

매도 기준: 목표가는 없으나 손절가는 매수가 대비 -15%, 최대 1일 보유 및 분할 매도 사용, 보유일 만기 시 전일 종가 기준 매도, 매도 조건 부합 시 전일 종가 일반 매도

보유일 만기 매도 가격 기준		
분할 기준	가격 변동	매도 비중
전일 종가	4%	10.0%
전일 종가	6%	20.0%
전일 종가	8%	30.0%
전일 종가	10%	40.0%

분할 매도 방법

■ 백테스트 결과

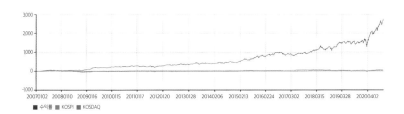

피터 린치의 투자 전략 백테스트 결과 5

누적수익률	2,781.06%	평균 보유일	17.54일
CAGR	27.37%	매매 횟수	13,043회
MDD	28.34%	샤프 지수	1.22
승률	69%	일평균수익률	0.11%
평균수익률	9.5%	일 표준편차	1.28
평균손실률	7.48%	월평균수익률	2.16%
평균손익비	0.65	월 표준편차	6.12
코스피 상관성	0.58	코스닥 상관성	0.72

피터 린치의 투자 전략 백테스트 결과 6

3,434거래일을 거치는 동안 총 13,000회가량에 이르는 매매가 이루어졌고, 종목당 평균 17일가량을 보유하여 대략 보름마다 종목이 교체되는 모습입니다. 수익을 볼 때는 평균 9.5%, 손실을 볼 때는 평균 -7.48%의 수익률을 기록하였습니다. 승률은 69%로 거의 70%에 이르는 승률을 기록하며 전반적으로 모든 평가 지표에서 준수한 성

적을 기록하였습니다. CAGR 27.37%는 실제로 피터 린치가 기록했던 연평균수익률 29.2%에 근사한 수치로, 현역으로 활동하던 시기를 연상케 합니다.

데이비드 드레먼의 역발상 투자 전략

데이비드 드레먼David Dreman의 '역발상 투자' 전략은 너무나도 유명합니다. 그는 역발상 투자가 언제나 시장을 이기는 투자법이라고 강조하는데, 실제로 1970년부터 40여 년간 시장수익률을 2배 이상 상회하기도 했습니다. 1977년에 드레먼 밸류 매니지먼트를 설립하여 현재까지 운영 중입니다.

드레먼은 주가수익률PER, 주가현금흐름비율PCR, 주가순자산비율PBR, 배당수익률PDR 등 네 가지 기준을 바탕으로, 앞의 세 가지는 하위 20%에, 배당수익률은 상위 20%에 해당하는 종목을 20~40개 정도 매수하여 2~8년 단위로 리밸런싱합니다. 이외에 시가총액 상위 50%, 유동 비율 100% 이상, 부채 비율 하위 50% 이내, ROE 27% 이상 등의 팩터를 통해 소외된 종목에 투자합니다.

⟨호준⟩

데이비드 드레먼의 역발상 전략을 최대한 따라 만들어봤습니다.

PER, PBR, PCR, PDR 중 1개라도 하위 20% 이내에 들어야 하며, 유동 비율은 100% 이상, 부채 비율은 하위 50% 이내, 시가총액 상위 50% 이내, ROE는 27% 이상으로 설정하여 종목을 뽑아내고, 여기서 전년 대비 분기 EPS 성장률이 높은 종목을 종목당 3%씩 매수하여 최대 4,000일 동안 보유했습니다.

■ 전략 소개

매수 조건식: (A or B or C or D) and E and F and G

A: 비율({트레일링PER},{오름차순}) 〈= 20

B: 비율({트레일링PBR},{오름차순}) 〈= 20

C: 비율({PCR},{오름차순}) 〈= 20

D: 비율({주가대비전년배당금},{내림차순}) 〈= 20

> 해석 A or B or C or D: PER, PBR, PCR이 하위 20% 이내이거나, 배당수익률이 상위 20% 이내

E: {유동비율} 〉 100

> 해석 유동 비율 100% 초과

F: 비율({부채비율},{내림차순}) 〈= 50

> 해석 부채 비율 하위 50% 이내

G: {시가총액상위50%이상} = 1

해석 시가총액 상위 50% 이내

우선순위: {EPS성장률(YOY)} (내림차순)

해석 전년 대비 분기 EPS 성장률이 높은 순으로 매수

매수 기준: 전일 종가 매수, 종목당 매수 비중 3%, 최대 보유 종목
수 50개

매도 조건식: A

A: {보유종목수익률} > 200

해석 보유 종목 수익률이 200%를 넘기면 다음 날 매도

매도 기준: 목표/손절가가 없으며, 4,000일 이내 매도 조건식 달
성하면 전일 종가에 매도

■ **백테스트 결과**

데이비드 드레먼의 투자 전략 백테스트 결과 1

데이비드 드레먼의 전략을 백테스트해본 결과, CAGR이 7.77%,
승률이 73% 나왔으며, 금융위기 때 MDD가 65%까지 발생했습니

다. 종목 평균 보유일이 1,020일로 4년이 넘으며, 수익 종목 평균수익률은 217%로 손실 종목 평균수익률인 -100%보다 2배 이상 높습니다. 33개 종목이 목표가 200%를 달성하며 매도되었습니다.

〈승한〉

데이비드 드레먼의 투자 전략은 인기 없는 종목에 투자하는 것입니다. 그렇다면 어떤 종목이 시장에서 소외되었는지 어떻게 알 수 있을까요? 드레먼은 주가가 매우 하락하여 저평가된 종목을 시장에서 소외당하는 주식이라고 했습니다. 가치는 그대로이지만, 주가가 하락하여 객관적으로 저평가된 종목을 찾기 위해서는 다음 4가지 조건 중 최소 3가지 조건을 만족시키는 종목을 고른다면 드레먼이 말하는 시장에서 소외된 종목을 사는 역발상 투자가 될 수 있습니다.

4가지 기준은 다음과 같습니다.

1. PER(주가수익비율: 주가/주당순이익) 하위 20%
2. PBR(주가순자산비율: 주가/주당순자산) 하위 20%
3. PCR(주가현금흐름비율: 주가/주당현금흐름) 하위 20%
4. PDR(주가배당비율: 주가/주당배당비율) 상위 20%

■ 전략 소개

매수 조건식: ((A and B and C) or (A and B and D) or (A and C and D) or (B and C and D)) and (E or F) and G and H and (I or J)

A: 비율({트레일링PER_종가},{오름차순}) ⟨= 20

해석 PER(종가/EPS(주당순이익)) 하위 20%인 종목

B: 비율({트레일링PBR_종가},{오름차순}) ⟨= 20

해석 PBR(종가/BPS(주당순자산)) 하위 20%인 종목

C: 비율({PCR},{오름차순}) ⟨= 20

해석 PCR(종가/CPS(주당현금흐름)) 하위 20%인 종목

D: 비율({주가대비전년배당금},{오름차순}) ⟩= 80

해석 주가 대비 전년 배당금 상위 20%인 종목

E: 비율({EPS성장률(QOQ)},{오름차순}) ⟩ 50

F: 비율({EPS성장률(YOY)},{오름차순}) ⟩ 50

해석 EPS(QOQ, YOY) 성장률이 상위 50% 속하는 종목

G: {유동비율} ⟩ 100

해석 유동 비율 100% 이상

H: 비율({부채비율},{오름차순}) ⟨= 50

해석 부채 비율이 하위 50%에 속하는 종목

I: {KOSDAQ지수_종가}-이동평균({KOSDAQ지수_종가},{3일}) ⟩ 0

J: {KOSDAQ지수_종가}-이동평균({KOSDAQ지수_종가},{10일}) ⟩ 0

해석 코스닥 지수 3, 10일 평균 대비 하락 시 매매를 쉬는 마켓타이밍

우선순위: 비율({EPS성장률(QOQ)},{오름차순})+비율({EPS성장

률(YOY)},{오름차순}) (내림차순)

해석 전 종목 대비 EPS 분기 성장률과 전년 동기 대비 성장률이 좋은 종목을 매수

매수 기준: 전일 종가 -1% 매수, 종목당 매수 비중 10%, 최대 보
유 종목수 20개

매수 조건식 해석

많은 팩터가 나왔기에 찬찬히 살펴보도록 하겠습니다.

우선 널리 알려진 PER, PBR, PCR 팩터는 종가(현재 주가)가 분자에
위치하고, 비교 대상이 되는 총발행주식수로 나눠진 순이익, 순자산,
현금흐름은 분모에 있습니다.

PER(종가/EPS 주당순이익)

PBR(종가/BPS 주당순자산)

PCR(종가/CPS 주당현금흐름)

주식의 가격이 내려갈수록 분자에 있는 값이 하락하므로 3가지
팩터의 값 또한 하락하게 됩니다. 이런 점에서 위 3가지 팩터가 낮을
수록 소외된 종목이라고 할 수 있습니다.

위 3가지 팩터와 다르게 {주가대비전년배당금}은 높은 수치를 기
록한 종목을 매수합니다. 젠포트에서 주가 대비 전년 배당금은 '(배
당금/현재 주가)×100'이며, 이는 배당수익률이라고 생각하면 됩니
다. 배당수익률은 현재 주가가 분모에 위치하므로, 주가가 낮아질수

록 배당수익률주가 대비 전년 배당금의 값은 상승하게 됩니다.

이로써 각 요소 대비 주가가 하락하여 저평가되었다고 할 수 있는 네 가지 조건에 대해 알아보았습니다. 그렇다면 처음 정한 기준인 네 가지 조건 중 세 가지 이상 만족하는 종목을 골라내기 위해서 논리 조건을 다음과 같이 전개하였습니다.

((A and B and C) or (A and B and D) or (A and C and D) or (B and C and D))

4가지 조건 중 한 가지씩을 빼서 'and' 논리로 묶고 4개의 조합에 대해 'or' 논리로 묶으면, 세 가지 이상 만족하는 종목을 매수하도록 논리 조건을 만들 수 있습니다. 소외 기준을 만족하고 향후 수익성이 보장될 수 있도록 재무 구조가 안정적이면서 성장 가능성이 있는 종목을 찾아야 합니다.

기업에 리스크가 발생해도 극복할 수 있는 재무 구조의 기준은 유동 비율 100% 이상, 부채 비율 50% 미만인 기업이며, 성장 가능성을 보인 기업은 EPS QOQ, YOY 성장률 상위 50%에 속하는 기업이라고 할 수 있습니다.

매도 조건식: (A and B) or C
A: {KOSDAQ지수_종가}-이동평균({KOSDAQ지수_종가},{3일}) < 0
B: {KOSDAQ지수_종가}-이동평균({KOSDAQ지수_종가},{10일}) < 0

해석 코스닥 지수가 3, 10일 평균보다 하락하면 매도

C: {보유종목수익률} <= -7

해석 보유 종목 수익률이 -7% 이하 시 매도

매도 기준: 최대 5일간 보유, 보유일 만기 시 전일 종가 기준 매도,
매도 조건 부합 시 피벗 기준 가격 매도

■ 백테스트 결과

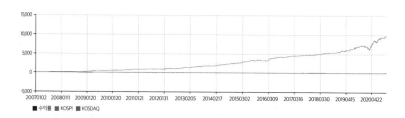

데이비드 드레먼의 투자 전략 백테스트 결과 2

누적수익률	9,963%	평균 보유일	3.68일
CAGR	39.37%	매매 횟수	5,496회
MDD	15.15%	샤프 지수	3.12
승률	66%	일평균수익률	0.14%
평균수익률	3.68%	일 표준편차	0.66
평균손실률	-2.47%	월평균수익률	2.86%
평균손익비	1.21	월 표준편차	4.17
코스피 상관성	0.35	코스닥 상관성	0.36

데이비드 드레먼의 투자 전략 백테스트 결과 3

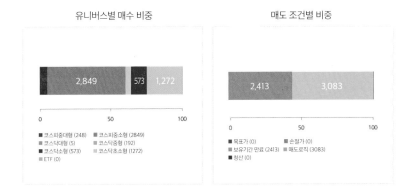

데이비드 드레먼의 투자 전략 백테스트 결과 4

드레먼 역발상 전략의 매력은 유니버스별 매수 비중에서 코스닥 종목보다 코스피 종목이 훨씬 많이 잡힌다는 점입니다. 소형주 효과에 기대지 않고, 데이비드 드레먼이 알려준 대로 소외된 종목에서 시장을 상회하는 수익률을 거머쥘 수 있다는 것은 새로운 통찰을 줍니다. 여기에서는 소개하지 못했지만, 단기 스윙이 아닌 20일, 40일 중장기 리밸런싱 전략으로 승화시켜서 백테스트해봐도 괜찮은 결과를 얻을 수 있습니다.

〈민석〉

데이비드 드레먼의 정수를 담아내되, 손익의 변동폭을 최소화하기 위한 전략입니다.

■ 전략 소개

매수 조건식 설정: A and B and C

A: 비율('변화율_기간({트레일링당기순이익},{1년})/변화율_기간({KOSDAQ지수_종가},{1년})',{내림차순}) <= 20

해석 전년 대비 트레일링(최근 4분기 합) 당기순이익성장률이 동일 기간 KOSDAQ 지수 변동률보다 높은 상위 20% 종목을 선정

B: 비율({베타},{오름차순}) <= 20

해석 베타가 낮은 20% 종목을 선정. 베타는 개별 종목과 시장 움직임의 상관계수를 나타낸 것으로, 1에 가까울수록 시장과 유사하게, -1에 가까울수록 시장과 반대로 움직이고 0이면 시장과 무관하게 움직임

C: {부채비율} <= 150

해석 종목의 최근 분기 부채 비율은 150% 이하

우선순위: {윗꼬리비율} (내림차순)

해석 전일 윗꼬리비율이 높은 순대로 매수

매수 기준: 전일 종가 -2% 매수, 종목당 매수 비중 8%, 최대 보유 종목 수 999개

데이비드 드레먼은 역발상 주식 선정을 위한 기준으로 시장성장률보다 종목의 이익성장률이 높고, 단기간에 이익성장률이 급락하지 않을 것을 제시하였습니다. 그러나 저는 역발상적 개념에 착안하여, 이익이 시장성장률의 영향을 많이 받더라도 개별종목의 움직임이 시장

과 유사하지 않은 종목을 고르도록 하였습니다. 또한 재무 건전성을 평가하기 위해 부채 비율이 150%를 넘지 않도록 제한하였습니다.

매도 조건식: A

A: {보유종목보유일} >= 60

해석 종목을 보유한 지 60거래일 이상이 되면 매도

매도 기준: 목표가는 매수가 +50%, 손절가는 매수가 -15%, 최대
1일 보유, 보유일 만기 시 전일 종가 기준 분할 매도,
매도 조건 부합 시 피벗 주가 중심선 매도

보유일 만기 매도 가격 기준		
분할 기준	가격 변동	매도 비중
전일 종가	4%	10.0%
전일 종가	6%	20.0%
전일 종가	8%	30.0%
전일 종가	10%	40.0%

분할 매도 방법

■ 백테스트 결과

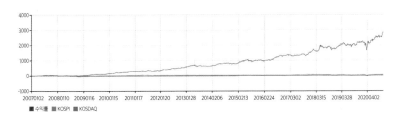

데이비드 드레먼의 투자 전략 백테스트 결과 5

누적수익률	2922.72%	평균 보유일	15.28일
CAGR	27.81%	매매 횟수	10,701회
MDD	28.98%	샤프 지수	1.51
승률	71%	일평균수익률	0.1%
평균수익률	8.85%	일 표준편차	1.02
평균손실률	-7.3%	월평균수익률	2.12%
평균손익비	0.57	월 표준편차	5.15
코스피 상관성	0.46	코스닥 상관성	0.58

데이비드 드레먼의 투자 전략 백테스트 결과 6

3,258거래일을 거치는 동안 평균적으로 이익을 볼 때는 8.52%, 손실을 볼 때는 -7.12%의 수익률을 기록하였습니다. 종목 평균 보유일은 14.92일로, 약 보름마다 종목이 교체되는 모습을 보여줍니다. 승률은 무려 70%를 기록하여 손익비와 승률 모두 훌륭합니다. 인상적인 부분은 코스피, 코스닥 상관성으로, 저베타 종목 위주로 매매한 결과 눈에 띄게 낮은 시장 상관성을 기록하였습니다. 데이비드 드레먼의 역발상은 주식시장에 퍼져 있는 그릇된 통념들에 대한 검증의 필요성을 다시금 일깨워 줍니다.

월터 슐로스의 투자 전략

월터 슐로스Walter Schloss는 NYSE의 부설 교육기관에서 벤저민 그레이엄에게 주식투자를 배운 후 그레이엄의 투자 방식을 고수했습니다. 1955년 투자 회사 설립 후 45년 동안 721배의 수익을 달성했는데, 이는 연평균수익률 기준으로 15.3%입니다. 자산 가치에 비해 싸게 거래되는 주식을 매입하여 5년간 보유하는 전략을 사용하며, '역발상 투자'의 창시자로도 알려져 있습니다.

〈호준〉

월터 슐로스의 기본 전략을 최대한 따라 만들어봤습니다. 순운전자본유동자산-유동부채이 시가총액 대비 30% 이상이며, 부채 비율이

100% 미만, 유동 비율은 200% 이상, PBR은 0.8 미만인 종목을 고른 후 PBR이 낮은 순으로 최대 50종목을 매수했습니다. 매수한 종목은 최대 1,250일5년을 보유하며, 도중에 100% 상승률을 보이면 매도했습니다.

■ **전략 소개**

매수 조건식: A and B and C and D

A: (({유동자산}-{유동부채})/({시가총액}*100000000) 〉 0.3

해석 순운전자본(유동자산-유동부채)이 시가총액 대비 30% 초과

*시가총액 단위가 1억 원이기에 100,000,000을 곱함

B: {부채비율} 〈 100

해석 부채 비율 100% 미만

C: {유동비율} 〉 200

해석 유동 비율 200% 초과

D: {트레일링PBR} 〈 0.8

해석 트레일링(최근 4개 분기 합) PBR이 0.8 미만

우선순위: {트레일링PBR_종가} (오름차순)

해석 트레일링(최근 4개 분기 합) PBR이 낮은 순으로 매수

매수 기준: 전일 종가 매수, 종목당 매수 비중 2%, 최대 보유 종목
수 200개

매도 조건식: A

A: {보유종목수익률} > 100

[해석] 전일 보유 종목의 수익률이 100%를 넘기면 전일 종가에 매도

매도 기준: 목표/손절가가 없으며, 1,250일5년 이내 매도 조건식
　　　　　달성하면 전일 종가에 매도

■ 백테스트 결과

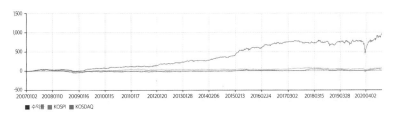

월터 슐로스의 투자 전략 백테스트 결과 1

월터 슐로스의 전략을 백테스트해본 결과, CAGR이 18.51%, 승률 81%로 나쁘지 않지만, MDD가 45.06%였습니다.

종목당 평균 보유일은 646일로 보통 2년 이상 보유하고, 수익 종목의 평균수익률은 105%로 평균 손실률인 43%보다 2배 이상 높습니다. 매도 로직수익률 100%에 의해 매도된 종목이 156개로 전체 매도 종목 중 74%를 달성할 정도로, 매수한 종목들의 수익률은 굉장히 좋은 편입니다.

〈승한〉

제가 변형한 월터 슐로스 전략은 순운전자본_{유동자산-유동부채}을 기준으로 저평가된 종목 중 불량하지 않은 기업들을 골라 단기간에 수익 실현 가능성이 있는 종목을 매매하는 전략입니다.

■ 전략 소개

매수 조건식: A and B and C and D and E and (F or G or H)

A: (({유동자산}-{유동부채})/({시가총액}*100000000))>= 0.3

> 해석 순운전자본이 시가총액의 30% 이상

B: {트레일링PBR_종가} <= 0.8

C: {트레일링PBR_종가} > 0

> 해석 PBR값이 0~0.8 사이인 기업

D: {부채비율} <= 100

> 해석 부채 비율 100% 이하인 기업

E: {유동비율} > 200

> 해석 유동 비율 200% 초과하는 기업

F: {KOSDAQ지수_종가}-이동평균({KOSDAQ지수_종가},{3일}) > 0

G: {KOSDAQ지수_종가}-이동평균({KOSDAQ지수_종가},{5일}) > 0

H: {KOSDAQ지수_종가}-이동평균({KOSDAQ지수_종가},{10일}) > 0

> 해석 코스닥 종가가 3일, 5일, 10일 이동평균선 대비 위에 있을 때 매수

우선순위: 비율('변화량_기간({수급점수},{3일})',{오름차순})*10+
비율({모멘텀점수},{오름차순}) (내림차순)

해석 3일간 수급이 가파르게 상승하면서, 주가가 상승하는 종목

매수 기준: 전일 종가 –1% 매수, 종목당 매수 비중 10%, 최대 보
유 종목 수 20개

매수 조건식 해석

순운전자본이 시총 30% 이상인 조건식을 만들기 위해서 1억 원을 {시가총액}에 곱하였습니다. 두 가지 이상 팩터를 연산하여 젠포트 조건식을 작성할 때 유의할 점은 단위를 신경 쓰는 것입니다. {시가총액} 팩터는 '억 원' 단위이고 {유동자산}, {유동부채} 팩터의 단위는 '원' 단위이므로, {시가총액} 팩터에 1억을 곱하여 모두 원 단위로 변환하여 계산하는 것이 좋습니다.

우선순위는 수급 점수 상승 비율과 모멘텀 점수에 대해서 10:1 비율로 섞어서 사용했습니다. 수급 점수 상승 비율 조건식은 비율('변화량_기간({수급점수},{3일})',{오름차순})으로 3일 동안 수급 점수가 가장 많이 향상된 종목이 높은 점수를 받게 됩니다.

하지만 변화량 기간 함수는 절대적인 변화량만 반영하기 때문에 같은 값이 나오는 경우가 많을 수 있습니다. 동일한 값일 경우 종목 코드 내림차순으로 우선순위가 정해지기 때문에, 유의미한 기준에 의해 종목을 매매하지 않는 문제가 발생합니다. 따라서 모멘텀 점수와 같이 추가적인 팩터를 더하여 우선순위를 만들어 문제를 해결하

였습니다.

다시 말해, 3일간 수급 점수가 많이 향상된 종목 중에서 실질적으로 주가 상승이 유망한 종목을 먼저 매수할 수 있도록 의도한 것입니다.

매도 조건식: (A and B and C) or D

A: {KOSDAQ지수_종가}-이동평균({KOSDAQ지수_종가},{3일}) 〈 0

B: {KOSDAQ지수_종가}-이동평균({KOSDAQ지수_종가},{5일}) 〈 0

C: {KOSDAQ지수_종가}-이동평균({KOSDAQ지수_종가},{10일}) 〈 0

해석 코스닥 지수가 3, 5, 10일 평균보다 하락하면 매도

D: {보유종목수익률} 〈= -7

해석 보유 종목 수익률이 -7% 이하 시 매도

매도 기준: 최대 5일간 보유, 보유일 만기 시 전일 종가 기준 매도,
　　　　　매도 조건 부합 시 피벗 기준 가격 매도

■ 백테스트 결과

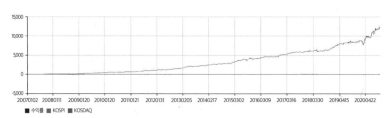

월터 슐로스의 투자 전략 백테스트 결과 2

누적수익률	12,427%	평균 보유일	3.75일
CAGR	41.58%	매매 횟수	5,772회
MDD	13.19%	샤프 지수	2.56
승률	63%	일평균수익률	0.14%
평균수익률	3.98%	일 표준편차	0.85
평균손실률	-2.91%	월평균수익률	3.02%
평균손익비	1.17	월 표준편차	4.5
코스피 상관성	0.38	코스닥 상관성	0.42

월터 슐로스의 투자 전략 백테스트 결과 3

월터 슐로스의 투자 전략 백테스트 결과 4

저평가된 기업을 매수하고 오르기만을 기다리는 월터 슐로스의 방식보다는, 이미 저평가된 기업들 중 단기간에 수급이 발생하고 주가도 상승하는 종목에 올라타는 기법입니다. 또한 유니버스별 매수 비중에서 코스피 종목의 비율도 크게 잡히는 전략입니다.

〈민석〉

월터 슐로스의 기본 전략에 기술적 분석을 가미한 전략입니다.

■ 전략 소개

매수 조건식: A and B and C and D and E

A: (｛유동자산｝-｛유동부채｝)/(｛시가총액｝*100000000) 〉0.3

> 해석 순유동자산이 시가총액 대비 30%를 초과하여야 함

B: ｛부채비율｝〈 100

> 해석 최근 분기 부채 비율은 100% 이하여야 함

C: ｛유동비율｝〉200

> 해석 최근 분기 유동 비율은 200%를 초과해야 함

D: ｛주가순자산률(PBR)점수｝〉90

> 해석 PBR 점수가 90점 이상인 종목을 매수

E: 이동평균('｛시가｝/｛저가｝',｛20일｝)〈 1.05

> 해석 시가 대비 저가 등락률이 5% 미만이어야 함

매수 기준: 전일 종가 -3% 매수, 종목당 매수 비중 8%, 최대 보유
　　　　　종목수 999개

우선순위: ｛윗꼬리비율｝ (내림차순)

> 해석 전일 윗꼬리비율이 높은 순대로 매수

매도 조건식: 없음

매도 기준: 목표/손절가가 없으며, 10일이 지나면 피빗 1차 지항
선에 일반 매도

■ 백테스트 결과

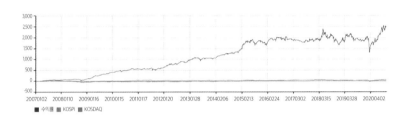

월터 슐로스의 투자 전략 백테스트 결과 5

누적수익률	2,556.54%	평균 보유일	10.6일
CAGR	26.62%	매매 횟수	2,784회
MDD	43.1%	샤프 지수	1.26
승률	57%	일평균수익률	0.1%
평균수익률	9.57%	일 표준편차	1.2
평균손실률	7.47%	월평균수익률	2.11%
평균손익비	1.05	월 표준편차	5.89
코스피 상관성	0.55	코스닥 상관성	0.65

월터 슐로스의 투자 전략 백테스트 결과 6

수익 종목 평균수익률이 9.57%를 기록하여 켄 피셔, 그리고 장기
보유를 목표로 했던 존 네프를 제외하면 가장 우수한 수익 종목 수

익률을 보여주었습니다. 평균 손익비는 훌륭하지만 승률이 57%를 기록하여 다른 대가들에 비해 낮게 나타났는데, 이 부분은 별도의 매도 조건식이 없어서 종목을 보유하는 동안 수익 구간에 있을 때 아무런 대응이 이뤄지지 않았기 때문인 것으로 보입니다.

존 네프의
GYP 비율
투자 전략

존 네프John Neff는 1995년 〈포춘〉에서 '자산을 가장 맡기고 싶은 펀드 매니저'로 선정되었으며, PER의 창시자로도 알려져 있습니다. 1964~1995년에 '뱅가드 윈저' 펀드를 31년간 운영하며 누적수익률 5,546%를 기록하기도 했는데, 이 기간 S&P500 수익률이 250%밖에 되지 않았다는 점에서 굉장한 수익률입니다.

존 네프는 GYP총회수 비율 투자 전략을 주로 사용했습니다. GYP 비율은 당기순이익성장률과 배당수익률을 합친 값을 PER로 나눈 것으로, 순이익성장률만이 아니라 배당수익률도 함께 보는 것입니다. 당기순이익성장률이 매우 높으면 배당수익률을 함께 분석하는 의미가 없지만, GYP 비율 투자 전략에서는 순이익성장률이 7~20% 이내인 종목만 투자하므로 배당수익률의 비중도 꽤 높아집니다. 뿐만 아니라 현금흐름을 중요시했으며, 신저가 종목, 시장의 비인기주를 발굴하려 노력했습니다. 여론을 매우 경계했던 만큼, 알고리즘 트레이딩에 특화된 투자자입니다.

〈호준〉

존 네프의 기본 전략을 최대한 따라 만들어봤습니다. 최근 2년간 순이익성장률이 7~20% 이내로 성장했으며 배당수익률은 1%를 넘기는 종목을 선정한 후, GYP 비율_{순이익성장률+배당수익률/PER}이 높은 순으로 최대 10종목을 매수했습니다. 그 후 1,000일_{4년} 이내에 목표가 200%를 달성하면 매도했습니다.

■ 전략 소개

매수 조건식: A and B and C and D and E and F

A: {트레일링당기순이익}/과거값({트레일링당기순이익},{1년}) > 1.07

B: {트레일링당기순이익}/과거값({트레일링당기순이익},{1년}) < 1.2

해석 트레일링(최근 4개 분기 합) 순이익이 전년 대비 7~20% 증가

C: 과거값({트레일링당기순이익},{1년})/과거값({트레일링당기순이익},{2년}) > 1.07

D: 과거값({트레일링당기순이익},{1년})/과거값({트레일링당기순이익},{2년}) < 1.2

해석 1년 전 트레일링 순이익이 2년 전 대비 7~20% 증가

E: {주가대비전년배당금} >= 1

해석 배당수익률 1% 이상

F: {순이익성장률(YOY)} > 0

해석 최근 분기 순이익성장률이 0% 이상

우선순위: ({순이익성장률(YOY)}+{주가대비전년배당금})/{트레
   일링PER} (내림차순)

해석 최근 분기 순이익성장률과 배당수익률을 합친 값에서 트레일링(최근 4개
   분기 합) PER을 나눔

매수 기준: 전일 종가 매수, 종목당 매수 비중 10%, 최대 보유 종
   목수 10개

매도 조건식: 없음

매도 기준: 1,000일4년 이내에 목표가 200% 달성하지 못하면 시
   초가에 매도

■ **백테스트 결과**

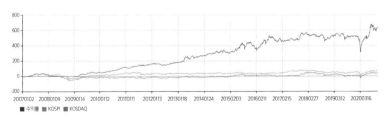

존 네프의 투자 전략 백테스트 결과 1

백테스트해본 결과, CAGR은 15.65%로 낮았지만 승률이 86%로 매우 높았습니다. 2018년 1월부터 2020년 3월 23일까지 MDD는 39.33%였습니다. 다만, 3년간 순이익성장률을 표현하기 위한 팩터를 2007년부터 사용하기 시작했기에 2007년과 2008년에는 매매하지 않고 2009년부터 매매를 시작했습니다. 금융위기 당시에는 테스트되지 않았다는 점을 감안해야 합니다.

종목 평균 보유일이 811일로 3년이 넘으며, 수익 종목 평균수익률은 123%로 손실 종목 평균수익률보다 6배 이상 높습니다. 매도한 28개 종목 중 목표가 200%를 달성한 종목은 10개35%로 매수한 종목의 목표가 달성률이 적당한 수준이었습니다.

〈승한〉

존 네프의 전략은 총투자수익률이익성장률+배당수익률이 주가수익률 PER보다 2배 이상 높은 기업을 매수하는 것입니다. 하지만 앞으로 소개할 전략은 존 네프의 공식과 달리, 총투자수익률에 배당수익률을 더하지 않은 무배당수익률을 사용하였습니다.

배당수익률을 사용하여 총투자수익률을 구하는 경우, 지속 가능한 배당금에 의한 수익률인지 고민해봐야 합니다. 결국 젠포트에서 간단한 조건식만으로는 유의미한 배당수익률을 얻기 어렵다고 판단하여 배당수익률을 사용하지 않았습니다.

■ 전략 소개

매수 조건식: A and B and C and D and E and (F or G or H)

A: {트레일링ROE}/{트레일링PER_종가} > 4

해석 ROE(자기자본수익률)가 PER(주가수익률)보다 4배 높은 기업

B: {트레일링PER_종가} > 0

해석 PER이 음수(-)인 경우를 제외

C: {순이익성장률(YOY)} > 7

D: {순이익성장률(YOY)} <= 80

해석 전년 동기 대비 순이익성장률이 7~80%인 기업

E: {배당성장률} >= 0

해석 최근 배당금이 전년 배당금보다 같거나 큰 기업

F: {KOSDAQ지수_종가}-이동평균({KOSDAQ지수_종가},{3일}) > 0

G: {KOSDAQ지수_종가}-이동평균({KOSDAQ지수_종가},{5일}) > 0

H: {KOSDAQ지수_종가}-이동평균({KOSDAQ지수_종가},{10일}) > 0

해석 코스닥 지수 3, 5, 10일 평균 대비 하락 시 매매를 쉬는 마켓타이밍

우선순위: (비율({순이익성장률(QOQ)},{오름차순})*10)+{수급
점수} (내림차순)

해석 전분기 대비 순이익성장률이 크게 증가했으면서 수급점수가 높은 기업

매수 기준: 전일 종가 -1% 매수, 종목당 매수 비중 10%, 최대 보
유 종목 수 20개

매수 조건식 해석

배당수익률을 사용하지 않은 무배당 총투자수익률인 ROE를 사용했기 때문에 PER보다 4배 이상 큰 기업을 골랐습니다.

존 네프가 강조했던 배당을 고려하기 위해 배당성장률이 후행하지 않는 기업을 찾으려 {배당성장률}이 0 이상인 기업을 매수하도록 했습니다.

실제로 배당성장률 0 이상의 조건식을 넣지 않은 것보다 넣었을 때 수익률이 개선됨을 알 수 있습니다. 순이익성장률은 7~80%로 제한했지만, 해석에 따라 달라질 수 있습니다. 우선순위는 전분기 대비 순이익성장률이 크게 상승한 기업과 수급 점수를 10:1 비율로 섞어 단기간에 주가 상승 기대 여력이 높은 기업을 매수하려 했습니다.

매도 조건식: (A and B and C) or D

A: {KOSDAQ지수_종가}-이동평균({KOSDAQ지수_종가},{3일}) 〈 0

B: {KOSDAQ지수_종가}-이동평균({KOSDAQ지수_종가},{5일}) 〈 0

C: {KOSDAQ지수_종가}-이동평균({KOSDAQ지수_종가},{10일}) 〈 0

해석 코스닥 지수가 3, 5, 10일 평균보다 하락하면 매도

D: {보유종목수익률} 〈= -7

해석 보유 종목 수익률이 -7% 이하 시 매도

매도 기준: 최대 5일간 보유, 보유일 만기 시 전일 종가 기준 매도,
　　　　　매도 조건 부합 시 피벗 기준 가격 매도

■ 백테스트 결과

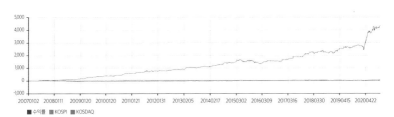

존 네프의 투자 전략 백테스트 결과 2

누적수익률	4,338%	평균 보유일	3.77일
CAGR	31.39%	매매 횟수	4,934회
MDD	18.36%	샤프 지수	2.01
승률	61%	일평균수익률	0.11%
평균수익률	4.08%	일 표준편차	0.84
평균손실률	-3.02%	월평균수익률	2.38%
평균손익비	1.22	월 표준편차	4.5
코스피 상관성	0.46	코스닥 상관성	0.48

존 네프의 투자 전략 백테스트 결과 3

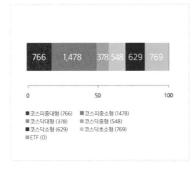

유니버스별 매수 비중

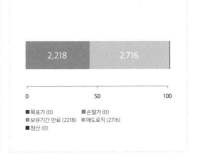

매도 조건별 비중

존 네프의 투자 전략 백테스트 결과 4

존 네프 전략에서 가장 두드러지는 장점은 유니버스 매수 비중이 코스피 중대형부터 코스닥 초소형까지 아주 골고루 분포되어 있다는 점입니다. 다양한 유니버스 분포를 보여주면서도 꾸준하게 우상향하고, 최근 하락장에서도 높은 방어력을 보여준 것이 인상적이었습니다.

또한 존 네프 전략은 응용 가능성이 많습니다. ROE가 PER의 4배라고 설정했지만, 2~5배까지 자유롭게 변형할 수 있습니다. 또한 존 네프가 주장했듯 성장성은 80%로 제한했지만, 자유롭게 변경해서 백테스트해보면 더 좋은 성과가 있으리라 생각됩니다.

<민석>

존 네프의 배당 성장주 전략입니다. 최대한 원래 의도에 가깝게 구현하려 하였습니다.

■ 전략 소개

매수 조건식: A and B and C and D and E and F

A: ({EPS성장률(YOY)}+{주가대비전년배당금})/{트레일링PER_종가} > 2

해석 {(작년 동기 대비 분기 EPS 증가율)+(시가배당률)}/(전일 기준 최근 4분기PER) 값이

2를 넘으면 매수

B: {트레일링PER_종가} 〈 10

C: {트레일링PER_종가} 〉 6

해석 최근 4분기 PER이 6은 넘고 10보다는 아래여야 함

D: {EPS성장률(YOY)} 〉= 10

해석 작년 동기 대비 최근 분기 EPS 증가율이 10% 이상이어야 함

E: {주가대비전년배당금} 〉= 2

F: {주가대비전년배당금} 〈= 3.5

해석 시가배당률이 2~3.5% 수준이어야 함

매수 기준: 전일 종가 -2.4% 매수, 종목당 매수 비중 8%, 최대 보
유 종목수 999개

우선순위: {윗꼬리비율} (내림차순)

해석 전일 윗꼬리비율이 높은 순대로 매수

매도 조건식: 없음

매도 기준: 목표/손절가가 없으며, 120일_{약 반년}이 지나면 전일 종
가에 일반 매도

■ **백테스트 결과**

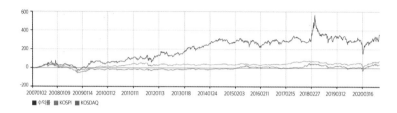

존 네프의 투자 전략 백테스트 결과 5

누적수익률	355.38%	평균 보유일	119.97일
CAGR	11.53%	매매 횟수	327회
MDD	65.79%	샤프 지수	0.48
승률	49%	일평균수익률	0.06%
평균수익률	32.28%	일 표준편차	1.68
평균손실률	16.91%	월평균수익률	1.11%
평균손익비	1.53	월 표준편차	7.11
코스피 상관성	0.62	코스닥 상관성	0.72

존 네프의 투자 전략 백테스트 결과 6

누적수익률은 355.38%로 제가 다룬 대가들 중 가장 저조합니다. 승률, 시장 상관성, 수익의 표준편차, 일간 및 월간 평균수익률, 샤프 지수 등 많은 지표에서 타 대가에 비해 열세를 보입니다. 하지만 이러한 요인들에도 불구하고 결국 오래 보유한 끝에 가장 우월한 수익 종목 평균수익률로 수익을 창출하는 모습은 고진감래의 가치투자자적인 면모를 연상케 합니다.

켄 피셔의
PSR 투자 전략

켄 피셔Kenneth Fisher는 워런 버핏의 스승인 필립 피셔Philip Arthur Fisher의 아들이자 피셔 인베스트먼트의 회장입니다. 〈포브스〉에 칼럼 '포트폴리오 전략'을 33년간 연재하고 있으며, PSRPrice per Sales Ratio, 주가매출액비율의 창시자로도 알려져 있습니다.

경영자 마인드나 성장 의지 등 재무제표 외의 것들을 중시하고 몇몇 종목에 집중 투자하던 필립 피셔와는 달리, 켄 피셔는 매출액 비율이 좋은 종목 위주로 포트폴리오 분산 투자를 중시합니다.

〈호준〉

켄 피셔의 기본 전략을 최대한 따라 만들어봤습니다. PSR이 0.75

미만인 종목 중, 유동자산이 유동부채보다 2배 이상 높고 부채 비율은 낮으며 유동 비율이 높은 종목, 최근 연간 순이익률이 5% 이상이며, 3년 연속 흑자를 낸 기업을 찾습니다. 이 종목 중 PSR이 낮은 순으로 최대 50종목을 매수하고, 보유 종목의 PSR이 3을 넘어가면 매도했습니다.

■ 전략 소개

매수 조건식: A and B and C and D and E and F

A: {트레일링PSR_종가} 〈 0.75

해석 최근 연간 PSR이 0.75 미만

B: {유동자산}/({유동부채}*2) 〉 1

해석 유동자산이 유동부채보다 2배 이상 높음

C: {부채비율} 〈 40

해석 부채 비율 40% 미만

D: {유동비율} 〉 150

해석 유동 비율 150% 초과

E: ({트레일링당기순이익}/{트레일링매출})*100 〉 5

해석 트레일링(최근 4개 분기 합) 순이익률 5% 초과

F: {3년연속당기순이익0이상} = 1

해석 3년 연속 흑자

우선순위: {트레일링PSR_종가} (오름차순)

해석 트레일링(최근 4개 분기 합) PSR이 낮은 순으로 매수

매수 기준: 전일 종가 매수, 종목당 매수 비중 2%, 최대 보유 종목
　　　　　수 100개

매도 조건식: A

A: {트레일링PSR_종가} 〉 3

해석 트레일링 PSR이 3 이상

매도 기준: 목표/손절가가 없으며, 9,999일 이내 매도 조건식 달
　　　　　성하면 시초가에 매도

■ **백테스트 결과**

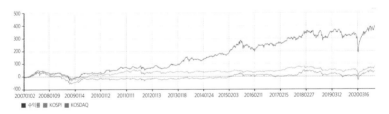

　　　■ 수익률 ■ KOSPI ■ KOSDAQ

켄 피셔의 투자 전략 백테스트 결과 1

　켄 피셔의 전략을 백테스트해본 결과, CAGR이 12.27%, 승률이
88%로 나쁘지 않은 결과가 나왔지만, MDD가 49%로 2008년 금융
위기 때 큰 하락을 보였습니다. 최근 코로나19 폭락장에도 잘 버티
지 못하는 모습입니다.

　종목 평균 보유일이 1,629일로 6년이 넘으며, 수익 종목 평균수익

률은 667%로 손실 평균수익률인 51%보다 매우 높습니다. 매도한 종목은 모두 매도 조건인 PSR 3 이상으로 매도되었습니다.

수익 종목 평균수익률이 높은 이유를 찾기 위해 과거 매매 종목을 살펴본 결과, 포스코케미칼이 4,403% 수익을 내는 등 장기 보유로 큰 수익을 낸 종목들이 종종 있었습니다.

〈승한〉

켄 피셔 PSR 기관 소외주 스윙 전략은 지금까지 소개한 전략 중에서 가장 역발상적인 전략입니다.

지금까지 소개했던 전략은 조건식을 통해 펀더멘털이 튼튼하지만 주가가 저평가된 종목 중에서 성장성이 좋거나 수급이 들어오는 종목을 매수하여 수익을 냈다면, 켄 피셔 전략은 {기관수급점수}가 낮은, 즉 기관 투자자가 관심을 가지지 않는 종목을 사는 전략입니다.

■ 전략 소개

매수 조건식 : A and B and C and D and (E or F) and (G or H or I)

A: {트레일링PSR_종가} <= 0.75

해석 트레일링 PSR이 0.75 이하인 종목

B: {유동자산}/{유동부채} >= 2

C: {부채비율} <= 50

D: ({트레일링당기순이익}/{트레일링매출})*100 >= 5

E: {3년연속당기순이익0이상} = 1

F: {3년연속영업이익0이상} = 1

G: {KOSDAQ지수_종가}-이동평균({KOSDAQ지수_종가},{3일}) > 0

H: {KOSDAQ지수_종가}-이동평균({KOSDAQ지수_종가},{5일}) > 0

I: {KOSDAQ지수_종가}-이동평균({KOSDAQ지수_종가},{10일}) > 0

우선순위: {기관수급점수} (오름차순)

매수 기준: 전일 종가가격 -1.0% 매수, 종목 당 매수비중 10%, 최
대 보유 종목 수 : 20종목

매수 조건식 해석

켄 피셔의 기본적인 종목 선정 방법에 따라 A~D조건식을 작성했
습니다. A조건과 D조건을 동시에 충족하는, 즉 PSR이 낮으면서 매
출액 순이익률이 5% 넘는 기업은 전 종목 중 10%에 불과합니다.

또한 재무 건전성이 좋은 기업을 판단하기 위해 B, C조건까지 포

함한다면 선정되는 종목은 3%이며, 마지막으로 3년 연속 순이익 혹은 영업이익 혹자인 기업까지 필터링한다면 켄 피셔 전략에서 살아남는 종목은 1.5%에 불과합니다.

켄 피셔 전략의 조건을 만족하는 종목이 제한적인 상황에서 오히려 기관 수급이 들어오지 않은 종목을 매수하게 되었을 때, 비교적 적은 수급에도 주가 상승을 기대할 수 있습니다.

매도 조건식: (A and B and C) or D

A: {KOSDAQ지수_종가}-이동평균({KOSDAQ지수_종가},{3일}) 〈 0

B: {KOSDAQ지수_종가}-이동평균({KOSDAQ지수_종가},{5일}) 〈 0

C: {KOSDAQ지수_종가}-이동평균({KOSDAQ지수_종가},{10일}) 〈 0

해석 코스닥 지수가 3, 5, 10일 평균보다 하락하면 매도

D: {보유종목수익률} 〈 = -7

해석 보유 종목 수익률이 -7% 이하 시 매도

매도 기준: 최대 5일간 보유, 보유일 만기 시 전일 종가 기준 매도,
　　　　　 매도 조건 부합 시 피벗 기준 가격 매도

■ **백테스트 결과**

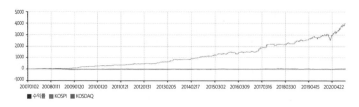

켄 피셔의 투자 전략 백테스트 결과 2

누저수익률	4,024%	평균 보유일	3.73일
CAGR	30.7%	매매 횟수	5,124회
MDD	16.84%	샤프 지수	2.14
승률	62%	일평균수익률	0.11%
평균수익률	3.67%	일 표준편차	0.77
평균손실률	-2.83%	월평균수익률	2.3%
평균손익비	1.19	월 표준편차	3.85
코스피 상관성	0.43	코스닥 상관성	0.45

켄 피셔의 투자 전략 백테스트 결과 3

켄 피셔의 투자 전략 백테스트 결과 4

켄 피셔의 PSR 기관 소외주 스윙 전략은 승률이 높고, 다양한 유니버스를 매수하며, 안정적으로 수익을 내는 전략입니다.

타이트한 매수 조건으로 선정되는 종목은 매우 적었습니다. 어쩌면 이렇게 뽑힌 정예 종목을 가지고 장기 투자하였을 때 이상적인 수익률을 올릴 것 같습니다. 하지만 백테스팅해보면 기대했던 것만큼 좋은 성과를 내지 못합니다그럼에도 우상향합니다.

이는 장기 보유보다 중단기 보유가 수익률을 복리로 끌어올리는 데 유리하기 때문입니다. 제가 소개한 펀더멘털 퀀트 전략은 대체로 분기가 바뀌지 않는다면 추천 종목이 동일할 확률이 매우 높습니다. 결국 같은 분기 내에서 우상향하는 종목을 사고팔게 된다면 자연스럽게 리밸런싱 효과를 누리면서 종목을 장기 보유하는 것보다 높은 수익률을 얻게 됩니다. 따라서 젠포트를 통한 기계적인 리밸런싱이야말로 복리 수익으로 가는 왕도라고 생각합니다.

〈민석〉

켄 피셔의 PSR 투자법을 이용하되, 수익에 주목한 전략입니다.

■ **전략 소개**

매수 조건식: A and B

A: {트레일링PSR_종가} <= 0.75

해석 전일 종가 기준 최근 4분기 PSR이 0.75 이하여야 함

B: {순이익흑자전환(YOY)} = 1

해석 최근 분기 당기순이익이 작년 동기 대비 흑자 전환

매수 기준: 전일 종가 -2.4% 매수, 종목당 매수 비중 8%, 최대 보
　　　　유 종목수 999개

우선순위: {윗꼬리비율} (내림차순)

해석 전일 윗꼬리비율이 높은 순대로 매수

매도 조건식: A

A: {트레일링PSR_종가} 〉1.5

매도 기준: 목표가는 없으나 손절가는 매수가 -15%, 최대 1일 보
　　　　유 및 분할 매도 사용, 만기 시 전일 종가 기준 매도, 매
　　　　도 조건 부합 시 전일 종가 일반 매도

보유일 만기 매도 가격 기준		
분할기준	가격 변동	매도 비중
전일 종가	4%	10.0%
전일 종가	6%	20.0%
전일 종가	8%	30.0%
전일 종가	10%	40.0%

분할 매도 방법

■ **백테스트 결과**

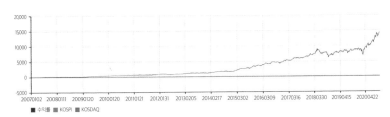

켄 피셔의 투자 전략 백테스트 결과 5

누적수익률	14,490.18%	평균 보유일	19.51일
CAGR	43.14%	매매 횟수	13,959회
MDD	33.2%	샤프 지수	1.78
승률	71%	일평균수익률	0.15%
평균수익률	10.35%	일 표준편차	1.3
평균손실률	7.28%	월평균수익률	3.18%
평균손익비	0.62	월 표준편차	6.32
코스피 상관성	0.57	코스닥 상관성	0.7

켄 피셔의 투자 전략 백테스트 결과 6

제가 다룬 대가 중 가장 우수한 누적수익률을 보여주었습니다. 승률은 71%로, 벤저민 그레이엄 다음으로 높은 승률을 기록하였습니다. 하지만 높은 시장 상관성이 보여주듯 시장의 영향을 가장 많이 받는 대가인 만큼, 고수익을 올리기까지 견디는 인고의 시간은 결코 만만하지 않을 것 같다는 생각이 듭니다.

닥터퀀트와 systrader79가 짚어보는 대가들의 투자 전략

주식시장에서 전설적인 인물들의 투자 철학을 젠포트에 녹여낸 대가들의 투자 전략을 살펴보았습니다. 그대로 구현하는 데는 당연히 어려움이 따라서 조금 변형하기도 했지만, 훌륭하게 젠포트화시킨 것으로 보입니다. 여기서 몇 가지 언급하고 넘어갈 점이 있습니다.

첫 번째, 괴리에 대한 것입니다. 바로 거래량과 거래 대금의 문제입니다. 뉴지스탁 알고리즘 리서치 팀의 전략은 훌륭하지만, 거래량 및 거래 대금이 작은 주식을 거래하는 전략으로 판단됩니다. 그래서 미체결 문제가 발생할 수 있습니다. 백테스트에서는 거래량을 고려하지 않은 채 그 가격이 되기만 하면 바로 매수·매도가 되므로 그렇지 않은 실전과는 괴리가 생기는 것이죠.

두 번째, 이로 인해 발생하는 또 다른 문제점이 있습니다. 거래 대금이 작은 주식 종목에서 전일 종가 +n% 매수나 전일 종가 -n% 매수의 경우, 주문을 내는 순간 주식의 시초가를 변화시킬 수 있다는 점입니다. 젠포트는 아침 8시 50분쯤 장 시작 전에 주문을 내기 때문에, 내 주문이 시초가에 영향을 미칠 수 있습니다.

예를 들어, 전일 종가 1,000원에 마감한 주식이 있는데 평소에 거래량이 거의 없다고 합시다. 원래 오늘 시초가도 전일 종가인 1,000원에 시작하기로 예정되어 있었는데, 아침 8시 50분에 전일 종가의 +3%인 1,030원에 100만 주를 주문하면 어떻게 될까요? 만약 8시 50분~9시에 파는 사람이 있어서 1,030원에 주문이 체결되면 그게 바로 시초가가 됩니다. 즉, 전일 종가에서 시작했을 시초가를 전일 종가+3%로 변화시켜버리는 것이지요. 반대의 경우도 마찬가지입니다. 젠포트 시스템으로 오전 8시 50분에 전일 종가 -3%에 거래 대금 대비하여 대량 주문을 넣었는데, 팔겠다는 사람이 나오면 시초가를 전일 종가 -3%로 변화시킵니다.

이렇게 시초가를 변화시키면, 주식을 비싼 가격에 살 수도 있고전일 종가+n%, 주식 가격을 내릴 수도 있습니다전일 종가 -n%. 이렇게 주가를 바꾸면 어떤 영향이 있을지, 그게 좋은지 나쁜지 예측이 안 되기 때문에 주의할 필요가 있습니다.

세 번째, 운용 자금의 문제입니다. 평균 보유일이 짧고 거래 대금이 작은 주식 종목을 거래하는 전략의 경우, 자금을 크게 운용할 수 없습니다. 보유일이 5일 미만인 전략의 경우에는 500~1,000만 원, 10일 정도의 전략은 1,000~2,000만 원, 20일 정도의 전략은 최대

3,000만 원 정도를 추천합니다. 이는 필자의 단순 예싱치이므로, 실전에서 어떤 결과를 낼지는 운용하면서 면밀히 지켜봐야 합니다.

백테스팅과 실제 투자의 괴리를 줄이기 위한 기본적인 원칙은 종목 분산의 개수를 늘리고 매매할 종목에 최소한의 유동성 조건을 포함시키는 것입니다. 유동성이 너무 적은 종목은 매매 체결도 잘 이루어지지 않고 호가의 공백도 커서 슬리피지가 크게 발생하기 쉽기 때문입니다. 뿐만 아니라 내가 매도함으로써 해당 종목의 주가가 출렁이지 않기 위해서는 매매 금액이 당일 전체 거래 대금의 최대 0.5%를 넘지 않는 것이 중요합니다. 예를 들어, 내가 한 종목에 100만 원을 투자한다면 해당 종목의 일거래 대금은 최소 2억 이상이 되어야 하고, 종목당 1,000만 원을 투자한다면 최소 20억은 되어야 한다는 것입니다. 현실적으로 슬리피지의 영향을 크게 받지 않게 하려면, 경험적인 가이드라인으로는 0.5%보다 0.25% 이하를 추천합니다.

리밸런싱 기간이 상대적으로 긴 중장기 투자에서는 단기 매매보다 슬리피지의 영향이 상대적으로 적고, 매매 타임 프레임이 짧은 단기로 갈수록 유동성에 의한 슬리피지 문제는 심각해지기 때문에 자신의 매매 타임 프레임을 고려해서 투자 금액을 결정하는 것이 중요합니다. 즉, 장기 투자의 경우에는 단기 투자보다는 유동성이나 슬리피지 문제를 덜 고민해도 되지만, 단기 투자의 경우에는 반드시 중요한 요소로 고려하기 바랍니다.

훌륭한 전략을 개발하고 공개해준 뉴지스탁 알고리즘 리서치 팀에 다시 한번 감사의 인사를 전합니다.

6장

자동매매로 구현하는
단타 퀀트 전략

코로나19로 인한 팬데믹 현상이 1년 넘게 지속되며 주식시장에도 많은 여파를 끼쳤습니다. 이럴 때 단타 퀀트의 장점이 빛을 발합니다. 종목을 오래 보유하지 않아서 시장의 상황에 유동적으로 대응할 수 있기 때문입니다. 6장에서는 자동매매로 구현하는 여섯 가지 단타 퀀트 전략에 관하여 정리하였습니다.

**Smart
Quant Investment**

단타 퀀트 전략과 마켓타이밍

단타는 여러 가지로 정의할 수 있겠지만, 이 책에서 단타 퀀트는 보유일이 1~5일 정도로 짧은 전략을 통칭하겠습니다. 앞에서도 언급했듯이, 젠포트는 당일 데이터가 지원이 안 된다는 한계가 있기에, 분봉 스케일로 하는 단타는 구현되지 않습니다. 물론, 종가 청산 기능이 있어서 당일 사서 당일에 모두 파는 전략을 구현할 수도 있지만, 장 중에 매도하는 것은 아니고 종가에 시장가로 매도하는 전략 말고는 구현하질 못합니다. 이 책에서는 주로 평균 보유일 1~3일인 단타 퀀트 전략을 소개하려 합니다.

단타의 장점은 종목을 오래 보유하지 않아서 시장의 상황에 유동적으로 대응할 수 있다는 점입니다. 예를 들어, 종목 보유일이 1년인데 1년 사이에 시장이 무너지는 경우가 있겠지요. 가장 최근의 예로는 코로나19 사태가 일어나자, 주식은 대부분 폭락하여 큰 MDD를 기록하거나 큰 DDDraw Down를 기록했습니다. 반면 단타 전략의 경우에는 종목 보유일이 하루이므로, 시장이 무너지면 하루는 손해를 많이 보겠지만 어차피 다음 날 모든 종목을 매도하고 그 이후로 매수하지 않으면 되므로 더 큰 손실을 감내할 필요가 없습니다. MDD를 기록할 확률도 낮고, MDD를 기록하더라도 보유 기간이 긴 전략에 비해 낮을 겁니다.

이것을 자동으로 감지해서 대응하는 것이 마켓타이밍입니다. 실제로 마켓타이밍을 적용한 단타 퀀트 포트폴리오는 마켓타이밍을 적용하지 않고 보유 기간이 긴 전략들보다 부드러운 우상향 곡선을 그리며 MDD도 작습니다.

이 책에서는 크게 세 종류의 단타 퀀트 전략을 소개할 것입니다. **첫 번째는 추세가 좋은 종목에 하루 올라타서 수익을 내는 추세 전략, 두 번째는 수급과 추세가 모두 좋은 종목에 하루 올라타서 수익을 내는 수급 추세 전략, 세 번째는 많이 떨어진 종목을 매수해서 단기간 보유하며 오를 때 매도하여 수익을 내는 역추세 전략입니다.** 이 전략들을 소개하기에 앞서, 단타 퀀트 포트를 만들 때 필요한 기본 사항을 짚고 넘어가겠습니다.

마켓타이밍만 알아도 전략을 세울 수 있다

젠포트에서 마켓타이밍이란 시장이 좋거나 안 좋다는 신호인 지표를 매수 또는 매도 조건식에 삽입하여, 시장이 좋을 때만 거래하고 나쁠 때는 잠시 피하는 것입니다. 단타 퀀트 포트에서의 마켓타이밍도 마찬가지인데, 사용 방법이 약간 다릅니다.

소형주 중장기 퀀트 포트폴리오에서의 마켓타이밍은 보통 장이 좋은 것을 나타내는 조건을 매수 조건식에 삽입하고 장이 안 좋은 것을 나타내는 조건을 매도 조건식에 삽입하여, 시장의 하락을 피하는 식이었습니다. 그래서 장이 좋을 때만 매수하여 보유하고 있다가, 장이 안 좋아지면 팔아버리는 방식을 구현할 수 있었죠.

단타 퀀트 포트폴리오에서의 마켓타이밍은 보통은 매수 조건식에 장이 좋은 조건만 넣습니다(물론 응용해서 매도 조건식에도 넣을 수 있습니다). 어차피 종목 최대 보유일이 1일이므로 장이 좋을 때만 매수하게 하고,

장이 안 좋을 때는 매수하지 않는 방식으로만 작동한다는 뜻입니다. 어차피 다음 날 파니까 매도 조건에 마켓타이밍을 설정할 필요는 없습니다. 매수만 새로 하지 않으면 되니까요.

이제 젠포트 단타에서 주로 사용하는 마켓타이밍의 예를 살펴보겠습니다. 앞에 나온 대가들의 전략에서도 자주 사용되었는데, 다음과 같습니다.

(A or B or C) and⋯

A {KOSDAQ지수_종가}−이동평균({KOSDAQ지수_종가},{3일}) > 0

B {KOSDAQ지수_종가}−이동평균({KOSDAQ지수_종가},{5일}) > 0

C {KOSDAQ지수_종가}−이동평균({KOSDAQ지수_종가},{10일}) > 0

먼저 A, B, C는 쉽게 이해할 수 있습니다. 수치가 조금 변하긴 했지만, 앞에서 잠깐 언급되었죠코스닥 20일 이동평균선 마켓타이밍 참고. A식은 코스닥 지수 종가가 코스닥 지수 종가의 3일 이동평균선보다 커서 위에 있다는 것을 나타냅니다. B식은 5일 이동평균선보다 크다는 것이고, C식은 10일 이동평균선보다 크다는 것이고요. 참고로 코스피 지수가 아니라 코스닥 지수를 쓰는 이유는 코스닥 지수가 변동성이 더 좋아서 시장에 더 민감하게 반응하고, 주로 거래하는 종목이 코스닥 종목이기 때문입니다. 여기서 핵심은 A와 B와 C를 or로 엮었다는 것입니다.

그러면 어떨 때 매수하고 어떨 때 쉬는 걸까요? 매수 조건식을 해석해보면, 코스닥 지수 종가가 코스닥 지수 종가의 3일 이동평균선보다 위에 있거나, 5일 이동평균선보다 위에 있거나, 10일 이동평균선보다 위에 있을 때에만 매수하고, 코스닥 지수 종가가 3일 이동평균선, 5일 이동평균선, 10일 이동평균선을 모두 깨고 내려갔을 때는 매수를 쉬는 겁니다. 즉, 코스닥 지수가 떨어지기 시작하여 코스닥 지수의 3일 이동평균선, 5일 이동평균선, 10일 이동평균선보다 낮은 상태로 종가가 마감하면, 다음 날은 보유하고 있는 종목을 매도하기만 하고 종목 최대 보유일이 1일 매수는 하지 않습니다. 다시 코스닥 지수가 오르기 시작하여 3일 이동평균선이나 5일 이동평균선이나 10일 이동평균선보다 위에서 마감하는 경우 다음 날 다시 매수에 가담하는 시스템인 것이죠.

세 줄짜리 간단한 마켓타이밍이지만 아주 강력합니다. 필자는 대부분의 단타 퀀트 전략을 이 마켓타이밍을 사용해서 만들 정도입니다. 다른 마켓타이밍도 얼마든지 만들 수 있지만, 이 마켓타이밍 하나만 알아도 웬만한 전략은 만들 수 있습니다.

거래 대금
필터링이 필요하다

소형주 중장기 퀀트 전략은 작은 거래 대금 때문에 평균 보유일이 짧을 경우 괴리가 커지고, 백테스트보다 수익률이 저하되거나 MDD가 커질 수 있습니다.

비슷한 논리로, 평균 보유일이 1~3일 정도로 짧은 단타 퀀트 전략은 풍부한 거래 대금이 필요합니다. 단타 퀀트 전략으로 낮은 거래 대금의 종목들을 거래한다면, 거래 빈도가 높아서 기하급수적으로 괴리가 커질 것입니다. 따라서 단타 퀀트 전략에서는 거래 대금이 높은 종목만 거래해야 합니다.

그래서 반드시 들어가야 하는 매수 조건식 중 하나가 바로 거래 대금 필터입니다. 거래 대금 필터란, 거래 대금이 높은 것들만 골라내는 매수 조건식을 말합니다. 예를 들면 다음과 같은 것들이지요.

1. {거래대금} 〉 10000000000
2. 비율({거래대금},{오름차순}) 〉 90

1번은 거래 대금이 100억 이상인 조건입니다. 금액이 클수록 괴리가 줄어드는 장점이 있지만, 필터링이 너무 과해지면 매수 대상이 과하게 좁혀질 수 있습니다. 2번은 거래 대금이 상위 10% 이내라는 조건입니다. 상위 5%를 써도 되지만, 그 이상으로 과하게 잡으면 이역시 매수 대상이 과하게 좁혀지므로 적당한 필터링이 필요합니다. 수치는 임의로 선택하더라도, 1번과 2번 중 하나는 반드시 매수 조건식에 들어가야 합니다.

위의 식을 자칫 매수 당일 거래 대금으로 오해할 수 있는데, 젠포트 시스템상 매수 전날의 거래 대금 데이터만 활용할 수 있습니다. 즉, 어제의 거래 대금이 1번 또는 2번 조건을 충족시켰다는 것이고, 매수 당일의 거래 대금은 어찌 될지 모릅니다. 어제 거래 대금이 컸다고 해서 오늘도 거래 대금이 크다는 보장은 없기 때문에, 거래 대금이 낮은 종목도 걸릴 수가 있습니다. 그렇지만 1번 또는 2번 같은 조건을 쓰면, 거래 종목의 평균 거래 대금이 올라갑니다. 그래서 단타 퀀트 전략에는 필수적입니다.

Dr. Quant Comment

▶ 단타 퀀트 전략에는 단타 전략에 어울리는 마켓타이밍 필터와 거래 대금 필터를 쓰는 것이 필수다.

간단하고도 강력한
추세 전략

단타 퀀트 전략 중 추세 전략은 추세가 좋은 종목을 사서 하루 보
유해서 수익을 내는 전략입니다.

추세를 정의하는 방법은 여러 가지가 있습니다. 일정 기간의 주가
상승률처럼 주가만으로도 정의할 수 있고, 거래량을 참고하여 정의할
수도 있으며, 보조 지표를 활용해서도 정의할 수 있을 것입니다. 즉, 추
세를 정의하는 방법에 정답은 없다는 말입니다. 그러면 전략을 어떻게
짜야 할까요? 일단 마음대로 정의하고 백테스트를 해보면 됩니다. 마
음대로 추세를 정의해보고, 그것을 젠포트화시켜서 알고리즘으로 만
들어 백테스트하면 되죠. 추세를 정의하는 법에는 정답이 없으니까요.

저도 이런 식으로 테스트를 한 결과, 추세를 수십 가지로 정의할
수 있게 됐습니다. 여기에서는 일주일 동안의 주가상승률로 추세를
정의해보겠습니다. 일주일 동안 주가상승률이 높을수록 추세가 좋

다고 정의하는 것이지요.

단, 추세를 정의하기 전에 마켓타이밍과 거래 대금 필터가 들어가야 합니다. 이 두 가지는 단타 퀀트 포트폴리오를 짤 때 무조건 넣어야 합니다. 그러면 다음과 같은 조건식이 됩니다.

매수 조건식

(A or B or C) and D

A {KOSDAQ지수_종가}-이동평균({KOSDAQ지수_종가},{3일}) 〉0

B {KOSDAQ지수_종가}-이동평균({KOSDAQ지수_종가},{5일}) 〉0

C {KOSDAQ지수_종가}-이동평균({KOSDAQ지수_종가},{10일}) 〉0

D 비율({거래대금},{오름차순}) 〉95

추세가 좋은 종목을 사야 하므로, 우선순위에 제가 정의한 추세를 넣습니다. 일주일 동안의 주가상승률이 높을수록 추세가 좋다고 정의했으므로, 우선순위는 다음과 같습니다.

우선순위(내림차순)

변화율_기간({종가},{5일})

이는 종가의 5일토요일, 일요일은 휴장일이므로 거래일 5일이 일주일 동안의 변화율을 말합니다.

추세 전략에서는 익절을 설정하는 편이 수익률이 좋으므로, 익절을 설정합니다. 추세가 좋은 종목은 시세를 줬다가 가격이 올랐다가 다시 급격히 떨어지는 경우가 많기 때문이죠. 그런 경우 수익을 놓치게 되므로, 시세를 줄 때 먹는다고 생각하면 됩니다. 익절값목표가 설정은 3%로 설정했습니다. 조금 시세를 줄 때 바로 수익 실현을 한다는 뜻이지요.

차근차근 살펴봅시다. 이 전략은 익절값을 설정해서 틱데이터 백테스트, 즉 틱테스트를 돌릴 것이므로 '새 가상 포트 만들기'를 통해 포트폴리오를 만들어야 합니다.❶ 익절을 사용하는 단타 전략은 반드시 틱테스트를 돌려야 한다는 것을 기억하기 바랍니다.

새 가상 포트 만들기

추세 전략 백테스트 설정 1

운용 자금은 1,000만 원, 운용 기간은 '전체' 버튼을 클릭하면 됩니다. 수수료율은 0.015% 고정이고, 슬리피지는 0%입니다. 자산 배분 조건은 미사용을 체크하면 됩니다.

추세 전략 백테스트 설정 2

전일 종가에 매수하고, 종목당 매수 비중은 5%로, 20종목 매수합니다. 최대 보유 종목수는 100종목으로 설정하고, 매수 조건에서 다른 것은 건드리지 않았습니다. 매도 조건에서 퇴출 조건에 목표가는 언급했던 대로 3%로, 손절가는 0%로 설정했습니다. 종목 최대 보유일은 1일이고, 보유일 만기 매도 가격 기준은 전일 종가로 설정했습니다. 나머지 것은 그대로 두었습니다.

　다음의 매매 대상 설정도 기본 설정코스피, 코스닥 주식 전체, ETF 제외으로 설정했습니다.

매수 조건식 선택 ⑦

A	B	C
{(KOSDAQ지수_종가)}-이동평균((KOSDAQ지수_종가),(3일)) > 0　　　X	{(KOSDAQ지수_종가)}-이동평균((KOSDAQ지수_종가),(5일)) > 0　　　X	{(KOSDAQ지수_종가)}-이동평균((KOSDAQ지수_종가),(10일)) > 0　　　X

D 비율((거래대금),(오름차순)) > 95　　X	＋ 조건식 추가하기

매수 조건식 설정

{A or B or C} and D　　　　　　　　　　　　　　↺ ↻　조건식 검증하기　조건식 설정안내

매수종목선택 우선순위 ⑦　변화율_기간((종가),(5일))　　● 내림차순,　○ 오름차순!

- -

매도 조건식 선택 ⑦

＋ 조건식 추가하기

매도 조건식 설정

예) A and B and C and D and E　　　　　　　　　　　↺ ↻　조건식 검증하기　조건식 설정안내

추세 전략 백테스트 설정 3

　다음은 매수 조건식입니다. 앞에서 살펴본 A~D의 조건을 입력하고, 매수 조건식 설정을 '(A or B or C) and D'로 바꿔주고 우선순위도 입력합니다. 매도 조건식은 없습니다.

　이렇게 설정하고 백테스팅 실행하기 버튼을 누르면, 백테스트와 다르게 틱테스트에서는 다음과 같은 창이 뜹니다.

추세 전략 백테스트 설정 4

자세한 설명은 읽어보면 알 수 있지만, 일반적으로 비공개를 선택하고 확인을 누르면 됩니다. 그러면 다음과 같은 결과가 나옵니다돌리는 날짜에 따라 결과값이 달라집니다.

추세 전략 백테스트 결과

아주 간단한 전략이고 마음대로 추세를 정의해서 잘 나올까 의심스러웠지만, 약 4년 동안 누적수익률 약 73%, CAGR 약 15%, MDD 14%의 훌륭한 전략이 완성되었습니다. 약 4년 만에 1,000만 원의 원금이 1,900만 원을 넘는 훌륭한 결과가 나왔습니다. 이 전략도 분명히 괴리가 없진 않겠지만, 거래 대금이 훌륭한 종목들만 거래하기 때문에 크지는 않을 겁니다. 즉, CAGR 15%에 근접하는 결과를 얻을 수 있는 전략이라는 의미입니다. 무엇보다도 누적수익률 곡선을 보면 부드럽습니다. 물론 몇 개월 횡보하기도 하고 떨어지는 부분도 있지만, 아주 간단한 전략치고는 괜찮은 성적입니다.

이는 아주 간단한 추세 전략이고, 더 훌륭한 추세 전략이 많습니다. 다음은 젠포트 알고리즘 마켓젠마트, 뉴지스탁에서 선별한 알고리즘을 사고팔 수 있습니다에서 실제로 판매되는 전략입니다.

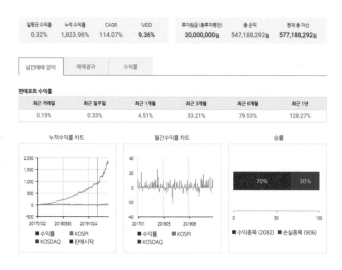

주도주 추세 전략 결과

이 전략의 경우 약 4년 누적수익률이 무려 1,800%대이고 CAGR이 114%에 달하죠. MDD는 약 9%에 불과합니다. 열심히 공부하고 연구하면 이런 전략도 얼마든지 만들 수 있습니다.

Dr. Quant Comment

▶ 추세 단타 전략의 핵심은 추세가 좋은 종목을 정의하고 익절값을 설정한 뒤 하루 보유하고 파는 것이다.

---

❶ 일봉 백테스트는 '새 포트 만들기'로 만들고 당일 익절 및 손절이 적용되지 않으며, 틱테스트는 '새 가상 포트 만들기'로 만들고 당일 익절 및 손절이 적용된다. 자세한 사항은 부록을 참조하라.

수급과 추세로 짜는 수급 전략

기관 수급이 좋은 종목 중에 추세가 강한 종목을 사는 기관 수급 추세 전략을 소개하려 합니다. 기관 수급은 여러 가지로 정의할 수 있겠지만, 이 책에서는 기관에서 많은 금액을 들여 어떤 종목을 매수할 때 생기는 기관 순매수 금액을 의미합니다. 즉, 기관 순매수 금액이 큰 것을 기관 수급이 좋은 것으로 정의한 것이지요.

그렇다면 기관 순매수 금액은 대체 얼마 정도이면 좋은 걸까요? 1억 원이면 괜찮다고 판단됩니다. 별로 감이 잡히지 않는다면 그냥 따라 해도 되지만, 비율 함수를 써도 됩니다. '비율({기관순매수금액},{오름차순})〉90'과 같은 조건을 넣으면 기관 순매수 금액 상위 10%에 해당하는 종목을 추릴 수 있습니다. 개인적으로는 비율 함수의 기능이 편해서 많이 쓰는 편입니다.

그렇다면 수급 전략을 짜봅시다. 앞에서 소개한 추세 전략과 비슷한데, 그 이유는 수급 전략이 추세 전략의 일종이기 때문입니다. 수급이 좋은 종목 중에 추세가 좋은 종목을 사는 전략이므로, 앞과 동일하게 설정하되 거래 대금 필터를 완화하고 수급 조건을 추가하면 됩니다. 수급 전략의 조건식은 다음과 같습니다.

매수 조건식

(A or B or C) and D and E

A: {KOSDAQ지수_종가}-이동평균({KOSDAQ지수_종가},{3일}) 〉0

B: {KOSDAQ지수_종가}-이동평균({KOSDAQ지수_종가},{5일}) 〉0

C: {KOSDAQ지수_종가}-이동평균({KOSDAQ지수_종가},{10일}) 〉0

D: 비율({거래대금},{오름차순}) 〉80

E: {기관순매수금액} 〉 100000000

D는 앞서 소개한 추세 전략에서 수치만 바꾼 것입니다. '비율({거래대금},{오름차순})〉95'에서 '비율({거래대금},{오름차순})〉80'으로 변화시켰습니다. 거래 대금 필터 기준을 조금 완화해서 매매 종목 대상을 늘린 것입니다. 거래 대금 상위 5% 중에서 기관 수급이 좋은 종목이 적을 수 있기 때문이죠. E는 기관 순매수 금액이 1억 원을 초과하여 수급이 좋은 조건을 표현한 것입니다. 비율 함수를 써도 된다고 한 것은 E 조건 대신 '비율({기관순매수금액},{오름차순})>90'이라는 식을 넣어도 된다는 뜻입니다.)

우선순위는 추세 전략과 같이 일주일 동안 주가상승률을 씁니다.

이렇게 하면 코스닥 마켓타이밍을 걸고, 거래 대금이 적당히 좋은 종목 중에 수급이 좋은 종목을 추린 뒤, 추세가 좋은 종목일주일 동안의 주가상승률이 높은 종목을 살 수 있습니다.

수급 전략 백테스트 설정 1

수급 전략 백테스트 설정 2

매수·매도 조건식은 다음과 같이 설정합니다.

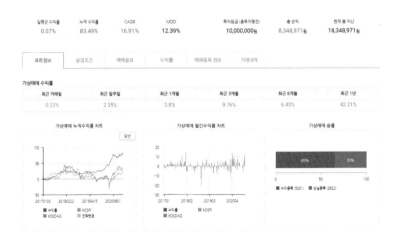

수급 전략 백테스트 설정 3

수급 전략 백테스트 결과

약 4년간 누적수익률 83%, CAGR 약 17%, MDD는 약 12%밖에 되지 않는 괜찮은 전략이죠. 누적수익률 곡선도 꽤 길게 횡보하긴 하지만, 큰 하락은 없이 안정적으로 우상향합니다. 최근 장에서는 확실히 더 잘 먹힌 것 같고요. 간단한 아이디어로도 괜찮은 결과가 나오니, 신기합니다. 이렇듯, 괜찮은 아이디어만 있다면 단타 퀀트 전략도 짜기가 참 쉽습니다.

다음은 젠마트 알고리즘 마켓에서 팔고 있는 수급주 대상의 단타 퀀트 전략입니다.

뮤즈 전략 결과

이 전략은 제가 만들어서 판매한 수급 추세 포트로, 약 4년 누적수익률 1,900%대, MDD 불과 6%대를 기록하는 전략입니다. 실제로 판매 이후에도 안정적으로 우상향하고 있는 것으로 확인되었습니다 2020년 1월 판매 시작, 이후 수차례 추가 업데이트. 누구든 많이 공부하고 백테스트를 많이 돌리다 보면, 이런 전략을 만들 수 있습니다.

Dr. Quant Comment

▶ 수급 전략의 핵심은 수급과 추세가 좋은 종목을 사서 하루 보유하고 파는 것이다.

평균 회귀 현상을 이용한 역추세 전략

오르고 있는 종목이 아니라 떨어지고 있는 종목을 사서 수익을 내는 전략을 말합니다. 역추세는 '과도하게 떨어진 종목은 평균값으로 회귀한다'는 평균 회귀 현상Mean Reversion을 이용한 것입니다. 즉, 과도하게 떨어진 종목을 사서 살짝 회복할 때 수익을 내고 나오는 전략인 것이지요.

일단 기본적인 구조 자체가 앞의 두 전략과 다를 수밖에 없습니다. 역추세 전략에서는 마켓타이밍을 사용하지 않고, 거래 대금이 그다지 높지 않은 것을 거래하며, 우선순위가 정반대입니다모든 역추세 전략을 이렇게 짤 필요는 없습니다. 이는 하나의 예시일 뿐입니다. 실제로 마켓 타이밍이 들어간 역추세 전략이 안정성이 더 좋기도 합니다. 익절이 들어가 있지는 않지만, 앞의 것과 비교하기 위해 '새 가상 포트 만들기'틱테스트로 진행하겠습니다.

역추세 전략 백테스트 설정 1

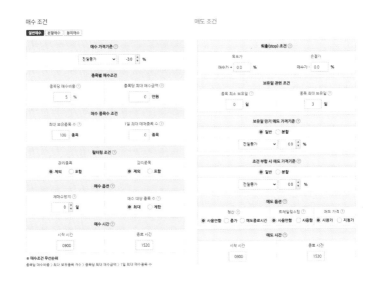

역추세 전략 백테스트 설정 2

매수 가격 기준은 전일 종가 -3%입니다. 역추세 전략이니만큼 많이 떨어졌을 때 사는 게 유리하다고 생각했기 때문에, 전일 종가보다

3% 하락한 가격에 매수 주문을 넣도록 설정하였습니다. 종목당 매수 비중은 5%로, 20종목, 최대 보유 종목수는 100종목으로 하고, 매수 조건에서 그 외의 것은 건드리지 않았습니다.

매도 조건에서는 목표가, 손절가를 설정하지 않고=0으로 설정, 종목 최대 보유일은 3일로, 보유일 만기 매도 가격 기준 및 조건 부합 시 매도 가격 기준은 전일 종가 0%로 설정하였습니다. 종목을 산 후 매도 조건을 만족하지 않으면 3일 동안 보유하고 보유일 만기 매도 가격 기준인 전일 종가 0%에 팔고, 매도 조건을 만족한다면 보유 기간이 지나지 않아도 조건에 부합할 때 매도 가격 기준에 맞춰 전일 종가 0%에 파는 방식입니다. 나머지 설정은 그대로 두었습니다.

매수 조건식, 매도 조건식은 다음과 같이 설정합니다.

역추세 전략 백테스트 설정 3

이를 정리하면 다음과 같습니다.

매수 조건식

A and B

A 비율(｛거래대금｝,｛오름차순｝) 〉 30

B 주가이동평균_변화율(｛20일｝,｛1일｝) 〉 0

우선순위 (오름차순)

변화율_기간(｛종가｝,｛5일｝)

매도 조건식

A ｛보유종목수익률｝ 〉 0

거래 대금이 상위 70%인 대상 종목 중에 20일 이동평균선이 어제보다 상승한 종목을 추린 뒤, 일주일 주가 변화율이 가장 작은오름차순 종목, 즉 일주일 동안 하락률이 가장 큰 종목부터 삽니다. 그리고 보유한 종목의 수익률이 0을 넘어가면 다음 날 매도하는 것입니다.

여기서 보충 설명해야 할 부분이 매수 조건식의 B와 매도 조건식입니다. 매수 조건식 B는 20일 이동평균선이 어제보다 오늘 상승했다는 조건입니다. 일단 우하향하는 종목을 걸러내기 위해서입니다. 아무리 역추세 전략이라지만, 하염없이 떨어지는 종목을 살 필요는 없습니다. 반등할 가능성이 있는 종목을 사는 것이 목적이기 때문입니다. 그래서 20일 이동평균선이 상승하고 있는 종목을 추리는 것입니다. 20일 이동평균선이 상승하고 있다는 것은 일단 우하향하는 종목은 아니라는 뜻이죠. 즉, 중기 추세는 살아 있는 종목을 추린 것입니다. 백테스트해본 경험에 따르면, 중기 추세는 살아 있어야 그나마 반등할 가능성이 크기 때문입니다이런 조건 없이 백테스트하면 대부분 우하향합니다.

젠포트에서 매도 조건은 실시간으로 적용되는 항목이 아니며, 실시간으로 매도하는 것은 목표가, 손절가 설정, 타임컷 설정밖에 없습니다타임컷 설정은 나중에 기본적인 것을 익힌 뒤에 배우면 되므로 이 책에서는 설명하지 않을 것입니다.

목표가, 손절가에 도달하여 실시간 익절, 손절하는 것을 제외하고는, 젠포트는 매일 아침 8시 50분쯤에 지정가 주문을 냅니다. 그날 장이 마감하면 그 데이터들을 수집하여 매수 및 매도 조건에 맞는지 따지고, 그에 해당하는 종목을 매수 대상 종목, 매도 대상 종목으로 설정하여 다음 날 아침 오전 8시 50분에 주문을 냅니다. 따라서 매도 조건식 A처럼 '{보유종목수익률}〉0'으로 설정하면, 그날 장을 마감했을 때 보유 종목 수익률이 0을 초과한 종목은 그날 저녁 매도 대상 종목으로 설정되며, 다음 날 아침 매도 주문을 내게 됩니다.

다시 말해, 거래 대금 상위 70%인 종목 중에서 중기 추세가 살아 있는 종목을 추린 뒤20일 이동평균선이 상승하고 있는 종목 일주일 동안 하락률이 큰 종목을 전일 종가 -3%에 매수하여 3일간 보유하고 팔되, 그 전에라도 수익을 내면 팔아버리는 전략입니다.

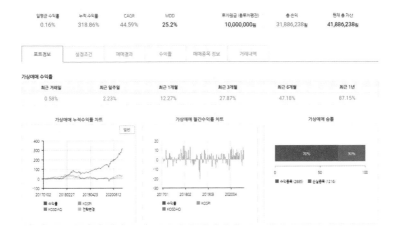

일평균 수익률	누적 수익률	CAGR	MDD	투자원금 (총투자평잔)	총 손익	현재 총 자산
0.16%	318.86%	44.59%	25.2%	10,000,000원	31,886,238원	41,886,238원

| 포트정보 | 설정조건 | 매매결과 | 수익률 | 매매종목 정보 | 거래내역 |

가상매매 수익률

최근 거래일	최근 일주일	최근 1개월	최근 3개월	최근 6개월	최근 1년
0.58%	2.23%	12.27%	27.87%	47.18%	87.15%

역추세 전략 백테스트 결과

앞에서 나온 두 전략보다 MDD는 크지만, 수익률은 더 높은 전략이 완성되었습니다. 약 4년 누적수익률 약 318%, CAGR 약 44%, MDD는 약 25%를 기록했습니다. 이 전략의 단점은 마켓타이밍이 없는 만큼 MDD가 높다는 것이겠죠. 또 다른 단점은 거래 대금이 상위 70%라 유동성이 부족한 종목을 매매할 수도 있다는 점입니다. 즉, 괴리가 클 수 있지요. 거래 대금이 부족하면 체결이 안 되는 경우도 있습니다. 그렇지만 적정 금액을 운용한다면 상당히 매력적인 수익률을 안겨주는 전략일 것입니다. 40개월 만에 원금이 약 3배가 되었으니 말입니다.

다음은 젠마트 알고리즘 마켓에서 현재 판매 중인 역추세 전략입니다.

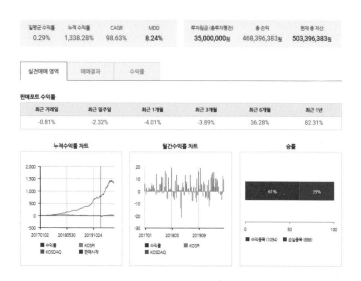

일평균 수익률	누적 수익률	CAGR	MDD	투자원금 (총투자평균)	총 손익	현재 총 자산
0.29%	1,338.28%	98.63%	8.24%	35,000,000원	468,396,383원	503,396,383원

실전매매 영역	매매결과	수익률

판매포트 수익률

최근 거래일	최근 일주일	최근 1개월	최근 3개월	최근 6개월	최근 1년
-0.81%	-2.32%	-4.01%	-3.89%	36.28%	82.31%

역추세 전략 V2.0 결과

약 4년 누적수익률 1,300%대, CAGR 약 98%, MDD는 8%대의 역추세 전략입니다. 2020년 3월 판매 이후 역시 우상향하고 있습니다. 역추세 전략도 추세 전략만큼이나 무궁무진한 가능성이 있는 전략임은 분명합니다. 물론 누구나 만들 수 있을 테고요.

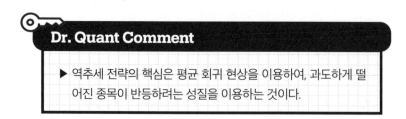

Dr. Quant Comment

▶ 역추세 전략의 핵심은 평균 회귀 현상을 이용하여, 과도하게 떨어진 종목이 반등하려는 성질을 이용하는 것이다.

소액에 알맞은 단타 퀀트 전략

단타 퀀트 전략에도 역시나 한계가 명확히 존재합니다. 단타 퀀트 전략의 가장 큰 한계점은, 큰 금액을 굴리기가 힘들다는 점입니다. 한 전략당 많아야 1~2억 원 정도가 최선이 아닐까 생각합니다. 물론 이것은 제 생각일 뿐입니다.

한 전략당 운용할 수 있는 금액에 한계가 있는 것은 트레이더 효과 때문입니다. 트레이더 효과란, 여러 사람이 동시에 같은 전략을 운용할 때 그 전략의 수익성이 떨어지는 현상을 말합니다. 비슷한 전략도 해당됩니다. 트레이더 효과는 그 실체가 불분명해서 실시간으로 수익성이 저하되는 것을 확인하기는 어렵지만, 시간이 지나고 보면 깨닫게 됩니다. 심각한 경우에는 수익성이 저하될 뿐 아니라, 아예 수익률 곡선이 꺾여서 손실을 보는 경우도 있습니다.

그렇다면 트레이더 효과란 왜 일어나고, 운용할 수 있는 금액에 미치는 영향은 무엇일까요? 여러 사람이라는 말은 사실 그 운용 자금의 총합을 뜻합니다. 실제로 여러 사람이 비슷한 전략을 운용해도 각 개인이 운용하는 금액이 작다면 문제가 안 되지만, 한 사람이 운용하더라도 금액이 크다면 문제가 될 수 있습니다. 예를 들면, 100명이 1만 원씩 운용하는 것보다 한 사람이 1억 원을 운용할 때 수익률이 줄어들게 됩니다.

다시 말해, 비슷한 전략에 거대한 운용 자금이 운용될 때 그로 인한 수익성이 저하된다는 말입니다. 트레이더 효과가 존재하기 때문에 큰돈을 굴리는 운용사나 기관에서는 젠포트처럼 높은 수익률을 올릴 수 없는 것입니다. 트레이더 효과가 어떻게 일어나는지는 정확하게 밝혀지지 않았지만, 젠포트 커뮤니티에서 여러모로 연구한 결과 젠포트에서 트레이더 효과가 나타나는 이유로 추정되는 것이 몇 가지 있습니다.

첫째로, 젠포트는 장 전에 주문을 내서 시초가에 영향을 미칠 수 있다는 것이 문제가 됩니다. 앞에서도 잠깐 언급했는데, 많은 거래량 및 거래 대금을 지정가로 주문을 내게 되면 시초가가 변할 수 있습니다. 예를 들어, 전일 종가 -2%에 매수 주문을 내는 젠포트 전략이라고 합시다. 이 전략이 오전 8시 50분에 전일 종가 -2%에 지정가 주문을 내지 않았더라면, 전일 종가 -10%에 시작해서 그날 전일 종가 -5%에 마감했을 종목이 있다고 생각해봅시다. 내가 운용하는 금액이 작다면, 전일 종가 -2%에 매수 주문을 내도 시초가를 변화시키지 않는 한 전일 종가 -10%에 매수되어더 싼 가격이 있으면 그 가격에 매수가 되겠죠. -5%에 팔아 5%의 수익을 냈을 것입니다. 그러나 내가 운용하는 금액 100억 원으로 전일 종가 -2%에 주문을 낸다면, 시초가가 전일 종가의 -2%로 변할 겁니다. 전일 종가 -2%보다 작은 가격에 걸려 있는 몇억 원의 물량을 다 소화시키고 전일 종가 -2%로 변하는 것이죠. 그러면 매수 평단은 전일 종가 -2%에 가깝게 될 것이고, 이후에 가격이 -5%로 마감한다면 -3%의 손실을 보는 것입니다. 물론, 극단적인 예라서 현실성이 떨어지긴 합니다. 다시 말하면, 내가 굴리는 금액이 시초가를 변동시킬 수 있어서 주가에 변화를 주어 결국엔 내 수익을 갉아먹는다는 의미입니다.

둘째로, 호가 창에 주문 물량이 쌓여 있는 것이 그대로 노출됩니다. 실제로 큰 금액을 손으로 매매하는 단타 트레이더들은 거래 대금이 클 때만 호가 창에 들락날락하면서 자신의 존재가 눈에 띄지 않게 거래합니다. 자신의 호가 주문이 주가에 영향을 미칠 수 있기 때문이죠. 반대로 젠포트 시스템은 아침 8시 50분에 일괄적으로 주문을 내기 때문에, 실제로 여러 젠포터들이 한 종목을 한 호가에 매수하면 그 호가에 몇억씩 물량이 쌓일 수 있습니다. 이렇게 쌓인 물량이 주가에 영향을 미치고 수익성을 갉아먹는 것으로 추정됩니다.

가장 대표적인 영향이 미체결 문제이지요. 예를 들어 전일 종가 0%에 매수 주문이 100주 걸려 있는 것과 100억 주가 걸려 있는 것 중에, 미체결이 날 확률이 큰 것은 어느 것일까요? 100주가 걸려 있으면 물량이 적기 때문에 매도 주문이 100주만 나와도 체결될 겁니다. 반대로 100억 주가 걸려 있으면 매도 주문이 1억 주씩 나와도

99%는 미체결 물량일 겁니다. 미체결된 종목은 보통 수익을 내는 경우가 많으므로 (그 가격을 찍기만 하고, 내 물량은 미체결되고 다시 올라간 경우니까요) 상대적으로 손해를 봅니다. 틱테스트에서는 이런 경우 체결되었다고 가정하고 수익으로 찍히지만, 실전에서는 수익으로 찍히지 않습니다. 이외에도 알 수 없는 여러 가지 영향을 미칠 것으로 보입니다.

결국 한 전략에 큰 액수의 돈을 운용하는 것은 한계가 있습니다. 보통 거래 대금이 많은 것을 거래하는 추세 전략의 경우, 평균 매수·매도 거래 대금이 몇백억 수준입니다. 평균으로 보면 매우 많지만, 하위 10%의 경우 몇십억 정도입니다. 종목당 매수 비중 10%, 10종목을 거래하는 포트폴리오라면 한 종목당 1,000~2,000만 원, 5%로 20종목을 거래하는 포트라면 500~1,000만 원 정도 투입될 겁니다. 몇십억씩 거래되는데 몇천만 원은 당연히 티가 나지 않습니다. 그런데 문제는 그 종목을 사는 젠포터가 나 하나가 아니라는 점입니다.

추세 전략은 거래 대금 상위에서 추세가 좋은 종목을 거래하기 때문에, 젠포터끼리 종목이 겹치는 현상이 잘 일어납니다. 젠포터들 사이에서는 '어셈블'이라고 표현하기도 합니다. 이렇게 젠포터들이 어셈블된 종목은 추세 전략을 돌리다 보면 심심치 않게 발견되는데(경험상 약 50% 이상의 확률), 장 시작 전 호가 창을 실시간으로 보면 수십, 수백 명이 그 종목의 한 호가에 몰려 있어서 티가 나게 툭 튀어나온 것을 볼 수 있습니다.

다시 말해, 거래 대금이 많은 종목을 거래하는 추세 전략의 경우에는 수많은 젠포터들이 같은 종목을 사는 어셈블 현상이 일어나기 때문에 트레이더 효과를 일으키는 것입니다. 나 혼자만 쓰는 전략이라면 평균 거래 대금이 몇백억, 거래 대금 하위 10% 커트라인이 몇십억 정도이기 때문에 1억을 굴리든 10억을 굴리든 티가 안 날 수 있지만, 혼자만 쓰는 전략은 없기 때문에 적은 액수를 굴려야 한다는 결론에 도달하는 것입니다.

그런데도 젠포트를 활용해야 하는 이유는 무엇일까요? 소액의 경우에는 큰 문제 없이 굴러갈 확률이 높고, 조금만 노력해도 독창적인 전략을 만들 수 있습니다. 여러 전략을 만들어서 분산해서 돌리면 큰 무리 없이 금액도 굴릴 수 있습니다. 이렇게 한계점을 극복하면서 활용하면, 단타 퀀트 전략은 개인이 누릴 수 있는 장점 중의 하나라고 생각합니다. 기관은 운용하는 금액이 커서 활용하고 싶어도 힘들거든요. 사실 10억 원 이상의 돈을 운용한다면 젠포트는 적절하지 않을 것입니다.

1. **종목당 매수 비중 5%로 20종목을 운용할 것**단, 운용 금액이 대략 5,000만 원 이하로 적다면 종목당 매수 비중 10%씩 10종목도 괜찮음
2. **남들과 똑같은 전략이 아닌 독창적인 전략을 만들어 운용할 것**
3. **최소 5개의 전략으로 돈을 분산해서 운용할 것**단, 전략당 최소 운용 금액 100만 원 이상

이런 원칙을 지킨다면 운용 금액의 한계점을 극복하며 젠포트를 활용할 수 있을 것입니다.

또 다른 한계점도 있습니다. 단타 퀀트 전략의 경우 매일 여러 종목을 거래하게 됩니다. 단순 비교를 위해 20일 동안 10종목을 거래하는 중장기 퀀트 전략과 1일에 5종목을 거래하는 단타 퀀트 전략을 비교해봅시다. 1일에 5종목이면, 20일에는 100종목을 거래하겠죠. 괴리가 나타나는 이유 중 가장 큰 것이 바로 미체결 문제입니다. 틱테스트와 실전과의 괴리율은 보통 10% 미만으로 나타나야 정상이지만, 극단적으로 10%가 난다고 가정해봅시다. 그렇다면 20일 동안 10종목을 거래하는 중장기 퀀트 전략의 경우, 20일 동안 단 1종목만 다를 것입니다. 반면 단타 퀀트 전략의 경우 20일 동안 100종목을 거래했으므로 10종목이나 다를 것입니다. 괴리율이 같더라도 다른 종목이 많기 때문에, 괴리 자체는 커질 것입니다. 시간이 지날수록 그 차이는 더 커지겠죠. 즉, 단타 퀀트 전략은 틱테스트와 실전 사이의 괴리가 갈수록 커지는 구조입니다.

아쉽게도 이 한계점을 극복하는 방법은 없습니다. 하지만 이는 젠포트에만 존재하는 문제는 아닙니다. 모든 자동매매 툴에는 이러한 괴리가 존재할 수밖에 없으며, 끌어안고 같이 가야 하는 친구 같은 존재입니다. 그래서 대부분의 퀀트 투자자들이 백테스트를 할 때 슬리피지 등을 고려하는 것입니다.

이외에도 데이트레이딩당일 사서 당일 파는 거래이 제한적으로만 제공된다는 점도 한계점으로 지적될 수 있습니다. 현재 젠포트 시스템에서 당일 사서 당일 파는 거래는 매우 제한적입니다. 매수의 경우 타임컷 기능을 활용하여 특정 시간에 시장가 매수로 주문하는 기능밖에는 없고, 장중에 거래 대금이 폭발힐 때 진입하는 등의 기능은 구현되질 않습니다. 매도의 경우 목표가 및 손절가에 도달했을 때 실시간으로 익절 및 손절하는 것, 3시 20분~3시 30분 사이에 종가에 시장가로 모두 팔아버리는 것 말고는 없습니다. 무엇보다 종가에 시장가로 팔게 되면, 큰 금액을 운용할 경우에는 시가와 마찬가지로 내가 종가를 끌어내릴 수 있으므로 손해를 보게 됩니다. 또 거래 대금이 너무 적은 종목에서 종가 시장가 매도를 하면 경고를 받을 수도 있습니다.

앞으로 젠포트가 어떻게 업데이트되느냐에 따라 극복될지도 모르지만, 현재로서는 이러한 한계점을 잘 알고 써야 할 것입니다.

단기 트레이딩 전략에 대한 상세한 내용은 뉴지스탁의 젠문가 강의에서 만나볼 수 있으며, 다양하고 풍부한 전략을 제공합니다.

Dr. Quant Comment

▶ 단타 퀀트 전략을 운용하는 데 가장 무서운 것은 바로 트레이더 효과다.

▶ 트레이더 효과를 피하기 위해서는 독창적인 전략을 개발하는 것이 가장 중요하다.

▶ 운용할 금액이 크다면 다양한 전략을 운용하는 것이 필수다.

7장

가장 완전한 자동매매 툴, 전략 운용법 다섯 가지

이제는 젠포트 전략을 만들 수 있을 겁니다. 물론 자신만의 독창적인 전략을 만들 때까지는 시간이 걸릴 수는 있지만, 중요한 것은 젠포트 전략 운용법입니다. 젠포트 전략을 잘 만드는 것보다 잘 운용하는 것이 중요하기 때문입니다. 이번 장에서는 다섯 가지 전략 운용법에 대해 이야기하려고 합니다. 자, 이제 살펴볼까요?

Smart
Quant Investment

현금 비중을
조절하라

　자산군의 배분에 대해서는 앞에서도 설명했지만, 아주 중요하므로 간략하게 짚고 넘어가겠습니다.

　먼저 현금 비중을 확보하십시오. 인생은 어떻게 될지 모르니, 현금을 일정 비율 이상 들고 있어야 합니다. 이 비율은 상황에 맞춰 준비하면 됩니다.

　예를 들어 결혼이나 자동차 구입 등 특별한 이벤트를 앞두고 있다면 현금 비중이 많아야 할 것이고, 안정적이라면 현금 비중을 조금 줄여도 될 것입니다. 안정적인 상황이라고 가정할 때 추천하는 비율은 전체 자산의 20% 정도입니다.

자산은
분산하라

알파 투자 대 베타 투자 비율을 5:5로 정하십시오. 알파 투자로 젠
포트를 선택했고 자산이 매우 크다면, 앞서 언급한 대로 젠포트의 한
계 때문에 베타 투자의 비율을 높여야 할 수도 있습니다. 예를 들어
100억 원을 굴리는 거대한 자산가라면, 젠포트에는 5억 정도의 비중
만 싣고 나머지는 베타 투자를 하면 됩니다. 물론, 젠포트로 투자하는 예를 든
것이므로, 많은 금액을 소화할 수 있는 금이나 채권, 부동산 등 다른 자산에 투자해도 될 것입니다.

젠포트에 투자 자금을 전부 투자하고 있다면, 주식이라는 자산군
에 전 재산을 투자하고 있는 셈이므로 매우 위험합니다. 따라서 이런
방식은 권하지 않습니다.

상관관계가 낮은 대상에 분산 투자하라

전략은 무조건 분산해야 합니다. 전략을 분산하라는 말은, 단순히 여러 전략을 돌리라는 것이 아닙니다. 해리 마코위츠의 포트폴리오 이론은 상관관계가 낮은 투자 대상에 분산 투자할수록 안전하게 투자할 수 있다는 것입니다. 상관관계=상관성, 상관도 란, 한 투자 대상이 100만큼 상승했을 때 다른 투자 대상이 100만큼 상승한다면 상관관계는 +1이고, -100만큼 하락한다면 -1로 정의되는 것입니다. 50만큼 상승한다면 0.5겠죠. 상관관계가 낮다는 것은 투자 대상의 가격이 서로 다른 방식으로 움직인다는 것을 의미합니다. 상관관계의 부호까지 다르면 아예 다른 방향으로 움직이는 것을 의미하고요. 이러한 투자 대상들을 섞어서 포트폴리오를 만들어서 투자할수록 안전하다는 것이 마코위츠의 포트폴리오 이론입니다

이 이론은 개별 종목부터 시작하여 자산군, 더 나아가 포트폴리오까지 포함합니다. 즉, 상관관계가 낮은 개별 종목이나 자산군을 묶어

서 포트폴리오를 구성하면 더 안전할 뿐 아니라, 상관관계가 낮은 포트폴리오들전략들의 포트폴리오를 구성하면 더 안전하다는 의미입니다. 젠포트로도 전략 사이의 상관관계를 구할 수 있기 때문에❶ 포트폴리오들전략들의 포트폴리오를 구성해서 투자해야 합니다.

보통 한 아이디에는 5개의 키움증권 실전 전략을 등록할 수 있기 때문에 5개의 전략을 하나의 포트폴리오로 구성할 수 있습니다NH투자증권 전략 5개를 추가로 등록할 수 있습니다. 5개라는 숫자가 아니라, 전략의 상관관계가 제일 중요합니다. 상관관계가 낮은 전략 5개를 섞는 것이 가장 이상적인 포트폴리오라고 할 수 있지만 현실적으로 어려움이 있으므로, 상관관계가 높지 않은 전략 5개를 섞는 것이 현실적입니다.

그렇다면 상관관계는 얼마 정도여야 높지 않다고 할 수 있을까요? 이것 역시 정답은 없지만, 개인적으로 0.7은 절대 넘지 않아야 한다고 생각합니다. 0.5 이하면 좋고, 0.3 이하라면 아주 좋은 상관관계라고 할 수 있겠지요. 0.5 이하가 되어도 폭락장에서는 상관관계가 높아지는 경향이 있습니다. 폭락장에서는 전체적인 주식의 상관관계가 올라가기 때문이죠. 다 같이 떨어지니 당연한 현상입니다. 그래서 0.7 이상은 거의 비슷한 방향으로 움직이는 전략이라 분산 효과가 없다고 봐도 됩니다.

---

❶ 부록을 참조하라.

시스템 고,
스톱!

　시스템 스톱이란 말 그대로 자동매매 시스템을 멈춘다는 뜻입니다. 즉, 젠트레이더 작동을 일시 정지시키는 것이죠. 왜 필요할까요? 전략이 언제 망가질지 모르기 때문입니다. 전략이 평생 먹히면 좋겠지만, 시장은 항상 변하고 그에 따라 전략의 수익성도 변합니다.

　문제는 전략을 유지하는 동안 티가 잘 안 난다는 점입니다. 실제로 전략을 운영하다 보면, 잠깐 하락 또는 횡보하는 구간인지, 아니면 전략이 망가진 것인지 알 수 없을 때가 많습니다. 만약 내 전략이 어느 순간부터 통하지 않고 있는데도 계속 유지하면 그 전략을 유지하는 동안 손실의 폭이 커질 것입니다. 이를 방지하기 위해 일정 기준을 넘기는 손실이 발생하는 경우 시스템을 스톱시키는 것입니다.

　두 번째 이유는 손실의 최대 폭을 제한하기 위해서입니다. 백테스트로 전략을 검증하는 것은 과거의 데이터를 검증하는 것이지 미래를 예측하는 것은 아닙니다. 즉, '과거에는 통했다'는 정도로 이해해야지, 미래에도 그럴 것이라고 장담해서는 안 된다는 말입니다.

예를 들어, 백테스트상에서 MDD 10%가 나왔다고 가정해봅시다. 이 전략이 미래에도 10% 이내의 손실만 기록할까요? 오히려 MDD를 새로 갱신해서 MDD가 커질 확률이 높다고 봐야 합니다. 전략을 만드는 과정에서 MDD를 줄이려 노력했을 것이고, 필수적으로 과최적화를 동반할 수밖에 없거든요. 그러므로 MDD를 인위적으로 줄인 전략을 돌리다 보면, 실전에서는 그보다 큰 MDD를 갱신할 수밖에 없습니다. 이런 과정이 없어도 MDD는 언젠가 갱신되는 것이라고 생각하면 편합니다.

그런데도 MDD라는 지표를 만들어서 보는 이유는 내가 투자했을 때 예상되는 최대 손실폭을 가늠하기 위해서입니다. 즉, 전략을 돌렸을 때 위험도를 판단하기 위해서 MDD를 보는 것이므로, 최대 손실폭을 MDD 수준에서 멈추는 것이 합리적입니다. 이런 것을 가능하게 하는 것이 바로 시스템 스톱입니다.

시스템 스톱에 대한 원칙을 세우는 것은 필수적입니다. 첫 번째로 전략이 언제, 어떻게 망가질지 모르기 때문이고, 두 번째로 전략의 최대 손실폭을 제한하는 수단으로 필요하기 때문입니다. 그렇다면 시스템 스톱은 어떻게 해야 할까요?

사실 정답은 없습니다. 시스템 스톱의 효용성도 백테스트로 검증할 수 있으면 좋겠지만, 아직 그런 기능은 구현되어 있지 않습니다. 그래서 개인이 임의대로 시스템 스톱에 대한 원칙을 세우고 지키면 됩니다. 다소 퀀트 투자자답지 못한 방법이긴 하지만, 뾰족한 대안이 없습니다.

시스템 스톱의 기준을 잡는 예를 살펴봅시다. 먼저 필요한 준비물은 틱테스트입니다. 틱테스트에서 나온 MDD를 가지고 투자의 기준으로 삼겠죠. 보통은 감당할 수 있는 최대의 손실을 MDD라고 판단하기에, MDD를 넘는 손실이 발생했다면 시스템을 스톱시킵니다. MDD가 10%인 전략을 계속 돌리다가 DD가 10%를 초과하여 새로운 MDD를 기록했다면 그 전략은 잠시 멈추는 것입니다.

멈추는 방법은 간단합니다. 젠트레이더에서 연동을 끊어버리고 보유하고 있는 종목을 수동으로 팔면 됩니다. 이렇게 하면 최대 손실은 10%를 약간 초과하는 정도에서 멈출 수 있습니다. 가장 간단하면서도 효율적인 시스템 스톱법입니다.

이 기준은 정해진 게 아니므로 마음대로 바꿀 수 있습니다. 틱테스트상에서는 MDD 10%인 전략을 실전 매매로 돌리지만, 내가 견딜 수 있는 MDD가 15%라고 생각한다면 15%에서 시스템 스톱을 해도 됩니다.

그러면 언제 다시 시스템을 재가동할까요? 이것 역시 정답은 없지만, 필자는 전략이 살아나는 것을 확인한 뒤에 시스템을 재가동합니다. 전략이 살아나지 않으면 그 전략은 폐기하고요. 틱테스트상 MDD가 10%여서 실전을 돌리고 있었는데, 실전에서 MDD 12%를 기록했다고 가정해봅시다. 그러면 시스템을 멈추고 젠트레이더 연동을 멈추고 가지고 있는 종목을 수동으로 다 팔아버린 후에, 젠포트 가상 매매로 누적수익률 곡선을 추적합니다. 틱테스트를 돌리고 나서 그 포트폴리오를 가상 매매 슬롯에 두면, 날마다 자동으로 가상 매매를 합니다. 이 포트폴리오의 누적수익률 곡선을 지켜보다가 언더워터 구간 MDD가 발생하기 시작한 구간부터, 전고점을 탈환하기까지의 구간을 탈출하면 그때 재가동하면 됩니다.

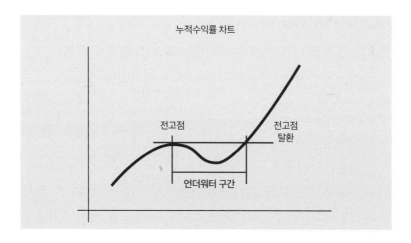

시스템 재가동법

그림을 보면, 수익률 곡선이 안정적으로 상승하다가 전고점인 부분에서 하락해서 MDD를 기록하고, 다시 상승해서 전고점을 탈환했습니다. MDD가 발생하기 시작한 전고점 구간부터 MDD를 극복하고 전고점을 탈환한 지점까지가 언더워터 구간입니다. 시스템 재가동은 전고점을 탈환하여 언더워터 구간이 끝나는 시점부터 합니다. 전략이 회복한 것을 확인하고 들어가는 것입니다. 만약 언더워터 구간을 회복하지 못하거나 오래 걸린다면, 그 전략은 망가진 것으로 판단하고 폐기하면 되지요.

엄청나게 간단하고도 효율적인 시스템 스톱법 및 재가동법이지만, 단점도 있습니다. 전략의 반등을 먹지 못한다는 것입니다. 일반적으로 전략이 망가지지 않았다는 가정하에, 전략의 누적수익률 곡선이 급락하면 곧 반등하는 경향이 있습니다. 시스템을 스톱하면 이 반등을 먹지 못합니다. 대신, 전략이 망가지거나 시장이 금융위기급으로 무너진 경우에는 이러한 반등도 나오지 않으므로 더 큰 손실을 막지요. 반등을 포기하는 대신 최대 손실폭을 줄이는 겁니다.

또 다른 단점은 누적수익률 곡선이 MDD를 기록하고 회복하는 것을 계속 반복하는 경우에 취약하다는 점입니다. 첫 번째 MDD를 기록해서 시스템을 스톱했다가 회복해서 재가동했더니 다시 MDD를 기록하는 거죠. 이런 경우, 첫 번째 MDD 이후 반등을 먹지 못한 채로 두 번째 MDD를 맞아서 결국 MDD를 두 번 연속 맞는 것과 같습니다. 최대 손실폭을 제한하지 못한 것이죠. 다행스럽게도 이런 경우가 많지는 않습니다. 그리고 이런 경우가 발생한다면, 이 전략은 폐기 처분하는 것이 맞습니다.

단점이 없는 시스템 스톱법이란 없으니, 장단점을 잘 따져서 더 좋은 시스템 스톱법을 써도 됩니다. 중요한 것은 어떤 방법이든 시스템 스톱의 기준과 원칙을 세우라는 것이죠. 언제, 어떻게 전략이 망가질지 모르는 일이니까요. 시스템 손절에 관한 좀 더 자세한 내용은 systrader79의 왕초보를 위한 주식투자 블로그의 '시스템 손절매 기법 (35)' https://stock79.tistory.com/94에서도 확인할 수 있습니다.

계좌 전체의 리스크를 관리하라

계좌의 리스크를 관리한다는 것은 무슨 의미일까요? 시스템 스톱으로 개별 전략의 수익률 곡선의 리스크를 관리한다면, 계좌의 리스크 관리법은 조금 더 확대된 개념입니다. 개별 전략이 아니라 전체 전략의 복합 MDD를 구하고, 그 MDD를 통해 계좌 전체의 리스크를 관리하는 법입니다. 개별 전략의 시스템 스톱법과 마찬가지로 모든 전략의 복합 MDD를 구한 뒤, 그 MDD만큼 전체 계좌에 손실이 왔을 때 스톱하는 방법입니다.

그러려면 전체 계좌의 복합 MDD를 구해야 합니다. 전체 계좌의 복합 MDD는 과거에는 거래 내역 파일을 다운받아서 엑셀 작업을 거쳐야 만들 수 있었습니다. 상당히 복잡하고 귀찮은 작업이었죠. 지금은 젠포터 중에 뛰어난 재능을 가진 '쩐군'이 전체 전략의 복합 MDD를 자동으로 구해주는 프로그램을 만들었습니다. 이 프로그램을 활용해서 전체 전략의 복합 MDD를 구하는 것을 추천합니다.

젠포트 카페에 프로그램이 업로드되어 있으므로 젠포트 카페에 접속하여 가입해야 합니다. 네이버 카페인 '투자로봇 플랫폼, 젠포트'에 접속하여 가입한 뒤, 좌측 메뉴에서 '나도 알고리즘 메이커→젠포트 자료실'을 클릭하여 접속합니다. 글 번호 929번의 '젠포트 전략 분석 도구_v2.0'이라는 게시글을 클릭하면 됩니다. 사용법을 아주 친절하게 설명해놓았으므로 다시 설명할 필요는 없을 것 같습니다. 프로그램을 켠 뒤 포트폴리오를 불러오고 성과 지표를 클릭한 뒤 차트 업데이트를 누르면, 전체 전략의 복합 CAGR 및 복합 MDD를 비롯한 다양한 성과 지표를 확인할 수 있습니다.

여기서 확인한 복합 MDD를 기준으로 계좌 전체에서 그만큼의 손실이 발생하면 전략을 점검하는 시간을 가져야 합니다. 일단 전체 계좌에 손해가 났다면 살펴봐야 할 첫 번째가 매크로한 경제 상황입니다. 전 세계적으로 금융위기가 닥쳤고 우리나라 증시도 예외는 아니라면 계좌 전체가 복합 MDD만큼 손실을 입은 것이 당연할 테고, 상황이 안 좋기 때문에 더 큰 손실을 방지하기 위해 전체 전략을 스톱해야 할 것입니다그리고 이런 상황이라면 대부분의 많은 전략들이 MDD를 갱신했을 확률도 높지요. 그리고 전 세계 혹은 우리나라의 경제 상황이 안정되기를 기다려야겠지요.

코스피 Volatility 지수를 참고하면 경제 상황을 살필 수 있습니다.❷ 코스피 Volatility V_KOSPI 지수란, 코스피의 변동성과 연계되어 있어 변동성 지수라고도 불리며 공포지수라고도 합니다. 시장에 공포 감이 휩싸일 때 시장의 변동성이 커지고, V_KOSPI 지수도 커지기 때문입니다. 즉, 변동성이 커질 때 V_KOSPI 지수가 커집니다. 주식 시장에서는 대개 '오를 땐 천천히, 떨어질 땐 빨리'라는 현상이 일어 납니다. 물론, 항상 맞지는 않습니다. 빨리 오를 때도 V_KOSPI 지 수가 상승합니다. 하지만 보통은 폭락할 때 변동성이 심해지고, V_ KOSPI 지수가 급격하게 올라갑니다. V_KOSPI 지수가 25 미만으 로 떨어지고 V_KOSPI 지수의 5일 이동평균선이 하락하면 시장이 안정된다고 봐도 됩니다이 또한 대략적인 기준치라고 생각하면 됩니다.

이 방법의 단점은 역시 반등을 못 먹는다는 점입니다. 그러나 복 합 MDD보다 큰 손실을 막을 수 있다는 점에서 리스크를 관리하는 방법입니다.

만약 매크로한 경제 상황이 괜찮다면, 개별 전략의 유효성을 살 펴봐야 합니다. 예를 들어, 5개 전략을 돌리는 경우에 5개 전략 모두 망가진다면 매크로한 경제 상황에 문제가 있을 것입니다. 보통은 1~2개의 전략이 문제를 일으키므로 이러한 전략만 누적수익률 곡 선을 살펴보면서 어떤 전략이 장기간 우하향하고 있진 않은지, 단기 간에 그 전략만 급락하진 않았는지 보는 것이지요. 참고로 저는 3개 월 이상 횡보하거나 우하향하는 전략은 볼 것도 없이 폐기 처분하고, 단기간에 급락한 전략은 MDD에 도달했을 경우 스톱하거나 지켜보 기로 합니다. 이렇듯 매크로한 경제 상황이 괜찮은데도 전체 전략의 복합 MDD를 새로 갱신할 만큼 큰 하락을 기록했다면, 개별 전략을 살펴보고 그중에 스톱하거나 폐기할 것을 결정합니다.

보통 전체 전략의 복합 MDD는 10% 미만으로 구성하는 것이 좋습니다. 개별 전략의 MDD가 20%를 넘어가더라도 상관성이 낮은 여러 개의 전략을 섞으면 전체 전략의 복합 MDD는 20%보다 훨씬 내려가게 되기 때문에 그리 어려운 작업은 아닙니다. 복합 MDD를 10% 미만으로 구성하면서 전체 계좌가 10% 이상 손해를 볼 때 잠시 멈추고 관리하면, 큰돈을 잃고 싶어도 잃을 수가 없습니다. 전체 투자 자금을 젠포트에 쏟는 것이 아니라면, 전체 투자 자금의 MDD는 5%밖에 안 될 것입니다. 이런 원칙을 지킨다면 큰 손해를 보지 않으면서 투자할 수 있습니다. 큰 손해는 언제나 원칙 없는 매매에서 비롯됩니다.

Dr. Quant Comment

▶ 좋은 전략을 만드는 것만큼이나 중요한 것이 바로 전략의 운용법이다.
▶ 현금 비중, 자산 배분, 전략 분산, 시스템 스톱 및 재가동, 계좌 리스크 관리를 잘해야 주식시장에서 살아남을 수 있다.
▶ 원칙을 잘 지킨다면 돈을 크게 잃고 싶어도 잃을 수가 없다.

---

❷ 참고로 V_KOSPI 지수는 다양한 HTS(주식 매매 프로그램)나 investing.com에서 KOSPI Volatility를 검색하면 볼 수 있다.

8장

마지막으로
반드시 해야 할 것!

우리는 7장까지 전진하며 전쟁터에 나갈 준비를 마쳤습니다. 이 책의 내용만 실천해도 상위 1% 안에 들 것이라고 확신합니다. 이제 남은 것은 마지막 한 가지입니다. 읽고 끝내는 것이 아니라 바로 실행으로 옮기는 용기가 필요합니다. 자, 이제 실전에 뛰어들어 볼까요?

Smart
Quant Investment

다시 살펴보는 세 가지 질문

다시 세 가지 질문을 살펴봅시다.

1. 당신이 알고 있는 상식은 정확했습니까?
2. 명확한 투자 전략을 확보했습니까?
3. 당신의 투자 전략은 검증되었습니까?

이제 첫 번째 질문에 대해 확실하게 아니라고 답할 수 있겠지요. 그동안 알고 있던 것들이 환상에 불과했다는 것을 검증했으니까요. 골든크로스, 정배열, 스토캐스틱, RSI, 볼린저밴드 등 다양한 환상을 깨뜨렸습니다. 시총 상위 우량주 투자도 마찬가지였고요. 이 책에서 증명한 것 말고도 젠포트를 배워서 직접 해봐도 좋습니다.

두 번째 질문에 대해서도 답할 수 있을 것입니다. 적어도 20종류 이상의 투자 전략을 확보했으니까요. 물론, 이 책에서 제시한 전략 말고 다른 전략을 개발해도 됩니다. 오히려 그게 더 좋은 방법일 것입니다. 이전에는 주식이라는 망망대해에 지표도 없이 헤매었다면, 지금부터는 길이 있는 여정을 떠날 수 있습니다. 그 과정은 험난할지 몰라도, 불안한 마음은 덜었을 거라 확신합니다. 적어도 길은 보이니까요.

마지막으로 우리의 전략은 젠포트라는 훌륭한 백테스팅 툴로 검증되었습니다. 물론 과거의 검증이 미래의 이득을 보장하지는 않으니, 방심은 금물입니다. 그래서 자산을 어떻게 배분해야 하는지, 전략을 어떻게 운영해야 하는지, 계좌의 리스크 관리를 어떻게 해야 하는지 배웠습니다. 주식도 결국 멘털 싸움이고, 검증된 투자 전략만큼 마음을 강하게 하는 것도 없지요. 강한 멘털로 검증된 투자 전략을 실행하며 원칙을 지켜 운영하면, 주식이라는 전쟁터에서 살아남아 수익을 맛볼 수 있을 것입니다.

이제껏 전쟁터에 나갈 준비를 마쳤습니다. 이 책의 내용만 실천해도 상위 1% 안에 들 것이라고 확신합니다. 이제 남은 것은 실행하느냐 마느냐, 그 한 발자국의 용기뿐입니다. 길은 제시해드렸습니다. 나아가시겠습니까?

주식시장에서 살아남길 바라며

이 책을 쓰기 시작하면서 여러 가지로 고민이 많았습니다. 엄청난 고수익을 올렸다는 책이나 전설적인 투자자들이 너무나 많기 때문입니다. 아쉽게도 저는 그런 사람이 아니어서 그런 방법을 알려줄 수는 없습니다. 그래서 주식시장에서 조금이나마 쉽게 살아남을 수 있는 방법을 알려주는 것이 최선이었습니다. 지금까지 이 책에서 설명한 것은 이런 맥락이었습니다.

이 책은 특별한 소수를 위한 책이 아닙니다. 특별한 소수란, 주식시장에서 퀀트 투자가 아니라 일반적인 투자로 장기간 오래 버는 사람을 말합니다. 그런 사람들이 있다는 것을 부정하지 않습니다. 문제는 그런 사람이 될 확률이 낮다는 것입니다. 무엇보다 그런 사람들도 손해를 보는 과정을 겪었을 겁니다. 대부분의 사람은 주식시장에서 손해를 보고, 그중에서 아주 소수만이 장기적으로 주식시장에서 수익을 내는 것입니다.

1년에 300%의 수익률을 냈다는 유명한 책의 저자, 엄청난 퍼포먼스를 기록하는 주식 유튜버, 개별주 투자를 잘해서 큰 수익을 냈다는 주변 사람 등을 좇지 마십시오. 평범한 사람들이 무난하게 수익을 낼 방법을 좇으십시오. 그게 장기적으로 우상향하는 자산 그래프를 그릴 수 있는 비결입니다. 시장에서 살아남아 참여하고 있다면, 자신의 자산은 우상향할 것이라고 믿으십시오. 큰 수익률을 좇지 말고 보통의 사람들이 장기적으로 수익을 낼 수 있는 방법을 좇는 것이 크게 잃지 않고 주식시장에서 살아남는 방법입니다.

그렇기에 자동매매 퀀트 투자를 해야 하는 것입니다. 생계를 위한 본업이 있고 전업으로 투자할 수 없다면, 시행착오를 겪으면서 수동으로 손매매를 하며 손해 보지 마십시오. 이 책에서 알려준 대로, 차근차근 자동매매 투자를 배워보고 소액으로 시작해보십시오. 그리고 6개월을 지켜본 뒤에도 수익이 안 난다면, 그때는 다른 방법을 시도해봐도 좋습니다.

이 책에서 설명이 부족한 부분이 있거나 젠포트에 대해 더 배워보고 싶다면, 네이버나 유튜브에서 '더퀀트아카데미'를 검색해서 더퀀트아카데미 블로그, 카페 또는 유튜브 채널을 방문하면 해결할 수 있을 겁니다. 좋은 전략이 많이 공개되어 있습니다. 현실적이고 검증된 무기들로 중무장하여 험난한 주식시장에서 살아남길 진심으로 응원합니다.

맺는 말

퀀트 투자자의 마인드를 갖춰라

지금까지 자칫하면 쉽게 빠질 수 있는 편향을 설명하고, 잘못 알고 있던 상식을 깨부쉈으며, 여러 유용한 전략도 소개했습니다. 지루하거나, 유용하거나, 다소 충격적인 부분도 있었을 겁니다. 그러나 가장 중요한 것은 여러분의 마인드를 퀀트 투자자의 마인드로 바꾸는 것입니다.

지금까지 어떻게 투자하고 있었습니까? 주변의 말이나, 자신의 감에 많이 의지하지 않았습니까? 이 방법은 아쉽게도 큰 도움이 되지 않습니다. 오히려 손해를 볼 가능성이 크지요. 정량적인 백테스트 증명을 기반으로 하는 퀀트의 마인드로 접근합시다. 일반인들의 소식통은 굉장히 느리고, 본능은 손실로 이끌 가능성이 큽니다. 이제까지 그런 투자로 돈을 잃거나 투자수익률이 시장수익률보다 못했다면(적어도 10년을 투자했으면 원금이 2배 이상 불어 있어야 합니다), 그런 투자는 접길 바랍니다. 그리고 이 책에서 설명한 투자법 및 운용법을 차근차근 익혀 실천해보길 바랍니다.

퀀트 투자를 하기가 정말 쉬운 시대입니다. 이미 미국에서는 거래 대금의 80% 이상이 퀀트 알고리즘 거래가 이루어지고 있다고 말씀드렸습니다. 앞으로 우리나라도 그럴 겁니다. 이미 발 빠른 사람들은 움직이고 있습니다. 최근 몇 년간 퀀트 관련 책이 쏟아져 나오는 것도 그런 이유에서겠지요. 이제 시장 참여자는 퀀트 투자자와 아닌 사람으로 양분된다고 해도 과언이 아닐 것입니다. 일반 개인 투자자는 절대 편향을 이길 수 없습니다. 그리고 자동매매를 활용하여 편향을 완벽히 통제하며 퀀트 투자를 하는 알고리즘 퀀트 투자자가 가장 큰 승리자일 것입니다.

여러분은 지금 선택의 기로에 서 있습니다. 퀀트냐, 퀀트가 아니냐, 무엇을 선택할지는 여러분의 몫입니다.

젠포트 소개 & 쿠폰
젠포트 입문하기 및 100% 활용법

젠포트 소개 & 쿠폰

젠포트는 Generator of Portfolio의 약자로, 주식투자형 로보어드바이저 플랫폼 서비스를 제공합니다. 백테스팅 툴을 통해 자신의 투자 전략을 알고리즘화할 수 있으며, 타인과 전략을 공유할 수도 있습니다. 직접 만들거나 복사한 전략 기반의 모의/실전 자동매매도 가능합니다.

국내에서 유일하게 코딩이 필요 없는 주식 포트폴리오 기반 백테스팅을 지원하며, 전 세계적으로도 유사한 서비스를 찾기 어려운 상황입니다. 국내 최초 HTS인 대신증권 CYBOS를 만든 문홍집 대표 전 대신증권 부사장, 대신경제연구소 대표를 중심으로 국내 최고의 증권 IT 전문가들이 오랜 기간 연구하여 만든 서비스입니다.

2020년 4월 기준 12개 증권사 외 금융 기관에 서비스를 제공 중이며, 키움증권과 NH투자증권을 통해 자동매매가 가능합니다. 백테스팅부터 무료 전략 복사, 키움증권 자동매매는 모두 무료로 제공하지만, NH투자증권 자동매매와 하루 2번 이상의 백테스팅은 유료입니다. 도서를 구매하신 분들에게는 백테스팅 이용권 50회 2만 5,000원 상당와 틱테스팅 이용권 20회 2만 원 상당 쿠폰을 지급해드립니다.

다음의 쿠폰 번호를 '젠포트 홈페이지 ⇨ MY뉴지 ⇨ 젠포트 쿠폰 등록' 입력해주시기 바랍니다.

• 2022년 12월 31일까지 등록 가능하며, 등록 후 30일이 지나면 이용권이 소멸됩니다.

쿠폰번호 예시

백테스팅 이용권   2525-2525-2525-1234
틱테스팅 이용권   2525-2525-2525-1235

* 실제 쿠폰번호에는 붙임표(-)가 없습니다. 번호만 등록해주세요.

젠포트 입문하기 및 100% 활용법

젠포트 회원가입

젠포트에 입문하기 위해서는 제일 먼저 회원가입을 해야 합니다. 일단 젠포트 홈페이지에 접속합니다. 포털사이트에서 젠포트를 검색해서 접속하거나, 다음 URL을 직접 입력하여 젠포트 홈페이지에 접속합니다. https://genport.newsystock.com 다음 화면의 우측 상단에 있는 회원가입을 클릭하여 회원가입을 진행합니다.

회원가입 완료 후 로그인을 진행하면 됩니다.

젠포트 홈페이지 살펴보기 및 젠포트가 제공하는 서비스들

젠포트 홈페이지의 상단 탭에 있는 '젠포트란?'에서 젠포트 매뉴얼을 제공하고, 사용법을 영상으로 제공하고 있습니다. 그 외에도 젠포트에 대한 간략한 설명과 제공하는 서비스들에 대한 설명이 나옵니다. 이 책에서는 간략하게 설명하겠습니다. 젠포트가 제공하는 서비스는 크게 세 가지입니다.

젠마트

시간 낭비는 이제 그만!
뉴지스탁 사용자들에 의해 검증
된 전략들을 쇼핑하고 구매할 수
있습니다.
구매한 포트폴리오 전략을 젠트레
이더와 연동하여 로보어드바이징
자동매매를 경험해보세요!

바로가기

젠프로

원칙 없는 투자는 이제 그만!
종목 선정부터 매매까지 모든 과
정을 자동으로 실행하는 투자봇을
만들 수 있습니다.
또한 여기서 만들어진 전략을 젠
마켓에 등록하여 사용자들과 공유
하고 전략을 발전시켜 보세요!

바로가기

젠트레이더

감성 투자는 이제 그만!
젠트레이더는 젠포트에서 생성해내
는 전략을 기반으로 투자합니다.
철저히 분석한 종목을 사람의 주관
적, 감성적인 판단을 배제하고 프
로그램이 자동으로 매매하는 서비
스입니다.

바로가기

젠포트 서비스

첫 번째는 젠마트인데, 실전 검증된 전략을 유저들에게 판매하는, 쉽게 말해 전략을 사고파는 쇼핑몰입니다. 여기서 전략을 사면, 그 전략의 알고리즘은 볼 수는 없지만 정해진 알고리즘에 따라 자동으로 사고팔게 할 수 있습니다. 두 번째는 젠프로인데, 앞서 많이 설명한 백테스트 툴입니다. 아주 손쉽게 전략을 만들고, 그 전략을 과거 데이터를 이용해 시뮬레이션을 돌려 검증해볼 수 있습니다. 세 번째는 앞서 설명한 자동매매 프로그램인 젠트레이더입니다. 젠프로에서 만든 전략을 연동시키면, 키움증권 계좌를 이용하여 손대지 않아도 정해진 알고리즘에 따라 알아서 자동으로 매매하게 됩니다.

다음으로는 '젠스토어' 탭이 있습니다. 젠스토어에는 젠마켓, 젠마트, 이용권 구매 칸이 있는데, 젠마켓은 젠프로에서 만든 유저들의 전략들이 올라가 있고, 젠마트는 앞에서 설명했듯 검증된 전략들을 사고파는 쇼핑몰입니다. 이용권 구매는 백테스트 이용권을 구매할 수 있는 곳인데, 구매해도 되고 안 해도 됩니다. 어차피 1년 백테스트는 무제한 무료이고, 그 이상의 기간에는 하루에 1회 공짜입니다. 그 이상 필요하다면 결제하거나 월정액 이용권도 있습니다. 일반적인 백테스트 이용권은 1회에 500원최소 결제 수량 10회이고, 더 정교한 틱데이터 백테스트 이용권은 1회에 1,000원최소 결제 수량 1회입니다. 대량으로 구매하는 패키지 상품을 이용할 경우 추가 할인이 되고, 월정액으로 이용하는 경우 좀 더 합리적인 가격에 이용할 수 있습니다.

다음으로 보이는 탭은 '젠프로'입니다. 젠프로에는 '새 포트 만들기', '새 가상 포트 만들기', '포트 관리하기', '전략 문의'의 네 가지 메뉴가 있습니다. 포트 관리하기는 내가 만든 포트전략들을 관리하는 메뉴이고, 전략 문의는 궁금증이나 수식 등을 문의하는 메뉴입니다. 처음 시작할 때 헷갈릴 수 있는 부분이 새 포트 만들기와 새 가상 포트 만들기일 텐데, 새 포트 만들기란 일반적인 백테스트를 수행하는 메뉴이고, 새 가상 포트 만들기는 좀 더 정교한 틱데이터 백테스트이하 틱테스트를 수행하는 메뉴입니다.

다음으로 보이는 탭은 '젠트레이더'입니다. 젠포트에서 수행한 백테스트를 그대로 실전에 적용하도록 해주는 자동매매 프로그램이죠. 젠트레이더 프로그램을 다운받을 수도 있고, 매뉴얼도 업로드되어 있습니다. 한 번쯤 읽어보면 좋은 내용으로 구성되어 있습니다.

마지막으로 보이는 탭은 '아카데미'입니다. 아카데미에서는 다양한 강의를 제공하고 있습니다. '젠문가'라고 불리는 다양한 고수들이 여러 주제로 강의를 합니다. 젠포트뿐만 아니라 파이썬을 활용한 백테스트 방법, 미국 주식투자 방법 등을 강의하기도 합니다.

systrader79와 닥터퀀트는 전문가로서 주식 트레이딩 및 젠포트 전략을 만드는 법에 대해 강의하고 있습니다.

사실 젠포트를 처음 시작하면 헷갈릴 만한 부분이 몇 군데 있으니, 스스로 익숙해지는 기간이 필요합니다. 그래도 잘 모르겠다면 닥터퀀트의 블로그, 카페, 유튜브 채널에 도움이 될 만한 자료들이 있으므로 참고하면 좋습니다.

일봉 백테스트와 틱데이터 백테스트

젠포트를 처음 시작할 때 가장 많이 헷갈리고 질문도 많이 하는 부분입니다. 두 가지의 차이점에 대해 알아보겠습니다.

일반적인 백테스트는 일봉 백테스트라고도 하며, 주가의 일봉 데이터인 시가_{장 시작 가격}, 종가_{장 마감 가격}, 저가_{장중 최저 가격}, 고가_{장중 최고 가}격만을 가지고 백테스트를 하는 겁니다. 여기에는 거래량 데이터는 포함되어 있지 않습니다. 최대로 지원하는 백테스트 기간은 2007년 1월 2일부터입니다.

틱테스트라고도 불리는 틱데이터 백테스트는 2017년 1월 2일부터 데이터가 지원되어 이때부터 백테스트할 수 있지만, 주식 거래의 최소 단위인 틱데이터로 검증하기 때문에 조금 더 정교합니다. 틱데이터에는 주식 거래가 일어났을 당시의 가격 및 거래량 데이터가 들어 있기 때문에 거래량을 고려한 테스트까지 가능합니다. 틱데이터가 일어난 순서 정보뿐 아니라 2019년부터는 시간 정보까지 들어가 있습니다.

일봉 백테스트에서는 거래량 데이터가 동원되지 않기 때문에 어떤 종목이 설정한 가격에만 도달하면 모두 매매했다고 가정하는 반면, 틱테스트에서는 실제로 일어난 거래량만큼만 매매했다고 가정합니다. 실제로 1,000원에 100주만 거래된 종목이 있다고 칩시다. 백테스트상에서 1,000원에 1만 주를 주문 냈다고 하면, 일봉 백테스트에서는 1,000원에 1만 주를 모두 체결됐다고 가정하고 백테스트를 하고 틱테스트에서는 1,000원에 100주만 체결되고 9,900주는 미체결됐다고 가정하고 백테스트를 진행하게 됩니다.

또 다른 예를 들어보겠습니다. 일봉 백테스트에서는 시가, 종가, 저가, 고가의 데이터가 있지만, 저가가 먼저 도달했는지, 고가가 먼저 도달했는지 알 수 없습니다. 예를 들어, 시가가 1,000원, 종가가 1,050원, 저가가 900원, 고가가 1,100원인 주식이 있다고 합시다. 그러면 일봉 백테스트에서는 주가가 1,000원에 시작해서 900원이 되었다가 1,100원이 되었다가 1,050원이 된 경우와, 주가가 1,000원에 시작해서 1,100원이 되었다가 900원이 되었다가 1,050원이 된 경우를 구분하지 못합니다. 틱테스트에서는 거래된 순서 데이터가 있어서 당연히 구분되고요. 이게 왜 문제를 일으킬까요? 목표가, 손절가 설정이 없다면, 일반적으로 문제를 일으키지 않습니다. 그러나 설정했을 때는 얘기가 달라집니다.

주식 매수 가격을 시가로 설정하고, 목표가 10%, 손절가 10%를 세팅했을 경우를 예를 들어보죠. 주가가 1,000원에 시작해서 900원이 되었다가 1,100원이 되었다가 1,050원이 된 경우에는 시가에 매수하므로 1,000원이 매입가가 됩니다. 주가가 내려가서 900원이 되면 10% 하락한 셈이므로, 이때 손절가 설정값에 도달하여 손절하게 됩니다. 이후 주가는 다시 올라도, 이미 손절해서 10%의 손실을 확정한 상태죠. 최종적으로 수익률은 -10%가 됩니다.

주가가 1,000원에 시작해서 1,100원이 되었다가 900원이 되었다가 1,050원이 된 경우에는 역시 시가에 매수하므로 1,000원이 매입가입니다. 주가가 올라가서 1,100원이 되면 10% 상승한 셈이므로 이때 목표가에 도달해서 익절하게 됩니다. 그 뒤로 주가가 900원이 되었다가 1,050원으로 마감하지만, 이미 익절해서 10% 수익을 확정한 상태니 상관없죠. 최종적으로 수익률은 +10%가 됩니다.

두 경우에 그 수익률 차이가 20%나 됩니다. 그런데 일봉 백테스트에서는 두 경우를 구분할 수 없고, 틱테스트에서는 구분이 가능합니다. 이런 일은 특히 변동성이 큰 주식을 거래하다 보면 비일비재합니다. 따라서 이런 오류가 누적되면 백테스트가 정확해지지 않게 됩니다. 그래서 일봉 백테스트에서는 목표가 및 손절가를 설정하지 않는 것이 좋습니다. 부정확해지거든요. 목표가 및 손절가를 넣어서 테스트하는 것은 틱테스트에서만 정확하게 된다고 보면 됩니다.

또한 2019년부터는 틱데이터에 시간 데이터가 포함되어 있으므로, 정해진 시간에만 매수·매도하는 것을 테스트하는 것이 가능합니다. 2019년부터 틱테스트를 돌리면, '타임컷' 기능을 쓸 수 있다는 소리입니다. 뉴지스탁에서 제공하는 타임컷 기능은 현재로서는 크게 세 가지가 있습니다.

1. 매수 타임컷 기능→젠프로→새 가상 포트 만들기 탭에서 좌측 하단 에 위치

매수 타임컷 기능을 설정하지 않으면, 젠트레이더는 지정가 주문을 오전 8시 50분에 일괄적으로 내게 됩니다. 그런데 매수 타임컷 기능을 활용하여 오전 10시10:00이므로 1000이라고 설정부터 오후 2시14:00이므로 1400이라고 설정까지만 주문을 내면, 지정가 주문을 오전 10시에 딱 맞춰서 내고 오후 2시가 되면 주문을 철회합니다.

매수 가격기준 ⑦	
전일종가 ▼	+0.0 ▲▼ %

종목별 매수조건	
종목당 매수비중 ⑦	종목당 최대 매수금액 ⑦
10 %	제한없음 만원

매수 종목수 조건	
최대 보유종목 수 ⑦	1일 최대 매매종목 수 ⑦
10 종목	제한없음 종목

필터링 조건 ⑦	
관리종목	감리종목
● 제외 ○ 포함	● 제외 ○ 포함

매수 옵션 ⑦	
재매수방지 ⑦	매수 대상 종목 수 ⑦
0 ▲▼ 일	● 최대 ○ 제한

매수 타임컷 기능

매수 시간 ⑦	
시작 시간	종료 시간
1000	1400

※ 매수조건 우선순위
종목당 매수비중 > 최대 보유종목 개수 > 종목당 최대 매수금액 > 1일 최대 매수종목 수

매수 타임컷 설정

2. 매도 타임컷 기능→젠프로→새 가상 포트 만들기 탭에서 우측 하단에 위치

매도 타임컷 기능은 매도 주문을 내는 시간을 제한하는 겁니다. 매도 시작 시간을 100010:00, 종료 시간을 140014:00으로 설정하면 오전 10시부터 오후 2시까지만 매도 주문을 내게 되는 겁니다. 참고로 목표가 도달 시 익절, 손절가 도달 시 손절도 정해진 시간 내에서만 가능합니다. 이렇게 설정한 경우, 오후 2시 01분에 목표가나 손절가에 도달해도 익절이나 손절하지 않는 것이지요.

매도 타임컷 설정

3. 타임컷 청산 기능

정해진 시간에 청산하는 기능입니다. 종목 최대 보유일이 지난 종목에 대해 설정한 종료 시간이 되면 시장가로 모두 매도하여 전량 청산합니다. 예를 들어 다음과 같이 설정하였다면, 보유 기간이 5일이 된 종목보유 기간이 5일째 되는 종목을 오후 2시14:00이므로 1400으로 설정에 시장가로 전량 매도하는 것입니다.

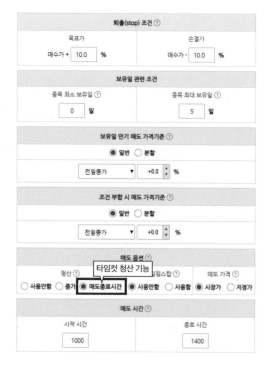

타임컷 청산 기능 설정

이렇듯 일봉 백테스트와 틱테스트와의 차이점은 다양합니다. 정교한 틱테스트가 더 오랜 기간 제공되지 않는 것은 아쉬운 점이긴 하지만, 다행히 일봉 백테스트는 13년 이상 제공되기도 하고 굉장히 진입장벽이 낮은 백테스트 툴입니다.

샘플 포트 만들어보기

이제 샘플 포트를 만들기 위해 앞서 설명한 젠프로의 새 포트 만들기 탭으로 접속하겠습니다. 새 포트 만들기는 일봉 백테스트를 하기 위한 포트를 만드는 것입니다. 새 포트 만들기를 누르면 다음과 같은 화면이 뜨는데, 샘플 포트 만들기를 클릭하면 뉴지스탁에서 제공하는 샘플 포트를 만들어보게끔 친절하게 설명되어 있습니다. 여기서는 제공해주는 샘플 포트 말고 새로이 만들어봅시다.

샘플 포트 만들기

시가총액이 상위 50% 이내에 드는 것들 중 하루 동안의 주가상 승률이 높은 순서대로 20종목을 매수하고 10일 보유하고 파는 샘플 포트를 만들어보겠습니다.

샘플 포트 설정 1

포트 제목을 임의로 정합니다. 저는 '샘플 포트 1'이라고 하겠습니다. 포트 설명에는 포트에 대한 간단한 메모를 적을 수 있습니다. 이는 선택 사항입니다공개 포트가 아닌 이상 다른 유저들은 이 내용을 볼 수 없습니다. 운용 자금은 1,000만 원으로 설정했지만, 본인이 운용할 자금을 적는 편이 정확한 테스트에 도움이 될 것입니다. 운용 기간도 임의로 정하면 되는데, 샘플 포트이기 때문에 무료 기간1년 일봉 백테스트는 무제한 무료입니다인 1년만 돌려보겠습니다. 이 경우 무료 기준일을 클릭하면 됩니다. 수수료율은 0.015% 슬리피지는 0%로 설정하겠습니다. 지금은 자산 배분을 백테스트하는 것이 아니기 때문에 자산 배분은 미사용을 선택하면 됩니다.

다음은 매수 조건 설정입니다.

샘플 포트 설정 2

매수 가격 기준 전일 종가 -1%는 전일 종가보다 -1% 떨어진 값에 매수 주문을 넣겠다는 뜻입니다. 예를 들어 전일 종가를 1,000원이라고 가정하면, 아침 8시 50분에 지정가로 1,000원보다 1% 떨어진 990원이라는 가격에 매수 주문을 넣겠다는 것이지요. 종목당 매수 비중 5%, 최대 보유 종목수 20종목이라는 것은 1,000만 원을 운용 금액으로 설정했으므로 한 종목당 1,000만 원의 5%인 50만 원씩만 매수하고 최대 20종목50만 원×20종목=1,000만 원을 매수한다는 의미입니다. 여기서 숫자는 딱 맞아떨어질 필요는 없습니다. 예를 들어, 종목당 매수 비중 5%, 최대 보유 종목수 25종목으로 설정해도 됩니다. 이 경우, 5%×25종목=125이지만, 어차피 종목당 5%씩 매수하게 되므로, 50만 원씩 20종목을 매수하게 됩니다.

종목당 최대 매수 금액 및 1일 최대 매매 종목수는 제한없음으로 설정했지만, 종목당 최대 매수 금액을 10만 원이라고 설정했으면 종목당 매수 비중이 5%로 50만 원이라고 해도 10만 원 이상 구매하지 않고, 1일 최대 매매 종목수를 5종목으로 설정하면 하루 최대 5종목만 매수하고 나머지는 현금 보유하게 됩니다. 이 부분은 각자 필요에 따라 설정하면 됩니다.

관리 종목은 질이 안 좋은 종목, 감리 종목은 급등해서 변동성이 너무 커져서 투자가 위험하다고 판단되는 종목입니다. 보통 둘 다 '제외'로 설정하면 됩니다. 재매수 방지는 한 번 매수한 종목을 며칠 동안 다시 사지 못하게 설정하는 것인데, 보통은 기본 설정 그대로 갑니다. 매수 대상 종목수도 최대로 설정한 채로 두고, 샘플 포트에서는 타임컷도 설정하지 않겠습니다.

매도 조건

퇴출(stop) 조건 ⑦

목표가	손절가
매수가 + 0 %	매수가 - 0 %

보유일 관련 조건

종목 최소 보유일 ⑦	종목 최대 보유일 ⑦
0 일	10 일

보유일 만기 매도 가격기준 ⑦

● 일반   ○ 분할

| 전일종가 ▼ | +0.0 ⑂ % |

조건 부합 시 매도 가격기준 ⑦

● 일반   ○ 분할

| 전일종가 ▼ | +0.0 ⑂ % |

매도 옵션 ⑦

청산 ⑦	트레일링스탑 ⑦
● 사용안함 ○ 종가 ○ 매도종료시간	● 사용안함 ○ 사용함

매도 시간 ⑦

시작 시간	종료 시간
0900	1530

샘플 포트 설정 3

일봉 백테스트에서는 당일 익절, 손절이 제대로 작동하지 않으므로 목표가와 손절가는 설정하지 않는 편이 좋습니다 다음 날 익절 및 손절은 가능하므로 원하면 설정해도 됩니다. '0'으로 설정하면, 설정하지 않는 것과 같습니다. 종목 최소 보유일은 종목을 최소 며칠을 보유하고 있을지 설정하는 것인데, 3일로 설정했다면 그 전에 목표가나 손절가에 도달해도 팔지 않습니다. 샘플 포트에서는 설정하지 않겠습니다 0으로 설정.

종목 최대 보유일은 10일로 설정했는데, 종목을 보유한 지 10일이 되는 날 오전 8시 50분에 매도 주문을 내겠다는 뜻입니다. 종목 최대 보유일을 0일로 설정하면 당일 종가에 매도하여 청산해버리고, 1일로 설정하면 매수한 다음 날 매도합니다. 보유일 만기 매도 가격 기준이란, 종목 최대 보유일 설정에 따라 매도하게 될 때 어느 가격에 아침 8시 50분에 지정가로 매도 주문을 낼 것인지 설정하는 것입니다. 여기서는 전일 종가 0%로 설정했으므로, 전일 종가가 1,000원이라면 그대로 1,000원에 매도 주문을 내게 됩니다. 만약 전일 종가+1%로 설정했다면 1,010원에 매도 주문을 내게 되겠죠.

조건 부합 시 매도 가격 기준이란, 매도 조건식 설정을 만족시켰을 때 아침 8시 50분에 매도 주문을 지정가로 낼 것인지 설정하는 것입니다. 전일 종가 0%이므로, 전일 종가에 주문을 내는 설정입니다. 예를 들어 매도 조건식이 (보유종목수익률)>0이라면, 당일 장 마감 뒤에 보유한 종목 중 수익률이 0을 초과하는 종목을 다음 날 전일 종가에 아침 8시 50분에 매도 주문을 내는 식이죠.

매도 옵션에서 청산 기능은 '사용 안 함'으로 설정하였습니다. 만약 '종가'로 설정하면, 매도하는 날 안 팔린 종목매도 주문을 냈으나 체결되지 않은 종목은 종가에 시장가로 매도 청산하게 됩니다. 매도 종료 시간 청산은 앞에서 설명했으니 생략하겠습니다. 트레일링스탑 기능은 '사용 안 함'으로 두고, 매도 시간 역시 타임컷 기능을 사용할 생각이 없으므로 그대로 두겠습니다.

다음은 매매 대상 설정입니다. 소위 '유니버스'를 설정한다고 표현합니다. 코스닥 시장 상장기업들만 거래하고 싶다면, 다른 체크를 해제한 뒤 코스닥대형, 코스닥중형, 코스닥소형, 코스닥초소형만 체크하면 됩니다. 기본으로 설정되어 있을 텐데, 그대로 두고 넘어가겠습니다.

샘플 포트 설정 4

샘플 포트 설정 5

예) A and B and C and D and E

매매 조건 설정에서는 매수 조건식, 매수 우선 순위, 매도 조건식을 설정할 수 있는데, 매매 조건 설정을 먼저 클릭한 다음 매수 조건식 선택에서 조건식 추가하기를 클릭합니다. 그러면 다음과 같은 창이 뜨는데, 순서대로 따라 하면 됩니다.

샘플 포트 설정 6

1번처럼 시가총액을 검색한 뒤 2번과 3번을 차례대로 클릭한 다음, 4번처럼 입력하면 됩니다. 시가총액 상위 50% 종목만 골라내겠다는 필터링입니다. 이후 5번의 매수 조건 입력을 클릭하면 됩니다. 참고로 1번 옆에 조건 선택 가이드라는 버튼을 누르면 여러 조건에 대해 간략히 설명된 파일을 받을 수 있으므로, 꼭 한 번은 정독하길 추천합니다.

샘플 포트 설정 7

다음 화면에서 매수 조건식을 더 추가하고 싶다면 1번을 클릭해서 추가하면 되는데, 여기서는 넘어가겠습니다. 2번은 매수 종목 선택 우선순위를 설정하는 것으로, 2번을 클릭하면 다음과 같은 창이 뜹니다.

샘플 포트 설정 8

처음 4번 칸의 기본 설정은 {종합점수}이므로 지웁니다. 그리고 1번을 클릭하여 일별주가상승률을 검색한 뒤, 2번, 3번을 연달아 클릭합니다. 4번에 입력된 것을 확인하고, 5번을 누릅니다. 그러면 다음과 같은 화면을 확인할 수 있습니다.

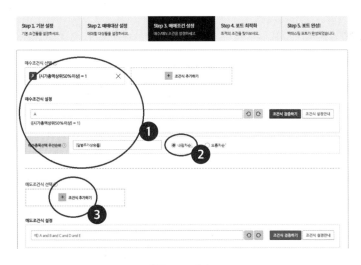

샘플 포트 설정 9

시가총액 상위 50% 종목 중 일별 주가상승률, 즉 하루 동안 주가상승이 제일 큰 순서대로 매수하겠다는 것입니다. 여기서 매도 조건식을 추가하고 싶으면 3번을 클릭해서 비슷한 방식으로 추가하면 되지만, 여기서는 설정하지 않겠습니다.

매수 조건식, 우선순위, 매도 조건식 설정을 끝마쳤으면 다음 단계 버튼을 클릭합니다.

매수조건식 선택 ⓘ

| A | (시가총액상위50% 이상) = 1 | ✕ | ＋ 조건식 추가하기 |

매수조건식 설정

| A | ↺ ↻ | 조건식 검증하기 | 조건식 설정안내 |

((시가총액상위50% 이상) = 1)

매수종목선택 우선순위 ⓘ [일별주가상승률] ● 내림차순 ○ 오름차순

매도조건식 선택 ⓘ

＋ 조건식 추가하기

매도조건식 설정

| (예) A and B and C and D and E | ↺ ↻ | 조건식 검증하기 | 조건식 설정안내 |

이전 단계로   **다음 단계로**

샘플 포트 설정 10

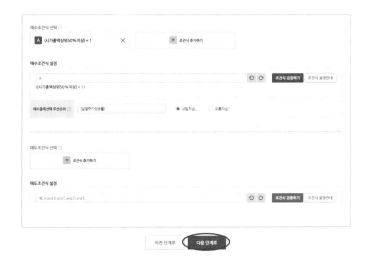

샘플 포트 설정 11

그러면 포트 최적화를 할 수 있는 화면이 뜨는데, 보이는 + 버튼을 눌러 일부 조건을 수정하여 포트 최적화를 수행할 수 있습니다. 샘플 포트에서는 최적화 과정을 수행하지 않고 바로 다음 단계로 넘어가겠습니다. 스크롤을 가장 아래로 내려, 아래와 같이 백테스팅 실행하기 버튼을 클릭하면 됩니다.

매도조건	보유일 만료	종목 최대 보유일	10일
		만기매도 가격기준	전일종가 +0%
	조건 부합시 매도방법	매도 가격기준	전일종가 +0%
		트레일링스탑	사용안함
	매도 옵션	종가청산	사용안함
매수 조건식	A		
	A (시가총액상위50%이상)	= (같음)	1
매도 조건식	없음		

이전 단계로　　백테스팅 실행하기

샘플 포트 설정 12

그러면 백테스트를 수행하기 시작하고, 일정 시간이 경과하여 백테스트가 완료되면 백테스트 결과를 표시해줍니다.

돌리는 날짜에 따라 결과가 조금씩 다르게 나오겠지만, 대부분은 크게 하락했을 겁니다.

샘플 포트 결과

　글로 읽기만 하면 감이 잘 안 올 수 있으니, 꼭 직접 해보길 바랍니다. 샘플 포트 만들기 외에도, 나만의 전략을 여러 번 테스트해보는 것도 중요합니다. 처음에는 진입장벽이 있겠지만, 적응 기간이 지나면 누구나 능숙하게 다룰 수 있습니다. 참고로, 젠포트 카카오톡 커뮤니티가 운영되고 있습니다. 카카오톡 플러스 친구에 뉴지스탁을 추가하고 채팅하기를 눌러서 '젠포트 커뮤니티가 있나요?'라는 항목을 클릭하면 참여할 수 있습니다. 젠포트에 관한 대부분의 궁금증은 젠포트 홈페이지의 질문과 답변 코너 및 젠포트 카카오톡 커뮤니티에서 질문하면 해결됩니다.

결과 분석하기

젠포트에서 백테스트를 돌리면 결과를 자동으로 분석해서 일평균수익률, 누적수익률, CAGR연평균수익률, MDD, 누적수익률 차트, 월간수익률 차트, 백테스팅 승률뿐만 아니라, 매매 결과 탭에서는 매매 결과에 따른 여러 가지 통계 수치들을 보여줍니다. 하나하나 살펴보면 어려울 게 없지만, 너무 많아서 무엇을 중요하게 봐야 할지 모를 정도입니다. 여기서는 개인적으로 중요하게 보는 통계 몇 가지만 뽑아서 설명하겠습니다.

매매 결과 탭

네모난 사각형 안에 여러 통계 지표들이 보이는데, 그중에서도 제가 자주 보는 것은 동그라미 친 것입니다. 평균 보유일은 종목을 한 번 사면 평균 며칠을 보유하는지 보여주는 것입니다. 월평균손익률은 월마다 평균적으로 몇 퍼센트의 수익을 거두었는지 보여줍니다.

유니버스별 매수 비중은 거래한 종목이 코스피인지, 코스닥인지, 그중에서도 대형주인지, 소형주인지 등을 보여주는 겁니다. 오른쪽 아래 동그라미에 매도 조건별 비중은 매도한 종목이 목표가 혹은 손절가에 도달해서 매도가 나갔는지, 보유 기간이 만료되어서 매도되었는지, 매도 조건식을 만족해서 매도 로직에 의해 매도되었는지, 아니면 청산 기능에 의해 청산 처리되었는지 보여줍니다. 이들을 확인하면서 전략의 특징, 강점, 약점 등을 파악하는 것이지요. 참고로 다음은 뉴지스탁 알고리즘 리서치 팀에서 제시해준 결과 분석법입니다.

번호	분류	평가 지표 이름	설명
1	수익 & 리스크	누적수익률	[(현재 자산-투자원금)/투자원금×100] 투자 원금 대비 벌어들인 현재 수익률을 의미합니다.
2		일평균수익률	[일일수익률의 합 / 총거래일] 일일수익률의 평균을 의미합니다.
3		연환산수익률	[일평균수익률×365] 일평균수익률에 1년 평균 영업일을 곱한 값입니다.
4		CAGR	[(누적수익률(%)+1)^(365/기간)-1] 연평균 성장률(Compound Annual Growth Rate)은 투자 기간 동안 누적수익률을 연율화한 평가 지표입니다.
5		수익 종목 평균수익률	수익률 0% 이상 종목의 수익률 평균을 의미합니다.
6		손실 종목 평균 손실률	수익률 0% 미만 종목의 수익률 평균을 의미합니다.

7	수익 & 리스크	MDD	Maximum Drawdown의 약자로 최대 낙폭이라고 하며, 포트폴리오 운영 기간에 고점에서 저점까지 최대 누적손실률을 의미합니다.
8		최대 낙폭 구간	전고점부터 최대 낙폭이 발생한 저점까지의 기간을 의미합니다.
9		Recovery Period	전고점부터 최대 낙폭이 발생한 저점까지의 기간을 의미합니다.
10		Underwater Period	최대 낙폭 구간과 Recovery 구간의 합으로, MDD 발생하기 전 최고점부터 MDD 발생 후 이전 고점 수준까지 회복하는 데 걸린 기간을 의미합니다.
11	자산	투자원금(총투자평잔)	포트폴리오 투자 금액의 평균값
12		미실현 손익	보유 종목의 손익금 합계 금액
13		현재 총자산	마지막 거래일의 최종 자산(예수금+잔고 가치)
14		총손익	기간 내 당일 총자산-전일 총자산의 합
15		남은 현금	현재 총자산-미실현 손익
16		종목 실현손익금	매도 확정된 손익금의 합을 의미합니다.
17	운용 통계	총거래일	포트폴리오 운영 기간의 발생한 총영업일 횟수를 의미
18		평균 보유일	매도된 종목의 보유일 평균
19		총 매매 횟수	젠포트에서 총 매매 횟수는 총 매도 횟수를 의미합니다.
20		승률	0% 초과 수익률로 매도된 횟수/총 매도 횟수
21		일일승률	자동매매 관점에서 종목의 승률보다 일일수익률의 수익이 높을수록 전략을 유지하는 데 도움이 될 수 있습니다. (0% 초과 일일수익률 횟수 / 총 거래일)×100
22	평가 지표	일 표준편차	일일 수익률에 대한 표준편차
23		월평균 손익률	월별 수익률의 평균
24		월 표준편차	월별 수익률에 대한 표준편차
25		손익비	확정 수익의 합 / 확정 손실의 합
26		평균손익비	매도 종목의 평균 수익 금액 / 평균 손실 금액
27		CPC Index	수익과 손실의 구조가 비대칭적으로 이뤄지는 시스템 트레이딩에서 지속 가능한 손익분기점을 간단하게 계산하는 지표 승률×손익비×평균 손익비
28		샤프 지수	변동성(위험) 대비 수익성을 계산한 지표로 투자 효율성을 나타내는 지표입니다. ((일일수익률-일환산CD금리)의 평균 / (일일수익률-일환산CD금리)의 표준편차)×(250^0.5)
29		고점대비횡보비율	전고점보다 낮은 수익률에서 머물렀던 기간의 비율을 의미합니다. 높을수록 손실 후 복구하는 데 오래 걸렸거나 언더워터가 많이 발생한 전략이라고 볼 수 있습니다.

30	평가 지표	코스피 상관성	코스피 지수 변동에 따라 포트가 영향을 받는 정도를 나타낸 지표입니다. [코스피 일일수익률 : 포트 일일수익률의 피어슨 상관계수]
31		코스닥 상관성	코스닥 지수 변동에 따라 포트가 영향을 받는 정도를 나타낸 지표입니다. [코스닥 일일수익률 : 포트 일일수익률의 피어슨 상관계수]
32		상관성(상관계수)	전략간 일별 수익률의 비슷한 정도를 나타내는 지표입니다. [두 전략 간 일별 수익률의 피어슨 상관계수]
33		매매 일치성(배타성)	전략 간 당일 매수 종목의 일치 비율 [당일 동일하게 매수된 종목의 합계 / 매수 거래 횟수]

평가 지표

다음은 수익률 탭을 확인해봅시다. 수익률 탭에서는 다음과 같이 누적수익률을 큰 차트로 보여줍니다. 밑으로 스크롤을 내리면 다른 차트들도 볼 수 있는데, 제가 자주 보는 차트는 종목별 수익률 점그래프입니다.

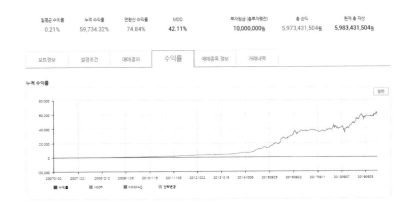

수익률 탭

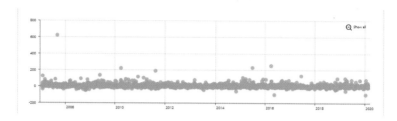

종목별 수익률 점그래프

하나의 점은 하나의 종목을 의미하고, 그 종목이 언제, 얼마만큼의 수익률을 냈는지 보여줍니다. 상폐된 종목이나 큰 손실을 낸 종목, 큰 수익을 낸 종목을 한눈에 파악할 수 있어서 유용한 그래프입니다. 그래프의 점을 클릭하면 그 종목에 대한 상세한 것도 볼 수 있고, 전체 보기 버튼을 누르면 전체 종목의 목록을 볼 수도 있습니다.

일평균 수익률	누적 수익률	연환산 수익률	MDD	투자원금 (총투자평잔)	총 손익	현재 총 자산
0.21%	59,734.32%	74.84%	42.11%	10,000,000원	5,973,431,504원	5,983,431,504원

포트정보 설정조건 매매결과 수익률 **매매종목 정보** 거래내역

추천 종목 ●매수 대상종목 ●이미 보유한 종목   기준일 : 2020/04/20

●원일특강	A012620	삼일	A032280	오스테오닉	A226400	한국정보공학	A039740
●신원종합개발	A017000	●패션플랫폼	A225590	삼보산업	A009620	에스티오	A098660
●이스타코	A015020	형지I&C	A011080	오리엔탈정공	A014940	동원금속	A018500
디지캡	A197140	코이즈	A121850	빛샘전자	A072950	성우테크론	A045300
카스	A016920	네오오토	A212560	●클로벌에스엠	A900070	에스에스알	A275630

현재 보유 종목   기준일 : 2020/04/17

매수일	종목명	종목코드	매수가격(원)	수량(주)	목표가(원)	손절가(원)	수익률	최대보유일
2019/01/15	신한	A005450	4,060	53,023	-	-	21.80%	2019/02/15
2019/03/18	KD	A044180	495	479,221	-	-	0.00%	2019/04/15
2019/03/22	차이나그레이트	A900040	318	738,424	-	-	62.89%	2019/04/19
2019/03/26	파인넥스	A123260	708	327,592	-	-	-0.99%	2019/04/23
2020/02/05	제일테크노스	A038010	3,970	40,186	-	-	-3.90%	2020/03/04
2020/02/05	피앤씨테크	A237750	5,460	7,915	-	-	-7.51%	2020/03/04

매매 종목 정보 탭

매매 종복 정보 탭에는 추천 종목과 현재 보유 종목, 매수 대상 종목 및 매도 대상 종목이 뜹니다. 추천 종목은 내가 앞에서 설정한 매수 조건식에 부합하는 종목들을 우선순위 순서대로 20종목(현재 최대 50종목으로 업데이트 됨)을 추린 것이라고 생각하면 됩니다. 현재 보유 종목은 현재 보유한 종목들의 정보를 보여주고, 매수 대상 종목은 추천 종목 중에 내가 이미 보유한 종목을 제외하고 몇 종목을 살 것인지 정보를 나타내는 부분입니다. 매도 대상 종목은 내가 보유한 종목 중 어떤 종목을 매도할 건지 보여주는 곳이고요.

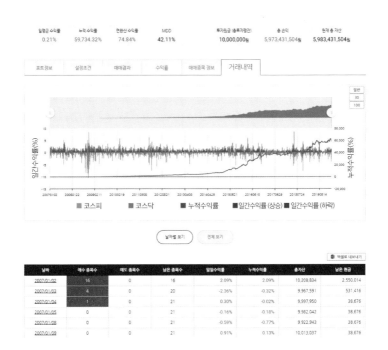

거래 내역 탭

거래 내역 탭에서는 거래 내역을 날짜별로, 혹은 전체 보기로 보여줍니다.

날짜별로 특정 날짜에 매수한 종목수, 매도한 종목수 등이 표기되고, 일별 수익률 및 누적수익률도 표기됩니다. 전체 보기는 종목들을 쭉 나열해서 보여줍니다. 날짜 순서대로 나열되긴 하지만, 날짜별로 모아서 보여주지는 않습니다.

포트 비교하기

포트를 클릭하고 아래와 같이 클릭하면 포트를 서로 비교할 수 있습니다.

포트 비교하기 1

여기서는 1. 포트비교를 클릭해서 2. 포트 비교하기에 하나의 포트만 떴지만, 여러 개의 포트를 선택해서 클릭하면 여러 개의 포트가 뜨고, 3. 선택포트비교를 누르면 여러 포트를 비교해보는 기능을 사용할 수 있습니다. 포트 정보 탭, 설정 조건 탭, 매매 결과 탭, 수익률 탭, 상관성 탭이 나오는데, 이 중에서 많이 쓰는 것만 설명하자면 수익률 탭과 상관성 탭입니다.

수익률 탭을 클릭하면 다음과 같이 한 차트에서 둘 이상의 수익률 곡선을 비교할 수 있습니다.

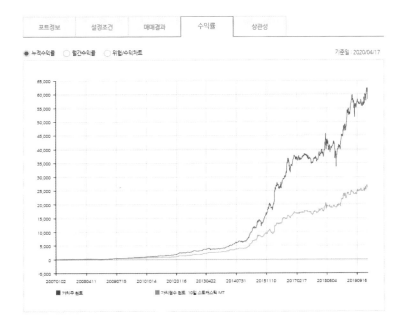

포트 비교하기 2

포트비교	가치주 퀀트 20070102-20200303	가치첨수 퀀트_10일 스 토캐스틱 MT 20070102-20200303		
가치주 퀀트 20070102-20200303	1.000	0.680		
가치첨수 퀀트_10일 스 토캐스틱 MT 20070102-20200303	0.680	1.000		

* 상관성은 피어슨 상관계수 공식으로 계산됩니다.
* 상관성은 -1부터 1 사이의 값을 가집니다.
* 0에 가까울수록 상관성이 없고, -1 또는 1에 가까울수록 음 또는 양의 상관성이 있습니다.
* 상관성 비교는 두 포트의 동일한 운용 기간 내에서만 비교되며, 비교 데이터가 15개 미만인 경우 비교할 수 없습니다.

포트 비교하기 3

상관성 탭을 누르면 2개 이상의 포트의 수익률 곡선이 얼마나 상
관성이 있는지 비교할 수 있습니다. 상관성이란, 1에 가까울수록 수
익률 곡선이 같은 방향, 같은 정도로 움직인다는 것이고, −1에 가까
울수록 다른 방향, 다른 정도로 움직인다는 것입니다. 예를 들어, 두
포트의 상관성이 1이면 한 포트가 어떤 날 10% 상승할 때 다른 포트
도 그날 10% 상승한다는 것이고, −1이면 −10% 하락한다는 것입니
다. 즉, 1에 가까울수록 비슷하게 움직이고, −1에 가까울수록 정반대
로 움직입니다. 보통 상관성은 낮을수록 좋습니다. 포트폴리오 이론
에 따르면, 상관성이 낮은 여러 자산군을 섞는 게 좋다고 설명하는

데, 젠포트 포트폴리오들을 섞을 때도 적용됩니다. 즉, 상관성이 낮은 여러 포트들을 동시에 돌리면, 안정적으로 포트를 운영할 수 있습니다.

젠포트의 한계 짚어보기

물론, 젠포트 자동매매가 만능은 아니며, 분명히 한계점이 있는 서비스입니다. 지금까지 많은 부분이 개선되어왔고 앞으로도 개선되겠지만, 현재의 한계점들을 몇 가지 짚어보도록 하겠습니다.

매수 전일까지의 데이터만 활용한다

젠포트는 당일 데이터를 활용할 수 없습니다. 장이 마감하면 그 데이터를 젠포트 서버에서 수집하고 그날 저녁 늦게 백테스트에 반영합니다. 이를 기반으로 백테스트 포트폴리오에서 다음 날 추천 종목과 매도 종목을 구성하고, 다음 날 아침 8시 50분에 매수·매도 주문을 내는 시스템입니다. 즉, 주문하는 전날의 데이터만 이용 가능하고, 당일의 데이터는 활용하지 못합니다.

따라서 당일 거래 대금이 100억 원을 돌파한 종목만 구매하거나, 당일 주가상승률 7% 이상인 종목만 구매하는 전략 등은 불가능합니다. 또한 미국 증시의 등락 상황이 하루 늦게 반영되기 때문에, 미국

장이 폭락한 날에는 매수하지 않는 전략도 쓸 수 없습니다.

보조 지표의 커스터마이징이 불가능하다

젠포트에서 제공하는 지표의 설정값을 바꾸거나, 지표의 수식을 바꾸는 것이 불가능하다는 뜻입니다. 예를 들면, 젠포트의 스토캐스틱 지표가 그렇습니다. 스토캐스틱이란 일정 기간 내의 최고값과 최저값 사이에서 상대적인 위치를 나타내는 보조 지표입니다. 10일 스토캐스틱이라면 10일 동안의 최고값, 최저값 사이에서의 상대적인 위치를 나타냅니다. 현재 가격이 100원이고 10일 동안 최고값이 150원, 최저값이 50원이었다면, 10일 스토캐스틱 값은 50원과 150원의 중간인 100원에 위치해 있으므로 50이 되죠. 현재 가격이 150원에 가까워질수록 10일 스토캐스틱 값은 100에 가까워지고, 50원에 가까워질수록 0에 가까워집니다.

현재 젠포트에서 제공하고 있는 스토캐스틱은 5일 스토캐스틱 값입니다. 커스터마이징이 불가하다는 말은 5일이라는 값을 수정할 수 없다는 뜻입니다. 10일 스토캐스틱 값을 쓰고 싶으면 복잡한 수식을 직접 만들어서 넣어야 하는 불편함이 있죠. 그나마 10일 스토캐스틱 값은 만들 수 있는데, RSI값은 14일만 지원하고 7일 RSI값 등은 만들고 싶어도 불가능합니다.

최대 백테스트 기간이 짧다

최대 백테스트 기간이 2007년부터 현재까지 약 14년입니다. 길다면 길다고 볼 수도 있겠지만, 개인적으로는 1997년 IMF가 포함되어 있지 않아서 아쉽습니다. 다행히 2008년 경제위기 구간은 테스트할 수 있습니다.

매수 호가의 분산이 어렵다

매수 호가란 매수 주문을 내는 가격을 말합니다. 어떤 주식을 1,000원에 사겠다고 주문을 낸다면 1,000원이 매수 호가입니다. 매수 호가는 다양하게 설정할 수 있지만, 완전히 자유롭지는 않습니다. 예를 들어 전일 종가에서 -1% 하락한 가격이나 전일 저가에 매수하라고 매수 호가를 넣을 수는 있지만, (전일 종가+전일 저가)/2에 해당하는 가격에 매수하라고 주문을 넣을 수는 없습니다. 즉, 어느 정도 한계가 있다는 말입니다. 대개는 (전일 종가$\pm$n%)의 기준을 주로 쓰고 있기 때문에, 특정 종목, 특정 호가에 주문이 쌓이는 현상을 관찰할 수 있습니다. 향후 업데이트 등으로 해결될 여지는 충분해 보입니다.

분할 익절 백테스트 및 자동매매 설정이 불가능하다

젠포트에서 제공하는 매도 조건은 보유일 만기 매도, 조건 부합시 매도, 목표가 매도, 손절가 매도까지 네 가지가 있습니다. 이 중 앞의 2개 매도 조건은 분할 매도를 제공하지만, 뒤의 목표가 및 손절가에 대해서는 분할 익절 및 분할 손절 기능이 제공되지 않습니다.

분할 익절이란 목표가를 여러 개로 정해서 각 목표가마다 일정 물량만큼만 익절하겠다는 겁니다. 예를 들어 어떤 주식을 1,000원에 100주를 사서 3%, 5%, 7%, 9% 상승할 때 처음 물량의 25%씩 팔기로 한다면, 1,030원에서 25주, 1,050원에서 25주, 1,070원에서 25주, 1,090원에서 나머지 25주를 차례대로 매도하는 식이죠.

그런데 젠포트에서는 분할 익절이 안 되고, 목표가가 하나밖에 설정이 안 됩니다. 말하자면, 7%에서 전량 익절하는 식입니다. 분할 익절을 하는 것이 좋은지 나쁜지는 모릅니다. 분할 익절 백테스트가 안 되니까요. 다만 그런 기능이 있었으면 좋겠다는 아쉬움이 있습니다. 차후에 추가로 업데이트될 것 같습니다.

시장가 매수, 시장가 매도가 안 된다 단, 익절, 손절 제외

시장가 매수·매도란 말 그대로 시장 가격에 사고파는 것을 말합니다. 어떤 종목을 사고 싶을 때 크게 지정가 주문, 시장가 주문이라는 방법으로 매수합니다. 지정가 주문은 말 그대로 매매 가격을 정해서 주문하는 것을 말합니다. 그 가격에 매매하려는 사람이 있으면 주문이 체결되는 방식이지요. 반면, 시장가 주문은 시장에 나와 있는 가격대로 매매하는 것입니다. 내가 원하는 가격이 아니라, 나와 있는 주문을 그대로 체결시키는 방식입니다.

예를 들어, 어떤 주식을 1,000원에 사고 싶다면 1,000원에 매수 주문을 내는 것이 지정가 주문입니다. 1,000원을 '지정'해서 주문을 낸 것이니까요. 1,000원에 주식을 팔고 싶은 사람이 있다면 주문이 체결되고, 주식을 사게 됩니다.

한편, 시장가 주문은 가격을 지정하는 세 아니라 이미 지정가로 낸 주문을 사는 것으로, 지금 바로 살 수 있는 가격에 매매가 체결됩니다. 어떤 시점에 980원, 970원에 주식을 사고 싶어 하는 사람이 있고 1,020원, 1,030원에 주식을 팔고 싶어 하는 사람이 있다고 하면, 이 주식을 얼마에 살 수 있을까요? 1,020원입니다. 이것이 바로 시장가입니다. 이렇듯, 시장가 매수는 내가 값을 지정하는 게 아니라 파는 사람이 낸 가격 중 가장 싼 가격에 주식을 사는 방식입니다.

젠포트에서는 추천 종목을 사거나 팔 때, 아침 8시 50분에 지정가 주문을 하게 됩니다. 따라서 시장가 매수·매도 주문을 할 수 없습니다. 단, 시초가 매수는 시장가로 매수할 수 있습니다. 예를 들어 전일 종가에서 −2% 빠졌을 때 시장가 매수를 하는 것이 불가능합니다. 이러한 한계점은 미체결과 부분체결이라는 문제를 발생시킵니다.

미체결이란 주문을 냈는데 체결이 안 되는 것을 말합니다. 예를 들어 A가 1,000원에 100주의 매수 주문을 냈고, B가 1,000원에 1,000주의 매수 주문을 냈다고 합시다. 가격이 떨어지다가 주가가 1,000원이 되어 1,000원에 팔겠다는 C가 매도 주문을 100주만 냈는데, 다시 가격이 1,050원이 되었다고 칩시다. 그러면 A의 매수 주문은 C의 매도 주문 100주와 체결되지만, B가 낸 매수 주문은 한 건도 체결되지 않습니다. 한편, C가 500주를 매도한다면, A의 100주와 B의 1,000주의 매수 주문 중 400주만 체결되는 것은 부분체결입니다.

시초가나 종가에 매수·매도하는 경우에는 시장가로 매수 주문을 하지만, 그 외의 다른 가격 기준에서는 지정가 주문만 가능합니다.

정확한 슬리피지 테스트가 안 된다

슬리피지란 주문한 호가가 아니라, 미끄러져서 다른 호가에 체결되는 것을 말합니다. 이런 현상은 시장가 주문을 할 때 나타납니다.

예를 들어 1,000원에 산 주식이 있는데, 5% 상승 1,050원했을 때 시장가로 익절 주문을 내도록 설정했습니다. 1,000원이었던 주식이 1,050원이 되면, 1,050원에 도달한 것을 확인한 순간 시장가로 주문을 냅니다. 그런데 주문을 낸 순간 시세가 순식간에 1,040원으로 떨어졌다고 합시다. 시장가 주문은 현재의 시세 시장가에 파는 것이므로 1,040원에 팔게 되는 겁니다. 즉, 내가 원하는 목표가는 1,050원이었는데, 실제 주문 체결은 1,040원이 되는 거죠. 목표했던 값보다 10원만큼 약 1% 손해를 본 셈인데, 이것이 바로 슬리피지입니다.

슬리피지를 준다는 것은 이런 손해를 백테스트할 때 미리 고려하는 겁니다. 1%의 슬리피지를 고려하겠다는 건, 거래할 때 원하는 가격이 아니라 1%씩 미끄러진 가격에 거래하는 것을 고려하는 거죠. 1,000원에 살 것을 1,010원에 사거나, 1,050원에 팔 것을 1,040원에 파는 것을 고려한다는 말입니다 1%만큼 손해를 보는 셈입니다. 즉, 매수할 때 1%, 매도할 때 1%, 총 2%의 손실이 발생하는 거죠.

젠포트와 젠트레이더에서 시장가 설정을 할 수 있는 건 실시간 감시로 작동하는 목표가 익절 설정과 손절가 설정뿐입니다 시초가와 종가 매수·매도 제외. 따라서 슬리피지 테스트를 정확하게 하려면, 목표가와 손절가에 도달하는 종목에서만 테스트해야 합니다. 슬리피지는 정의상 시장가 매매에서만 발생하니까요. 그러나 젠포트의 슬리피지 테스트에서는 모든 서래, 즉 지정가로만 이루어지는 거래에 대해서도 슬리피지를 적용합니다. 따라서 시뮬레이션 수익률이 좀 더 낮게 나올 수 있습니다.

수익률을 높일 가능성을 높여라

이러한 한계점에도 불구하고, 젠포트에는 가능성이 충분합니다. 젠포트로 수익을 보는 사람들이 많다는 것이 바로 그 증거입니다. 물론 젠포트를 하는 누구나가 돈을 벌 수 있는 건 아닙니다. 손실을 보는 사람도 있을 테고, 손실까지는 아니더라도 큰 재미를 못 보는 사람도 많습니다. 그러나 잘 버는 사람이 있다는 것이 중요합니다.

다음은 뉴지스탁에서 시행한 설문 결과인데, 젠포트를 실제로 이용하는 사람들을 대상으로 수익률이 얼마나 되는지 조사했습니다.

전체 운영되는 전략포트폴리오 중에서 약 30%만 참여했고, 수익을 보는 포트폴리오가 약 64.6%, 손실은 약 35.4%입니다. 젠포트를 이용하면 2/3는 수익을 본다는 의미라고 생각할 수도 있겠지만, 그렇지만은 않습니다. 이미 손실을 보고 젠포트를 떠난 사람들은 설문에 참여하지 않았을 테니까요. 즉, 손실을 본 사람은 35.4%보다 훨씬 많을 겁니다. 젠포트를 이용하는 사람만을 대상으로 설문 조사를 한 것이니 결과값에 생존 편향이 반영되어 있을 거란 말입니다. 그럼에도 불구하고 이 설문 조사가 의미 있는 이유는, 수익을 보는 사람이 분명히 있다는 것을 보여주기 때문입니다.

그러니 괜찮은 전략을 만들어서 잘 운용한다면 누구나 수익을 볼 수 있다는 말이 됩니다. 물론 쉽지는 않을 겁니다. 이 책에서 적절한 가이드라인을 제시하겠지만, 더 좋은 전략과 운용법을 고민하다 보면 높은 확률로 달콤한 수익을 안겨주리라 믿습니다.

젠포트로 누구나 안정적으로 수익을 볼 수 있다는 허무맹랑한 소리를 하는 것이 아닙니다. 이 책을 읽고 그대로 실천에 옮긴다고 하더라도, 누군가는 수익을 보거나 손실을 볼 테니까요. 그게 주식시장의 기본적인 속성입니다. 또한, 수익을 보더라도 그 과정이 그리 쉽지만은 않을 것입니다. 주식이 항상 안정적으로 우상향하지는 않으니까요. 그렇지만 좋은 전략을 길게 유지한다면, 1년에 20% 이상의

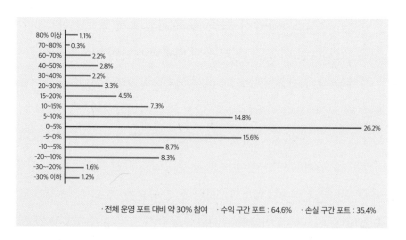

·전체 운영 포트 대비 약 30% 참여   ·수익 구간 포트 : 64.6%   ·손실 구간 포트 : 35.4%

젠포트 실전 매매 수익률 통계

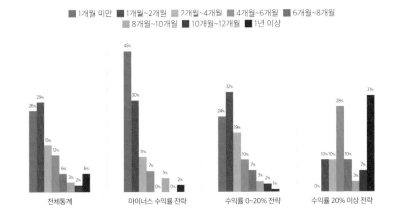

젠포트 수익 구간별 운용 기간

달콤한 수익률을 얻을 길이 열릴 것입니다. 다음 그래프에서는 손실인 포트폴리오 중에서는 1개월 미만이 많았고, 20% 이상의 수익을 내는 것은 1년 이상 된 포트폴리오가 많은 것을 볼 수 있습니다.

　젠포트는 분명 한계점이 존재하는 툴이고, 손해 보는 사람도 반드시 있습니다. 그러나 좋은 전략을 적절한 방법으로 운용한다면 절대 큰 손해는 보지 않을 것입니다. 어떤 사람은 1년에 20% 이상의 수익률을 올릴 수 있는 가능성이 있습니다. 그 가능성을 조금이라도 올릴 방법을 고민해보길 바랍니다.

현명한 퀀트 주식투자

초판 1쇄 발행   2021년 1월 15일
초판 7쇄 발행   2023년 12월 29일

지은이 닥터퀀트(이종진), systrader79(이우근), 뉴지스탁(문호준 외 2인)

펴낸곳 (주)이레미디어
전화 031-908-8516(편집부), 031-919-8511(주문 및 관리) | **팩스** 0303-0515-8907
주소 경기도 파주시 문예로 21, 2층
홈페이지 www.iremedia.co.kr | **이메일** mango@mangou.co.kr
등록 제396-2004-35호

편집 한홍 | **디자인** 이유진 | **마케팅** 김하경
재무총괄 이종미 | **경영지원** 김지선

ISBN 979-11-88279-99-9 (03320)

·가격은 뒤표지에 있습니다.
·잘못된 책은 구입하신 서점에서 교환해드립니다.
·이 책은 투자 참고용이며, 투자 손실에 대해서는 법적 책임을 지지 않습니다.

이 도서의 국립중앙도서관 출판예정도서목록(CIP)은 서지정보유통지원시스템 홈페이지(http://seoji.
nl.go.kr)와 국가자료종합목록 구축시스템(http://kolis-net.nl.go.kr)에서 이용하실 수 있습니다.
(CIP제어번호 : CIP2020051283)

당신의 소중한 원고를 기다립니다. mango@mangou.co.kr